全世界最贵的
总裁管理课
杰克·韦尔奇的秘诀

蔡越◎著

中国华侨出版社

图书在版编目(CIP)数据

全世界最贵的总裁管理课:杰克·韦尔奇的秘诀 / 蔡越著.—北京:
中国华侨出版社,2014.12 （2021.2重印）

ISBN 978-7-5113-5022-0

Ⅰ.①全… Ⅱ.①蔡… Ⅲ.①韦尔奇,J.–生平事迹 ②通用电气
公司(美国)–工业企业管理–经验 Ⅳ.①K837.125.38 ②F471.266

中国版本图书馆 CIP 数据核字(2014)第273935 号

全世界最贵的总裁管理课:杰克·韦尔奇的秘诀

著 者 / 蔡 越
责任编辑 / 文 蕾
责任校对 / 孙 丽
经 销 / 新华书店
开 本 / 787 毫米×1092 毫米 1/16 印张/19 字数/249 千字
印 刷 / 三河市嵩川印刷有限公司
版 次 / 2015年1月第1版 2021年2月第2次印刷
书 号 / ISBN 978-7-5113-5022-0
定 价 / 58.00 元

中国华侨出版社 北京市朝阳区静安里 26 号通成达大厦 3 层 邮编:100028
法律顾问:陈鹰律师事务所
编辑部:(010)64443056 64443979
发行部:(010)64443051 传真:(010)64439708
网址:www.oveaschin.com
E-mail:oveaschin@sina.com

前言

对于全中国，乃至全世界的读者来说，杰克·韦尔奇（Jack·Welch）都是一个值得倍加尊重的名字。

正如在世界战争史中曾涌现出无数征战传奇一样，在有着"当代战场"之称的商界，也出现过许许多多的经营传奇。而即使在所有的顶尖商界领袖当中，韦尔奇也无疑是其中的标杆式人物。韦尔奇在通用电气公司（General Electric Company）所缔造的经营奇迹，也成为了全美乃至全球职业经理人都致力于学习的一座丰碑。

作为毕业于伊利诺伊大学的化学工程博士，杰克·韦尔奇在最初加入通用电气公司时，只从事着技术研发的工作。但是，这位化学工程师很快便展露了自己在商业经营上的天赋，并先后于 32 岁时，成为通用电气最年轻的业务负责人，以及于 44 岁时，成为公司最年轻的副董事长。在通用电气公司前任董事长雷吉·琼斯（Reg Jones）挑选接班人的过程中，韦尔奇凭借自己的卓绝努力和优异业绩，战胜了优秀的对手们。1981 年 4 月 1 日，年仅 45 岁的韦尔奇，成为了公司有史以来最年轻的董事长兼首席执行官。

而这位在愚人节当天接班的通用电气新执掌者，在自己的经营过程中，保持了与这个节日寓意形成鲜明对比和极大反差的业绩。在杰克·韦尔奇的治理下，通用电气公司的市值，由韦尔奇接手时的 130 亿美元，急剧增长至 21 世纪初时的 4800 亿美元，且无论全美经济大环境如何，公司每年都保持着可观的增长幅度。

1998 年，《财富》杂志评选的世界 500 强公司榜单，把通用电气公司排到了榜首之位。一时之间，通用电气成为了全球第一的企业，而这一伟业也使韦尔奇的声望达到了巅峰。在韦尔奇完成交接班临将退休之际，通用电气公司这家伟大的企业，旗下已经有足足 9 个事业部，可以单独拿出来排进世界 500 强的榜单。

杰克·韦尔奇所获得的一切荣誉与声望，都清晰地昭示其足以登顶史上最伟大的企业经营者之列。《产业周刊》曾评价韦尔奇为"最令人尊敬的首席执行官"；《商业周刊》曾连续多年把韦尔奇列为当年度"全球 25 位最佳经理人"中的第一位；而久负盛名的《财富》杂志，则直接尊称韦尔奇为"20 世纪最佳经理人"。除了传媒界之外，学界对杰克·韦尔奇的评价也半点不落下风。比如，管理学界史上最伟大的学者之一、被誉为"现代管理学之父"的彼得·德鲁克（Peter Drucker），就曾经评价韦尔奇为"20 世纪最优秀的公司领袖"。实际上，即使是最不待见韦尔奇的质疑者也不得不承认，杰克·韦尔奇绝对是有史以来最为成功的商界领袖之一——如果执意要加上"之一"两字的话。

韦尔奇所带来的宝贵财富，不仅在于其成就斐然的通用电气公司的经营成果，更在于其在经营过程中日复一日所完成的创新与变革。从 1981 年到 2001 年，杰克·韦尔奇有长达 20 余年时间担任通用电气公司的最高决策者。在这 20 余年间，韦尔奇对通用电气推广了多个饱含创新性与变革性的经营策略，其中就包括"群策群力"、"无边界"、"活力曲线"、"数一数二"、"六西格玛"等日后享誉业界的创新策略。也正是因为其具有高度的可操作性与优势性，韦尔奇的这些经营创见也已被全球各地的企业广泛运用。

而分析韦尔奇的这些独到经营策略，也正是本书的目的所在。通过对韦尔奇日常经营与战略决策的全景式分析，并辅以进一步力证其经营理念的相关案例，本书希冀以严谨而不乏生动的笔触，把这位"经营之王"的管理秘诀，以较为流畅的语言一一展现出来，以飨读者。

杰克·韦尔奇曾经说过："如果你喜欢商业，你就一定喜欢通用电气；如果你喜欢创意，你就一定喜欢通用电气。"无论是职场人士还是莘莘学子，以及所有对商业与经营感兴趣的读者，都必将能从韦尔奇的诸多管理秘诀中有所收获。囿于作者水平有限，本书不尽之处在所难免，亦欢迎广大读者批评指正。

目　录
C O N T E N T S

第十六章　构建文化
让你能管好万人以上公司的管理秘诀

第一章　简单直接
让你赢得竞争的管理秘诀

我的很多管理理念都可以从我母亲身上找到原型，譬如：通过竞争去获得成功，面对现实，确定严格的目标，严格地跟踪工作进展以保证任务的顺利完成。母亲在我身上培养出的洞察力从未消失过。她总是坚持要面对现实。她的一句名言是："不要欺骗你自己。事实上它就是这样。"

——杰克·韦尔奇

越尊重事实，越接近成功

> 不管你是什么长相，什么个性，你都可以成为通用电气公司的英雄。你需要去做的只有一点，就是面对现实，并采取行动。
>
> ——杰克·韦尔奇

通过一系列经营策略，杰克·韦尔奇率领通用电气公司完成了世所共知的经营奇迹。其在 20 世纪末使通用电气勇攀世界 500 强榜首的壮举，至今在全球商界都令人津津乐道。要取得如此辉煌的成就，除了必不可少的机遇与运气之外，可以想见，韦尔奇的心中，必然深谙着一系列博大精深的经营哲学。而众所周知，一切的至道挖掘到根本，都只有四个字——大道至简。要在商界这一遍布着现实法则的海洋中搏击，并争取赢得竞争成为弄潮儿，就必须秉持着简单但却直接的经营理念。

这其中，最基础的一条，无疑就是要尊重事实。正如韦尔奇本人所说："不管你是什么长相，什么个性，你都可以成为通用电气公司的英雄。你需要去做的只有一点，就是面对现实，并采取行动。"事实上，韦尔奇是这么说的，很多时候也是这么做的。

在杰克·韦尔奇刚刚执掌通用电气公司之初，这位新帅就面临着评估公司各项业务发展潜力的重任。这其中，公司的核电业务，就很令韦尔奇关注。一方面，核电产业，作为全球迄今为止最有科技含量的产业之一（核能的利用至今才不过短短几十年），无疑有着广阔的应用前景与发展潜力。但是，另一方面，自从 1979 年在美国宾夕法尼亚州发生了核反应堆事故之后，全美已经对核能的利用产生了极大恐慌。彼时，从政府到媒体，再到民众，几乎所有人对包括核电业务在内的核能利用项目，都有了巨大的警惕意识。

在接任通用电气公司董事长的当年，韦尔奇就去视察了公司旗下的核电业务。业务的负责团队向韦尔奇做工作汇报时，把核能利用技术在美国的前景很是夸耀了一番，并预期公司的该业务每年起码能获得 3 个核反应堆的合同。

杰克·韦尔奇当即打断了核电业务负责人的发言，并直截了当地告诉对方，核电业务在美国几乎不可能卖出哪怕 1 个核反应堆。核电业务的整个经营团队，瞬间都被这位公司新董事长震惊了，甚至有高管直接表示，韦尔奇这位核能的门外汉并不了解这个行业。

韦尔奇的确不是一位核能专家，但是，韦尔奇那尊重事实的经营哲学，足够让韦尔奇看得比这些核能业务经营者们更远。诚然，通用电气公司在核能业务方面的技术，在全球都是处于领先地位的。但是，如果考虑到全美乃至全球对核能利用大范围的舆论声讨，那么情况就并不容乐观了。并且一个事实是，该业务在过去的几年中，基本都只能维持财政平衡，在 1980 年甚至还出现了亏损。并且核电业务已经有两年没有卖出去 1 个核反应堆了。以现实的眼光来看，有着这样糟糕的过往业绩和这样恶劣的业界大环境，这些人还在幻想着一年能卖出 3 个核反应堆，完全是痴人说梦。

眼见说服不了杰克·韦尔奇，一位核电业务的高管甚至放出话来说，韦尔奇对业务预期的否定，会直接打击员工们的士气，继而使全体员工都变得懈怠慵懒。但是，在言辞和事实之间，韦尔奇总是相信后者。这位年轻的董事长，要求诸高管们在制定该业务的经营预期时，务必设定为 1 个核反应堆都卖不出去。而如果在如此预期后会面临入不敷出的境况，那么核电业务就必须大为削减成本，以减轻其对整个通用电气公司的负担。韦尔奇后来曾对此有过深入的分析："管理中总是有那么一种倾向，对于成本这个烂苹果每次只舍得削掉那么一点点。无法避免的是，一次又一次，随着市场形势的恶化，经理们还得回到原来的地方再削一点点。所有这一切，只能给雇员们增加更大的不确定性。我还从来没有看到一个企业只是因为削减成本太多、太快而倒闭的。"

所幸的是，杰克·韦尔奇的务实作风，迅速感染了核电业务的执掌者。到了 1981 年的秋天，业务的负责人沃伦·布鲁格曼（Warren Bruggeman）向韦尔奇给出了调整后的计划。按照计划上所说，核电业务将裁撤掉绝大部分员工，使总员工数从 2400 名逐年缩减到 160 名。并且公司将不再致力于核反应堆的基础设施建设工程，而转为研发反应堆的相关先进技术。看着这样一份计划，韦尔奇终于满意地点头了。这才是真正以客观现实为基础的计划，而不是躲在空中楼阁中天马行空地幻想。

事实也证明，这一客观理性的计划，最终成功使通用电气公司的核电业务，走出了亏损的泥沼。在未来的经营中，成本的缩减大为缓解了经营的负担，而核电业务产生利润的来源，主要就是拥有先进技术的反应堆，并且买家也基本都来自国外。1981 年，核电业务的净收入才只有 1400 万美元，仅一年之后，这一数字就飙升到 7800 万美元，而到了第三年，则更是变成了 1.16 亿美元。以事实为依据来规划业务的经营，最终让公司的核电业务扭亏为盈，并进一步巩固了其技术上的优势。

"在我成为（通用电气公司）首席执行官的时候，我继承了通用电气很多伟大的东西，但直面现实却不是这个公司的强项。它的阳奉阴违的传统，使公司内部极难做到坦诚相待。"这是杰克·韦尔奇日后坦言的刚刚执掌通用电气公司时的境况。但是，胸中充满着求胜欲望的韦尔奇明白，只有在尊重事实的基础上，以客观现实为依据，一步步规划企业未来的经营，才能真正使企业变得更强，也更有竞争力。这位未来将在通用电气公司大展宏图的年轻董事长，在掌管公司的第一年，就展现出了远远超出其年龄的冷静和理性。而公司旗下核电业务的成功扭亏为盈，也首次让通用电气公司的全体员工们明白：这家作风业已有些保守的企业，必将在这位视事实为生命的杰出领袖的治理下，一步步消除原先企业文化中的沉疴，并最终达到一个全新的境界，和无匹的高度。

汰弱留强的"活力曲线"

> 如果你希望把最优秀的人才吸引到自己的团队来，就必须勇敢地执行区别考评制度。据我所知，还没有哪一种人事管理制度能做得更好——有更多的透明度、公平性和高效率。这个制度并不是完美的，但区别考评的做法就像坦诚精神一样，可以使商业生活变得更清晰，在各方面都能运转得更好。
>
> ——杰克·韦尔奇

想要尽可能地赢得竞争，往往是最简单直接的方法，会取得最好的效果。

对公司各项业务的经营目标，做出符合事实的更改，这是一个很好的战略调整。而另一个好的战略调整，则是对公司中的员工们，按照其客观情况进行分类，并以此为依据调控、激发出他们的工作状态。

如何激励出员工们的内在热情，这是一门艺术；而如何调控员工们的工作效率，这则更多的是一门科学。在一家企业内工作，仅仅只怀着满意的工作态度与务必要做好的工作决心，显然是不够的。一个更合理、更以事实为依据的员工管控制度，将可以更好地达成让员工们尽展才华的目标。

而所有的这类管控手段，其宗旨都离不开四个字——汰弱留强。的确，没有对落后者的惩处甚至淘汰措施，仅仅只依靠员工们人性中的自觉，这无疑是有其局限性的。落后者不会受到符合其程度的处理，其对自我提升的迫切感就始终难以变得强烈；强大者没有得到其应得的奖励，其对工作的参与程度与付出程度也会受到相当程度的打击，甚至就此磨灭其工作热情。

汰弱留强，其实也完全符合整个人类，甚至整个生物界的演进规律。查尔斯·达尔文（Charles Darwin）的进化论就曾指出，物竞天择，适者生存，对于那些没有能力、甚至只是不能及时适应环境的物种，其淘汰对整个生物界并非坏事，而是可以提升生物界整体适应能力与生存能力的好事。想想那些威力无穷却又体格健硕无比的恐龙们吧——以人类不足两米的平均身高，发展至今也导致了相当一部分地球资源临近枯竭，若是以恐龙们对能量与资源的消耗，那么这对全球资源的压力岂非更大？况且其庞大身形所需要的蛋白质数量之巨，也决定了其整个种群对环境适应能力绝不会很强，因为环境的稍许改变，都会对其捕食造成重大影响。而以整个企业类比整个生物界，原理其实也大同小异。那些没有能力适应，或需要太多时间去适应企业的员工，在一定意义上其实是整个企业的累赘。及时淘汰掉这些员工们，将是企业对自我组织架构的一次重新梳理，使之能更好地适应整个行业的竞争。

令人并不意外的是，杰克·韦尔奇作为当代职业经理人的标杆式人物，对于企业内的汰弱留强，亦有着自己独到的心得与见解。他极富创见性的"活力曲线"，就是大型企业完善人力资源管控问题、使得企业的人力资源得到客观运用的极好方案。正如韦尔奇本人所说："显然，我是一个区别考评制度的狂热支持者。我曾亲眼看见，它把一些公司从默默无闻提升到卓越的层次。作为一种管理系统，它有杰出的道德意义。当然，最重要的还是它发挥了实际作用。"

根据韦尔奇的"活力曲线"理论，通用电气公司的职业经理人每年都有了一项艰巨而神圣的使命——对公司里的员工们进行分级处理。等级一共被划分为三级。最好的 20%，会被称为 A 类员工；相对中等的 70%，会被称为 B 类员工；而最差的 10%，则会被称为 C 类员工。如果把它绘制成图表形式，那么，这将成为一张格局类似于正态分布图的"活力曲线"图。在员工们被成功分级之后，针对 A、B、C 三类不同的员工，通用电气将采取截然不同的对待方法。最好的 20%，将被尽量升到符合其能力的、层级更高的职位，以作为对其优秀能力与良好表现的嘉奖。中间的 70%，也将对他们进行进一步培训与提醒，使其尽量往 A 类员工的标准而努力。对于表现最差劲的 C 类员工，这 10%的名额将被用来裁撤与削减，韦尔奇也希望通过这 10%的员工的黯然结局，提醒公司的全体员工，务必要以业绩为主，努力提升自身的职业素质与业务水平。

以上大致就是"活力曲线"理论的概述。但"活力曲线"在实际运用中，仍有很多细节要注意。

首先来看看那 20%的 A 类员工。

对于那令人艳羡的 A 类头衔，究竟一名雇员要拥有什么样的素质与能力，才能与之相匹配？杰克·韦尔奇认为，A 类员工应该富有激情与远见，勇于且善于承担责任，并能善于思考、完成任务，他们不仅致力于对企业的业绩进行提升，还能努力地去改造和完善企业的文化。韦尔奇还更进一步地总结出了 A 类员工应具备"4E 领导能力"，具体来说就是，丰富的精力（energy），高技巧的激励（energize）能力与意愿，富有智慧和勇气、能在关键时刻保持冷静的决断（edge）能力，以及永不放弃地去执行（execute）他们所能完成的目标。实际上，通用电气公司的这个"4E 领导能力"，最早只有前三个 E，但是当韦尔奇发现，公司里有相当一部分具备了这三个 E、但却仍不堪担当大任的职业经理人，其共同特点就是缺乏必要的执行力而过于天马行空。于是，这最后一个、也可以说是最重要的一个 E，就被加进了这个"4E 领导能力"之中。以韦尔奇的多年经验，具备了"4E 领导能力"的管理人员，无不都是激情澎湃、活力充沛、智慧与经验兼备的能手，是通用电气公司未来发展的关键人才。

另外，对于 A 类员工，除了在职位上进行提拔，还需要给予什么奖励呢？韦尔奇的答案是，绝不要吝啬对他们的物质奖励。韦尔奇就曾在公司业绩的达成问题上表示过："一个词或者一句话是不够的。我们必须用一套制度来支持它才能使其发生。最主要的，我们必须改变奖励最优秀员工的方式。"具体来说，丰厚的奖金、可观的期权、珍贵的培训机会，等等，都应该毫不犹豫地提供给 A 类员工们。他们创造了企业的大部分利润，同理，他们也理应获得企业的大部分奖励。而且，在提拔 A 类员工时，也不应该过多考虑年龄、资历等因素，他们的过往业绩才是最重要的。韦尔奇本人就是一个绝佳的例子。他在担任通用电气公司的事业部总经理和副董事长时，都分别创下了公司的年龄最小的纪录。而他在通用电气公司 CEO 接班人的 3 位候选人中，年纪也是最小的，且远远小于另外两位候选人。但是结果呢？韦尔奇从来都能交出令人瞠目结舌的业绩报表，在他的带领下，通用电气公司也曾不可思议地登顶过世界 500 强企业排行榜，成为全球企业的领头羊。

所以，只要一名员工展示出了其 A 类员工的优异表现，他就值得受到公司的全力扶持与培养。事实上，通用电气公司在留住顶尖人才方面绝对堪称全球典范，通过韦尔奇所推行的对 A 类员工的尊重与奖励，通用电气每年失去的 A 类员工只有不到 1%。即使对于顶尖企业，这个比例也可谓低得惊人。可以想见，通用电气公司是一家对顶尖人才有多大吸引力的公司，顶尖人才又会以多么强烈的工作热情，投身于其通用电气的职业生涯。

其次来看看那 70%的 B 类员工。

对于 B 类员工的处理，虽然无须像对待 A 类员工一样配套跟进那么多资源，但其处理方式其实更有讲究。他们才是一个企业内，占总人口大部分的主体人群。如果这个群体普遍效率低下而作风懒散，那么，高级管理人员即使再能干、再高瞻远瞩，也无法真正带动整个企业前进。B 类员工，是一家企业的主体人群，也是在具体层面实施公司战略的关键所在。

在 B 类员工内部排名靠前的那些人，经营者应该弄清楚他们和 A 类员工之间的差距。有时候，这种差距其实是非常小的，通过一定程度的培训与老板亲身点拨，甚至是一定范围内的转岗或调动，这部分员工很有可能完成自我的突破，而最终升格为 A 类员工中的一部分。

而在 B 类员工内部排名靠后的那些人，则必须要给他们足够的提醒，甚至给予一些压力。他们在全体雇员中的排名情况，说明了他们很可能有滑向 C 类员工的趋势，而这种趋势必须被经营者施加的外力所阻止。通常这类员工并不一定会具有远大的志向，因为有志者往往会在其志向的督促下进步为排名靠前的 B 类员工，甚至是 A 类员工。理性地说，一家企业也确实不可能人人都胸怀大志。但是，做好本职工作、合格地完成分内之事，却是每一位员工的职责所在。只要这些员工能够完成其应该完成的任务，能为企业奉献出符合其薪酬的全部才华，他们就还是企业内的合格一员。

最后来看看那 10%的 C 类员工。

对于这些员工的处理，难度肯定是最大的，也是在处理过程中最考验职业经理人本人的。谁都愿意对下属说，自己要给予他多少多少奖赏。而告诉自己的下属是合格的，能够照例通过考核、拿到分内的薪水，也并不很难。难的正是面对那些 C 类员工时，自己要做到杰克·韦尔奇所要求的绝对冷酷，并立即让其走人。毕竟，这些雇员当年能通过层层的笔试和面试，成功应聘到自己现在的职位，肯定为此付出过很多心血，而且自己肯定也具备了相当的能力。更何况，如果第一年已经淘汰掉了团队中的10%，第二年的抉择就将非常艰难。而到了第三年、第四年，韦尔奇的铁血政策，简直导演了许多的同事之间兄弟阋墙般的悲情离别。

也正因为这看似太过残酷，通用电气公司当年在推行"活力曲线"时，遭受的阻力主要就来自对C类员工的处理。相当一部分职业经理人会"上有政策，下有对策"，把临近退休或即将离职的员工们，放进C类员工的名单。更离谱的是，有的管理人员会把已经离职了的员工列为C类员工。韦尔奇本人看到的最不可思议的例子，居然是有职业经理人把刚刚过世的员工评价为C类员工！当然，这类小聪明性质的把戏难不倒韦尔奇。在换上新来的管理人员后，这10%的名额会很快被确定下来。

事实上，这个问题，在韦尔奇当年对"活力曲线"的设计之初，就有过深入的思考。韦尔奇本人是橄榄球运动的铁杆球迷，而任何一支真正有雄心壮志的强队，对能力无法与本队匹配的队员，都会毫不犹豫地将其淘汰出队伍。回到企业管理的层面来看，真正的顶尖企业，必然要以"直面现实"的思维来思考一切企业经营行为。否则，这家不以事实为依据、在人力资源上无端浪费的企业，将很快被效率更高的竞争对手打败。届时，大量合格乃至优秀的员工，会因为企业对某些不合格员工的"仁慈"，而连带遭受失业的痛苦。更何况，早早淘汰掉不合格的员工，他们毕竟还有机会重新审视自我，从头再来。而如果他们在一家企业担任不适合自己的岗位长达几年、十几年后，才发现自己并不能胜任，他们还将剩下多少时间和机会？那个时候，他们才会真正知道什么叫现实的残酷。所以，"活力曲线"的最后一环，其实才是整个企业保持组织健康的关键环节，也是真正体现出仁慈的一种管理手段。

通过对 A 类员工、B 类员工和 C 类员工这三种不同类型员工的区别对待，一家企业内的每位员工都会得到合乎其能力的对待。强者将被给予更与之匹配的职位与薪酬，从而更好地激发其动力；平庸者将在对强者的褒奖和对弱者的淘汰中，不断向强者看齐，努力开发自身的潜力；而本不该跻身于本企业的弱者，将被不留情面地淘汰，从而使得企业内员工的整体素质得到保障。通过对"活力曲线"两头的奖和罚，占员工主体的 B 类员工，其平均素质和工作态度将不断得到提升。诚如韦尔奇本人所言："如果你希望把最优秀的人才吸引到自己的团队来，就必须勇敢地执行区别考评制度。据我所知，还没有哪一种人事管理制度能做得更好——有更多的透明度、公平性和高效率。这个制度并不是完美的，但区别考评的做法就像坦诚精神一样，可以使商业生活变得更清晰，在各方面都能运转得更好。"而在这个可以尽可能激发员工效率与热情的直面现实的管控制度下，杰克·韦尔奇所执掌的通用电气公司，也的确变得更加无惧任何竞争对手，并且迸发出了更强的竞争力。

要深入了解竞争对手

> 在 20 世纪 80 年代日本就曾给西方带来威胁。当时我们工业界
> 的感觉就像是病入膏肓了，其他很多人也一样。财经记者和政治学
> 家们纷纷预测，通用电气公司这样的工业"恐龙"将很快灭亡。在
> 当时的情况下，你无法指责他们的严苛。
>
> ——杰克·韦尔奇

任何一位想尽可能赢得竞争的商界领袖都明白，命运主要是掌握在自己
手中的。如果企业自身能够锐意进取、奋力革新，那么，这种饱含了企业主
观能动性的主动出击，往往能够在相当程度上改变企业的命运，让一家企业
从平凡迈向卓越，再从卓越迈向伟大。正因为如此，诸如为企业设定符合现
实状况的经营预期、为员工们提供符合其能力的业绩目标等方法，都堪称是
企业内控管理的明智决策。

但是，这绝不代表了解企业的竞争对手们没有任何意义。恰好相反，一
家企业要想真正赢得商业竞争，说到底，还是要胜过与企业竞争的对手们。
消费者会用自己手中的货币选票，"选举"出谁才是自己心目中最伟大的企
业。而这种货币选票上，往往只会写着一家最优企业的名字，毕竟很少有顾
客会同时买两台洗衣机，或者同时买两辆轿车。说到底，身处于这个全球经

济一体化的市场经济时代，竞争是一件再正常不过的事。所以，企业的任务也就变得简单而直接，那就是改善自己，超越对手，赢得竞争。这其中，企业对内和对外的作为，有着同样重要的作用和价值。

要战胜竞争对手们，前提就是要对其有足够的了解。而一些真正优秀的商界领袖，有时甚至能比竞争对手本身更了解竞争对手们。竞争对手们的核心竞争力，业务短板，未来发展潜力，这些都是值得关注的要点。如果能够对竞争对手们有充分的了解，那么，面对这场更有针对性的竞争，自己的企业将明显有更大的胜算。

身为史上最伟大的商界领袖之一，杰克·韦尔奇无疑就是一位时刻会对竞争对手们保持关注的细心者。而经由韦尔奇敏锐的头脑分析后，通用电气公司竞争对手们的优点和缺点，通常都显露无遗。事实上，即使是站在竞争对手的角度来看，虚心学习韦尔奇的所思所想，也是能收益颇丰的，更遑论是通用电气公司本身了。

从 1981 年 4 月执掌通用电气，到 2001 年 9 月卸任董事长的头衔，杰克·韦尔奇长达二十年的通用电气公司掌门人生涯，就是一段不断战胜竞争对手们的商界传奇。而也许会超乎人们想象的是，在这二十年来，通用电气公司所面临的最强大竞争对手，并不是来自欧美的老牌劲敌们。德国西门子公司（Siemens AG）、荷兰飞利浦公司（Philips Electronic N.V）、美国 IBM 公司（International Business Machines Corporation）等，这些欧资或美资巨头们，虽然也在不同的业务领域或区域市场与通用电气有竞争关系，但它们还并未到扮演"掘墓者"角色的地步。

而曾经有一个国家的大企业，确实曾在全球范围内，对欧美的主流大公司们穷追猛打，步步紧逼，大有使其统统关门的架势。这个国家，正是来自亚太地区的日本。20世纪的八九十年代，的确是日资企业的一个黄金时期。伴随着日本经济从"二战"后的满目疮痍中恢复、并重振于东京奥林匹克景气等历史性契机，日本的多家企业，也开始在全球崭露头角，参与到主流市场的竞争之中。丰田公司（Toyota Motor Corporation）、本田公司（Honda Motor Corporation）、索尼公司（Sony Corporation）、佳能公司（Canon Inc.）、松下公司（Panasonic Corporation）等日资大企业，纷纷成了其所在行业内名列前茅的领先者。甚至在数码摄像行业等个别行业，日资巨头们几乎强大到让整个市场没有了像样的竞争者。

彼时，日本公司们的撒手锏，主要就是"物美价廉"四个字。日资品牌产品的质量已无须赘述。事实上，虽然品牌形象与品牌带来的溢价空间与欧美主流品牌相去甚远，比如丰田汽车在欧美，就曾在相当一个历史时期内是低档车的代表，但是其产品的品质并没有差太多。当然，这也得益于"二战"之前日本就建立起的优良工业体系，以及其所培养的大量专业技术型人才。而与此同时，日本商品的价格，则低到了一个让欧美企业几乎无法参与竞争的地步。并且，这种价格优势绝非个例，而是其整个国家的企业基本都具有强大的优势。以当时的通用电气公司为例，通用电气公司在自己生产效率最优秀的工厂中生产出来的电视机，其成本的价格，居然无法低于日资厂商同类产品在商店中的零售价。韦尔奇本人也曾经表示："在20世纪80年代日本就曾给西方带来威胁。当时我们工业界的感觉就像是病入膏肓了，其他很多人也一样。财经记者和政治学家们纷纷预测，通用电气公司这样的工业'恐龙'将很快灭亡。在当时的情况下，你无法指责他们的严苛。"

面对如此困局，很显然，光是改善自身已经作用有限了。像通用电气公司这类欧美巨头，必须要深入分析日资公司们的优势和劣势，才能更好地与之竞争，并赢得竞争。很显然，从结果来看，许多的欧美大企业都没有做到这一点，因为经过这二十年之后，其在世界500强排名上的位置靠后了许多，或者干脆跌出了榜单。但是，通用电气公司明显不在此列，相反，在杰克·韦尔奇执掌公司的整个20世纪八九十年代，通用电气的增长势头是非常良好的。事实上，韦尔奇对日资竞争者们已有深刻的了解和分析。

在韦尔奇看来，这些来自日本的竞争对手们，主要还是靠价格的优势打败自己的对手。当然，也有诸如索尼公司、佳能公司这样本身就拥有全球领先技术的日本公司，但这并非日本公司们当时在全球市场的典型形象。事实上，日资品牌产品并不介意成为欧美品牌产品的相对低一档次的选择，但是，其极富竞争力的价格，完全有可能弥补其在品牌形象上的相对劣势。

那么，面对这样的"商品价格肉搏战"，就必须以发达经济体在成本、品质以及服务上的综合优势，以及其经济环境所带来的宏观利好，来化解低价格竞争者们的单一攻势。杰克·韦尔奇曾经表示："发达国家有着巨大的消费品和工业品市场，人们渴望优质的产品，也拥有自己强大的名牌企业和销售渠道。这些经济体拥有开放而成熟的司法体系、透明的社会组织、民主的政府、良好的教育和社会体系。它们的企业也有非常完善的经营体系。"与此同时，如果这些欧美企业，能够在进一步缩减制造成本、进一步改善产品品质的同时，提升公司在服务上的优势，那么，欧美巨头们就更加不容易被击败了。

韦尔奇把自己的见解，运用到了通用电气公司的实际经营当中。在成本方面，韦尔奇从来不满意于5%到10%的成本缩减。30%到40%的成本下降，才是韦尔奇更愿意看到、也更致力于去达成的目标。在质量方面，韦尔奇后来引入了六西格玛（six sigma）品质管控体系，这一先进的管理理念，使得通用电气公司成为闻名全球的产品品质管理典范。而在服务方面，通用电气公司则从来都具有领先优势。毕竟，即使是在相对更注重产品服务的美国市场，通用电气公司也是此中的领跑者。

绕开价格战的泥潭，而以成本、品质和服务的组合拳，来打击靠物美价廉生存的对手的软肋，再加上美国在政治、经济、商业文化等领域中的相对优势，这使得通用电气公司很好地抵御了日资巨头们的冲击。应该说，20世纪八九十年代是日本公司们大放异彩的年代。比如在20世纪90年代，世界500强排行榜中的前10强企业，有好几年都被日资巨头们独占6席，超过欧美公司的总和。但是，在这样一种时代大背景下，通用电气公司还是逆势而上，连续多年保持高位增长，并于1998年登顶世界500强排名的榜首，这不得不说是一个划时代的奇迹。而这个奇迹的缔造者，无疑就是很好分析了竞争对手的杰克·韦尔奇。

决战于商界，目标其实是非常简单而直接的，那就是要从与对手的竞争中脱颖而出，获取胜利。为此，企业的领导者，必须要一方面有尊重事实的理智和驱动员工的策略，以此推动企业自身的发展，另一方面，也要充分了解并分析自己的竞争对手，并为之制定有针对性的应对策略。总而言之，欲成为一位优秀的商界领袖，那就要时时刻刻把"赢"字挂在嘴边，并牢记于心。毕竟，"经营之神"杰克·韦尔奇，就是一位连自己写书都要取名为《赢》的、对胜利有极致追求的狂热者。

第二章 正向影响
让你成为动力火车头的管理秘诀

　　将自己的文化包括自信灌输给公
司的每个人。

——杰克·韦尔奇

因高度自信而接班

> 这是一场赛马比赛，但是所有的马匹和骑手都被蒙上了眼睛除了雷吉（通用电气公司前一任最高领导者），没有人知道谁领先谁落后，而且雷吉也不打算告诉他的候选人他们在比赛中处于什么位置。

> ——杰克·韦尔奇

成为一家企业的领导者，在自己的名片中印上老总的头衔，并不是一件轻而易举的事。事实上，管理和领导类的职务，是最难以做好的职务之一。

要成为领导者，首先就必须要在某和程度上是一位通才。虽然这并不意味着领导者本人能成为几十个领域内的专家（也几乎没人能真正做到这一点），但是，领导者却也必须对各个领域有基本而充分的了解。众所周知，一个部门的头头，必须对本部门的业务非常精通，否则他将难以服众，而且也无法指导部下开展日常业务。而作为一家企业的领导者，会同时管辖企业内数十个部门。如果领导者本人对各业务子公司以及各职能部门欠缺基本的了解，那么，他将可能发现不了，财务部门上报的财务报表中的漏洞，也将可能错误评估某项业务营业额翻倍的难度，从而未给予业务团队足额的奖励。总之，成为通才，是一名领导者必备的素质。

但是，对公司的上上下下都能做到了然于胸，这仅仅是基础。真正让一位领导者卓然不群的，还是他的领导才能。在这其中，领导者本人的自信，几乎是最核心的要素。充满自信、时时刻刻都在激励部下的领导者，才是真正优秀的领袖。商海行舟，殊为不易，不进则退。在这高度竞争化的环境中经营企业，往往随时会面临各种各样的逆境。风和日丽的时候，员工们自然是心平气和地工作与奋斗。但是在暴风骤雨之中，只有企业的领导者及时给予大家足够的信心与勇气，才能让企业继续保持发展的动力，从而一次次战胜对手，也战胜自我。总的来说，领导者必须起到火车头的作用，才能使企业平安、迅速地到达成功的彼岸。而在这一点上，杰克·韦尔奇无疑非常出色。

对于通用电气公司这样一家特大型巨头来说，最高领导人的交接班，就是一个最复杂、也最慎重的系统性工程。这位从千千万万通用电气公司员工中产生的首席执行官，必须具有杰出的才能和优良的品性。他的经验必须十分丰富，学识也必须十分渊博。可以说，历任的通用电气执掌者，在其真正接班之前，都肯定会面临多次的候选，并需要竭尽所能从诸多竞争者中脱颖而出。

杰克·韦尔奇自然也不例外。稍有不同的是，韦尔奇在真正被确立为通用电气公司下一任执掌者之前，其被重视的程度可谓低得惊人。时任通用电气公司最高负责人的雷吉·琼斯（Reg Jones），早在 1974 年就开始了遴选企业接班人的工作。当时的初选名单上，共有 19 位幸运儿。可以说，这是相对来说最宽泛的一份名单了，因为再之后的名单，肯定会在此基础上大为缩减，以更严苛的要求删去其中的大部分人。但是，正是这样一份第一轮候选者的名单，杰克·韦尔奇也并没有挤进去。到了第二年，这份名单就被迅速缩减了将近一半，候选人的人数只剩下了 10 个人。这份 10 人大名单，依然没有杰克·韦尔奇的名字。

这并不难理解。在 1975 年，韦尔奇才刚刚年满 40 岁，这对于全面掌管一家全美、甚至全球都排得上号的大公司来说，无疑还太年轻了。况且，当时通用电气公司的人力资源部负责人罗伊·约翰逊（Roy Johnson），也并不同意韦尔奇应该跻身公司接班人之列。在通用电气的人力资源部，一位职业经理人在对韦尔奇的评价里这样写道："尽管过去在经营上有所成就，但（杰克·韦尔奇）不应列入最佳候选人名单。当前要务是获得无与伦比的业绩。（韦尔奇）与下级关系紧张。（韦尔奇）初显对公司运作的关心。当前困境严峻地考验着他。要密切观察（韦尔奇）。"当然，韦尔奇也并非完全是"无辜的"。杰克·韦尔奇在此似乎命运悬而未决之际，并未完全否决所有猎头公司与自己的接触。甚至，韦尔奇还曾经积极回应过全球最大的高层管理者猎头公司——海德思哲公司（Heidrick & Struggles）的顾问，并与之探讨了自己获得美国联合化学股份有限公司（Allied Chemical Corporation）首席执行官一职的可能性。

但是，一个众所周知的事实毕竟摆在眼前：那就是杰克·韦尔奇极其优秀的业绩。无论在成为通用电气公司最年轻的事业部负责人之后，还是在成为公司最年轻的副董事长之后，韦尔奇所达成的业绩，无不引起了高层董事会每一位成员的侧目。如果杰克·韦尔奇在这么多职位前冠上"最年轻"的前缀，都能做到超额完成任务的话，那么，为什么不相信这位青年才俊也能完美地完成通用电气公司执掌者的任务？而接触过猎头公司，就更是不足道的事情了。因为，如果把考虑过猎头公司传来职位的竞争者全部踢出竞争序列，那么，通用电气公司将只能由一些平庸之徒来角逐最高领导者了。

在 1976 年通用电气公司更换了其人力资源部负责人之后，新的负责人没有像前任一样，对杰克·韦尔奇死死地关上大门。当然，这也毫无疑问是公司时任首席执行官雷吉·琼斯的意思。事实上，在这么多客观因素受限的情况下，韦尔奇仍然没放弃自己接班的梦想，这肯定是因为雷吉·琼斯对这位年轻人的青睐有加。

雷吉·琼斯让杰克·韦尔奇来到了自己的办公室。在一番常见的寒暄之后，雷吉·琼斯突然问韦尔奇，如果自己和韦尔奇都在同一架飞机上，而飞机此时全员遇难了，那么，谁才是最合适的通用电气公司接班人？韦尔奇立即信心百倍地表示，自己绝对可以从这场大灾难中逃脱出来。雷吉·琼斯补充道，没有人可以逃出来。接着，韦尔奇又多次重申了自己的这个观点，雷吉·琼斯继续对此表示否定，执意要韦尔奇选出一个除了此两人外的人选。韦尔奇这才回答说，自己认为埃德·胡德（Ed Hood）会是那个人选。另外，韦尔奇也补充说汤姆·范德史莱斯（Tom Vanderslice）在决策能力上很有优势，可以做一位优秀的副手。

这之后，雷吉·琼斯才转移了话题，让杰克·韦尔奇当自己的面评价其他各位接班人的竞争者。韦尔奇也按照自己的认知，逐一说出了诸位候选人的优点与缺点，以及能力、性格特质、过往业绩等内容。雷吉·琼斯并未对韦尔奇的回答做出任何直接的面部反应，也并未从语言上给予任何回答，这次"面试"便结束了。

一段时间以后，雷吉·琼斯再一次让韦尔奇与自己碰面。这一次，雷吉·琼斯单刀直入地问道，如果我们两人又一次搭乘同一架次的航班，和上次不同的是，这次是只有自己将遇难，那么，谁才会是最合适的通用电气公司首席执行官的接班人选？韦尔奇面带微笑，毫不犹豫地脱口而出道，肯定是自己。接下来，雷吉·琼斯又问了韦尔奇如果能成功当选接班人，则会挑选谁作为副手？韦尔奇说出了埃德·胡德的名字。随后，雷吉·琼斯询问了韦尔奇，假设能顺利接管通用电气公司，那么公司未来会遭遇到的最大挑战将有些什么？韦尔奇也一一进行了表述，并补充自己有足够的信心与方法，去战胜这些困难，让通用电气公司不会在自己的任上有哪怕一点点的式微。

这就是杰克·韦尔奇在接班之前，所面临的著名的"飞机面试"。飞机面试，考验了候选者的相互间性格匹配，考验了候选者的远见与应对问题的能力，以及最重要的，考验了候选者的信心程度。如果一位竞争通用电气公司首席执行官的候选者，在正确且全面地预见到了公司未来发展中的挑战后，仍然可以满怀自信地对雷吉·琼斯表示，自己才是通用电气未来的"真命天子"，那么，这样的人才是雷吉·琼斯真正能放心交班的人选。

事实上，杰克·韦尔奇在随后的高层投票中，几乎是一败涂地。在雷吉·琼斯询问通用电气公司的 9 名重量级高管谁应该接班时，有多达 7 位高管选择了斯坦·高尔特（Stan Gault），另外 2 位投给了埃德·胡德。杰克·韦尔奇在这次关键性投票中的得票数，是零票。当然，最后的结果也不是秘密：雷吉·琼斯还是力排众议，慧眼相中了杰克·韦尔奇，并亲自把振兴通用电气公司的重担交给了这位青年才俊。而杰克·韦尔奇，也以通用电气公司未来二十余年的高速增长，向世人、也向老上司雷吉·琼斯宣告，自己没有辜负大家的期待。随着通用电气公司在 20 世纪末一度成为世界 500 强中领跑的公司，杰克·韦尔奇的声誉也一时无二，成为载入史册的大师级企业家。

对于候选人评选的最终考量因素与评价方法，雷吉·琼斯当然不会把它们公之于众，这毕竟是属于整个通用电气公司的商业机密。但显而易见的是，杰克·韦尔奇用以战胜自己在年龄方面的劣势的，肯定有他在各轮面试中，所展现出的永不衰竭的自信。一家大型巨头企业，最怕的就是领导者带头坐吃山空、不思进取。高度自信的杰克·韦尔奇，才能胜任通用电气公司这列绵长火车的火车头，带着公司穿越一个又一个隧道，最后顺利到达目的地。

在杰克·韦尔奇顺利成为通用电气新一任首席执行官之后，《华尔街日报》刊发长文对此进行了报道，并在文章中对韦尔奇接班评价为"一个活跃分子的传奇故事"。这位年仅 40 多岁的职业经理人，不仅用自信打动了雷吉·琼斯，也用热忱感染了美国的主流财经界群体。等到日后，韦尔奇还将用一个个实干的杰出业绩，吸引来自全球的目光。而这全部的一切，正是来源于这位青年才俊当年的自信与无畏。

永远保持坦然的心态

是坦诚精神帮助通用电气公司获得了巨大的成功。是这种精神把更多的人、更多的声音、更多的活力吸引到了通用电气的事业中来。我们相互鼓励，让每个人都能更开放、做得更好。

——杰克·韦尔奇

从近几年以来，"正能量"这个词，开始频频进入各个领域和行业的话语体系之中。似乎在一夜之间，从事着各类职业的白领、工人以及企业家们，都开始顿悟应该以正面的能量来激励自己。当然，这也和有着"英国大众心理学传播第一教授"之称的理查德·怀斯曼（Richard Wiseman）教授之心理学著作《正能量》（Rip It Up: The Radically New Approach to Changing Your Life）于这几年火爆全球图书市场，有着直接的关系。

那么，这最近才变得风靡的"正能量"热，是否昭示了在此之前，人们都并不那么重视"正能量"？答案是恰恰相反。对于正面态度与作风的影响力，许多企业的领导者都有着其深刻的理解。因为，要想带领一家企业——尤其是大型企业——不断创造出更高的业绩，不断吸引更多的消费者，光凭领导者一己之力肯定是远远不够的。领导者本人还必须不断给全体员工以正面的影响，用自己的信心鼓舞他们，让他们保持着对未来目标的仰望。

但是，仅仅只让员工们学会"抬头"也不够，还要让大家学会"低头"。

有信心是一回事，但是正视历史、直面现实，这又是另外一回事。盲目的乐观与自信是不可取的。真正的自信，需要建立在坦诚地直面现实之上。而这种永远坦然的勇气，也正是企业的火车头——即企业领导者本人——所必须要教会企业员工们的。

实际上，保持一种坦然的态度，会有很多好处。杰克·韦尔奇就曾表示："是坦诚精神帮助通用电气公司获得了巨大的成功。是这种精神把更多的人、更多的声音、更多的活力吸引到了通用电气的事业中来。我们相互鼓励，让每个人都能更开放、做得更好。"

坦诚，意味着开诚布公，意味着一种更加平等、开放的沟通氛围。在企业经营中，有一种非常糟糕的工作态度需要极力避免，那就是对人不对事。在"位卑而足羞，官盛则近谀"的扭曲状态下，整个企业都将朝着不唯实、只唯上的方向发展。而一个明显的事实是，只靠着领导者本人超人般解决所有问题，这在大型企业中是行不通的。只有在企业内所有部门与层级的沟通中都能保持一种坦诚相见的态度，让所有人互为师长，做到三人行则必有我师，才是许多问题真正能得以解决的正途。

另外，坦诚地经营企业，还能使企业日常运营的效率有一个大的提升。遮遮掩掩，犹抱琵琶半遮面，这或许能在一定程度上对维护员工之间、员工与消费者之间的关系有利。但是，其实从长远来看这也是弊大于利的。企业整体的低效率，必然导致企业的竞争力急速下滑，以及接踵而来的无奈裁员。连共同办公的物质基础都丧失了，还谈何同事情谊呢？更遑论一家低效率的企业，怎么可能为消费者带来更好的消费体验。要想保持高效率的沟通与交流，就必须摒弃一切的云山雾罩，单刀直入地决策各类问题。坦诚相待的团队，才是最有效率的团队。

不仅如此，坦诚式经营，还能很大程度地减少企业办公的物质成本。首当其冲的就是能节省员工们的工作时间，把员工们从一些不必要的文山会海中解放出来，把自己更多的精力，用来为公司贡献自己的价值。而随之而来减少掉的不必要的纸张、办公软件、会议设备等各类浪费，也是对公司运营经费的一种节约。所有的这些节省，最后都能转化为真金白银而用于公司运营的其他有用之处。更不必提这能够降低多少无谓的公关费用，因为一家值得消费者笃信的公司，其本身已胜过无数家公关公司。

由此可见，永葆坦诚，也是一家企业的管理者所必须具备的优良素质。其所蕴含着的诸多收益，都能使管理者更好地经营企业，带领企业走向更好的业绩。作为 20 世纪企业经营者的代表人物之一，杰克·韦尔奇就明显是一位永远能直面现实、保持坦诚的企业家——这种坦诚，甚至是与通用电气公司温文尔雅的前任首席执行官雷吉·琼斯形成了鲜明的对比。韦尔奇无论是在部门会议中，还是在鸡尾酒会中，还是在视察旗下的工厂时，都喜欢以单刀直入的方式进行谈话。韦尔奇也即使在提出了"网络化"的公司新战略之后，也没有放弃自己喜爱给部下随时留手写便条的习惯，并以直接、坦诚的言辞，或激励，或质疑，最终使得员工们都尽力把工作做到更出色。他曾经说过："要普及坦诚精神，你就必须激励它、表扬它、时刻谈论它。你可以把表现出坦诚精神的人塑造成大众的英雄。"

关于企业中的雇员们是否应该保持坦诚办公一事，杰克·韦尔奇经常会在其演讲中，为大家分享塔夫茨大学教授南希·鲍尔的观点。哲学教授南希·鲍尔是韦尔奇的好朋友，她曾经直白地指出，员工们更愿意以婉约的方法沟通，或者干脆就在一定程度上保持缄默，这主要是因为，员工们认为这样会对自己更加有利。德国古典哲学大师伊曼诺尔·康德（Immanuel Kant）就曾经说过："缺乏坦诚实际上是一种自私的表现，是为了让自己的生活更加轻松。"因为，如果自己也做一只把头埋进了沙地中的鸵鸟，尽管状况已经发生了，但是当恶果最终袭来时，对方并不会把它扯到自己的头上来。但是，如果是自己去把这些事情坦诚相告，就不得不亲自去处理之后的一堆事情，比如安慰对方，而这是非常耗时耗力的。但是，这种自私的想法实际上非常幼稚。即使以公司内部而言，这也是在同时对自己与同事们的饭碗造成损伤。更不必说，如果是对公众不够坦诚，那这更不亚于是企业本身在"自杀"了。也正因如此，康德曾不无担心地表示："如果为了诸如拍别人的马屁等目的而不坦诚做人，那将会毁灭彼此之间的信任，最后，也将由此把整个社会都腐蚀掉。"

南希·鲍尔会引用言辞如此严肃的名言，当然不是也像康德一般担心整个社会的道德沦陷——她毕竟不是康德那样的哲学家。但是，她于坦诚行事方面对杰克·韦尔奇的解释，也足以说明在一家企业的日常经营之中，无论是对内还是对外，坦诚与直面现实都具有极其重要的意义。事实上，直面现实、坦诚地面对企业所遭遇的困境，并迎难而上、最终走出困境的例子，在企业界是屡见不鲜的。这其中，可口可乐公司在第二次世界大战中的遭遇与应对策略，就非常值得世人学习。

创立于佐治亚州亚特兰大市的可口可乐公司（The Coca-Cola Company），至今已成为世界最大的综合饮料厂商与美式生活的重要标志之一。在 1886 年第一份可口可乐诞生之时，其售价不过为区区 5 美分，而且其研发者约翰·彭伯顿（John Pemberton）也并未看出，这种混合了糖浆和水的饮料，日后能有多大的受众。但是，经过彭伯顿的生意合伙人弗兰克·罗宾逊（Frank M. Robinson）改造并投入大规模商业化生产后，这种魅力十足的饮料才终于开始展现了自身的价值，并开始成为"世界第一魔水"。

　　与其他的主流品牌一样，可口可乐公司的征服世界之路也并非一帆风顺的坦途。其主要竞争对手——百事可乐公司（Pepsi-Cola Company），就在日后的数十年内，于全球的各个角落与可口可乐公司展开了激烈的商战。但是，曾经真正让可口可乐公司命悬一线的，还是在 20 世纪 40 年代可口可乐公司所遭遇的困境。

　　第二次世界大战，起于 1939 年 9 月 1 日，止于 1945 年 9 月 2 日。这场历时 6 年的反法西斯战争，先后波及了全球 61 个国家和地区的超过 20 亿人口，并在 2200 万平方千米的作战面积上，造成了超过 7000 万以上军民的伤亡。毫无疑问，这是全球有史以来规模最大、也最惨烈的一场战争。可以想见，这场世界性战争，除对生活在各大洲的人们造成了直接的财产损失，同时也对全世界相当一部分的企业带来了广泛而巨大的损失。

　　可口可乐公司正是这些公司的其中之一。1941 年 12 月 8 日，日军发动了日后臭名昭著的珍珠港偷袭事件。一时间，战争的阴云迅速笼罩在全美的每一个角落，可口可乐公司与许多其他大公司一样，面临着国内业绩下滑、国外销路中断的双重打击。如果不能及时使情况有所改观，那么，这家饮料公司就将前途堪忧。事实上，确实有相当一部分美资企业未能及时作出调整，眼睁睁地看着事态恶化而无力作为，最终遭到破产的厄运。

　　值此内忧外患之际，时任可口可乐公司董事长的罗伯特·伍德鲁夫（Robert Woodruff）决心要面对现实，迎难而上。从 1923 年就接管可口可乐公司经营大权的伍德鲁夫，已经使公司在自己的治下保持了 10 多年的高速发展。但是，战争毕竟是不可抗拒的外力，何况可口可乐公司此时所遭遇的，是人类有史以来造成破坏最大的一场战争，可口可乐公司的国内外市场营销渠道，均遭到了重大的打击。如此局面下，伍德鲁夫所面临的逆境，实在不同往昔。

不过，罗伯特·伍德鲁夫很快就展示了其不同寻常之处。别的很多企业，此时都躲在自己不愿意戳破的那层窗户纸内，幻想着通过诸如裁撤员工，甚至偷工减料等缩减成本的方法，能拖一天是一天。而伍德鲁夫却明白，此时最应该做的，就是坦诚面对可口可乐公司所面临的事实：国内市场已经在很大程度上出现萎缩，国外的和平区域也因经济遭受重创而使消费能力锐减，真正能拯救可口可乐公司于水火之中的，就是战争区域。换言之，如果能够成功开拓以前并不那么致力于消费可口可乐的美国军队这个市场，可口可乐公司必将能够重振雄风。

说干就干。不久后，可口可乐公司立即编写并出版了一批名为《完成最艰苦的战斗任务与休息的重要性》的小册子。这批图文并茂、真情洋溢的小册子，不仅迅速就打动了许多美军士兵，同时也让这些离家在外的大兵们明白，在这千里之外的战场上出生入死时，如果能够经常喝到来自美国的可口可乐，也不失为一种表达对家乡和亲人们怀念的良好方式。就这样，几乎是在一夜之间，可口可乐成了战场上与枪炮火药一样的必需品，战士们通过在战斗间隙畅饮可口可乐，已远非是一种一般意义上的休闲，而是一种对家乡的缅怀与对早日获胜回家的热诚期盼。

在罗伯特·伍德鲁夫通过研发出浓缩液的方式，使可口可乐公司不需要异地建厂，而只需要从美国本土运出浓缩液，在国外的灌装厂灌装可乐之后，就再也没有什么能够阻挡可口可乐公司在各大洲的扩张了。仅仅在"二战"期间，可口可乐公司就在世界各地建立了64家灌装厂。数以亿计的可口可乐被美军士兵们抱在手中，一点一滴地勾起战士们的思乡之情，并一点一滴地激发出他们必胜的信心。作为一家成立以来横跨了 3 个世纪的世界 500 强巨头，可口可乐公司曾经面对过不知多少挑战，也迎来过不知多少机遇，但是可以说，经历第二次世界大战，绝对是公司发展史上最大的一次挑战，同时，这也成功地被扭转为公司扩张最为迅速的时期之一。

在这个全球大部分企业纷纷陷入困境的时期，勇于直面困境、坦然应对挫折的伍德鲁夫，带领可口可乐公司走出了一条康庄大道。罗伯特·伍德鲁夫本人，也因为其对可口可乐公司无与伦比的贡献，日后被尊称为"可口可乐之父"。尽管伍德鲁夫本人常说的一句口头禅是"我不过是个推销员"，但是，随着他执掌可口可乐公司，可口可乐公司逐渐成为占据全球软饮料市场近半份额的强大王国，伍德鲁夫也成了众人心目中货真价实的"世界软饮料之王"。

回顾历史，我们不难发现，无论是杰克·韦尔奇还是罗伯特·伍德鲁夫，在其率领自己的公司高歌猛进、日进斗金之时，他们永远能够保持清醒的头脑，并坦然面对各种状况。这种扎根于理性的坚实土壤的坦然，才能带给公司领导者本人、继而带给公司全体员工以高度的自信。毕竟他们都明白，公司必然会走向更大的成功，因为公司计划的每一个步骤，都将被自己的正面影响所感染。

记得要超出别人的预期

> 如我所说过的那样，要想获得关注，最重要和最好的方法就是取得出色的业绩。
>
> ——杰克·韦尔奇

一位管理者想成为一家公司合格的船长或领路人，就需要很好地给公司各方面带去自己的正面影响，这其中，包括公司的所有员工，公司产业链上下游的供应、服务商，以及公司所服务的客户群体。如果管理者本人能在企业的日常工作中，展现出诸如自信、坦诚等良好的职业素养，那么，这对其职业形象将大有裨益。

不过，商界总是很现实的。企业的经营水平与产品质量如何，最直接的，当然还是要靠数据与事实来说话。管理者本人的良好职业习惯与个人秉性，只有在转化为实实在在的诸如高性能产品与高利润率财报等成果之后，才会具有强大的说服力。很明显的是，真正优秀的管理者，可以带来更加绩优的成果。有时候，其成果之杰出，甚至是能超出人们预料之中的。事实上，优秀的职业经理人很清楚，一个好的结果，是自己本身就会说话的，而一个好到能令别人意想不到的结果，则胜过千言万语。

执掌着全球最著名企业之一的通用电气公司，杰克·韦尔奇自然非常注重结果的实在性。在韦尔奇这个实干家看来，只会喊口号的苦劳型员工，并不是像通用电气公司这类巨头的理想员工，一位好的部下，必须喜爱用数字或产品来与韦尔奇对话。越是能创造杰出业绩的部下，才是韦尔奇越中意的部下，其本人也将得到最大程度的晋升与加薪。因为，这种升迁之路，正是韦尔奇本人所经历的升迁之路。先是成为整个通用电气公司最年轻的事业部负责人，再成为公司最年轻的副董事长，最后以最年轻的公司董事长候选人的身份脱颖而出，并执掌这家全球多元化领域的巨头，韦尔奇所唯一倚仗的，正是自己永远能令人惊叹的业绩。所以，韦尔奇所亲手提拔的干将，无一不是能用业绩说话的实干者。甚至有些业务顶尖能手，其经营成果能令韦尔奇本人都赞叹不已、连连高呼没想到。这其中，约翰·克瑞尼基（John Krenicki）正是这样的一位杰出人才。

在 1997 年，克瑞尼基还是一位通用电气公司硅酮业务的欧洲区域负责人。这在通用电气公司的高层看来，并不是多么显赫的职位。除了因为该业务的营销额当时只有区区 1 亿美元，更是因为，在欧洲这片市场，通用电气公司只是排名第 6 位的追赶者而已。为什么通用电气公司在全球范围内可以是硅酮业务排名第二的生产商，但在欧洲却如此不济？这是因为公司用于生产硅酮的原材料，必须从美国本土进口，成本上的劣势，使通用电气难以与欧洲当地的企业正面抗衡。

所以，通用电气公司的高管们并没有对约翰·克瑞尼基的工作表现抱有太大的希望，只要每年能把该业务的营销额有个百分之几的提升，他的工作也就算是合格了。毕竟，在客观条件上，通用电气是落后者。不过，克瑞尼基显然是一位有远大抱负的职业经理人。克瑞尼基向通用电气公司总部提出，希望总部能给自己 1 亿美金于欧洲当地设厂，专门用于制造硅酮生产用的原料。通用电气公司总部予以否决了，因为在总部各位管理者看来，欧洲当地的竞争太过激烈，克瑞尼基是在豪赌。

没想到，尽管连以杰克·韦尔奇为首的通用电气公司高层们都放弃了，但克瑞尼基本人却仍未放弃。克瑞尼基费了九牛二虎之力，与欧洲当地的各大硅酮生产厂商进行合作的洽谈，希望能组建合作公司来弥补通用电气公司在竞争中的劣势。谈判是旷日持久且艰辛异常的。但是，在一年之后，克瑞尼基居然达成了自己的目标。德国的老牌医药化工领域巨头拜耳公司（Bayer AG）不仅同意与通用电气公司合作，并且在双方的合资公司中，克瑞尼基还为通用电气争取到了控股的股份份额。众所周知，拜耳公司是化工界最著名的世界500强企业之一，何况这里又是拜耳公司的本土——欧洲大陆，通用电气公司能达成这样的条件，简直令人惊讶。

在有了如此有实力、有当地背景的合作伙伴之后，通用电气公司在欧洲的硅酮业务，迎来了跨越式的增长。到了21世纪初期，其1亿美元营业额，已经增长至7亿美元，并且公司在欧洲的市场份额，也上升至第2位。

当然，作为带领通用电气公司硅酮业务在欧洲大陆上纵横驰骋的火车引擎，约翰·克瑞尼基也迎来了自己职业生涯的接连提升。这也是韦尔奇所一直秉持的理念："如我所说过的那样，要想获得关注，最重要和最好的方法就是取得出色的业绩。"1998年，克瑞尼基成了通用电气公司交通运输业务的负责人。2003年，这位韦尔奇的得力干将，成了通用电气公司塑料事业部的负责人，这一执掌营销额逾80亿美元业务的履历，也让克瑞尼基正式跻身为通用电气的"封疆大吏"之一，开始为公司独当一面。而在韦尔奇退休之后，克瑞尼基更是成了通用电气公司的副董事长，公司最高层的领导者之一。而这一切，都要源自于克瑞尼基当初在欧洲那次惊艳的合作。那次完全超出了所有人预想的成功，成了克瑞尼基职业生涯中的重大资本，也成就了克瑞尼基未来在职场上的高歌猛进。

事实上，超出别人的预期，这除了对职业经理人个人的职业发展大有好处，甚至也能对整家公司带来巨大的回报。如果一家公司能够为消费者带来远超其想象的优质产品或服务，那么，这家公司的业绩，也将超乎公司领导者们的想象。美国的西南航空公司，正是使业绩发生过如此飞跃的一家公司。

作为一家成立于 1971 年的航空公司，美国西南航空公司（Southwest Airlines）甚至可以说是生不逢时的。因为，在 20 世纪 70 年代中期，随着燃油价格上升，和经济发展形势的恶化，美国的航空业迎来了一波全国性的危机。1978 年的《取消航空管制法》，更是让全美 120 余家航空公司破产。那么，在这整个行业如此风声鹤唳的时期，西南航空公司的业绩如何呢？答案是：美国西南航空公司从创建的第三年开始，接连 24 年都保持了赢利，其中在 1990 年到 1992 年这三年，整个行业更是只有西南航空公司这一家公司在赢利。这样令人惊叹的业绩，是如何达成的呢？对此，西南航空公司联合创始人赫伯·凯莱赫（Herb Kelleher）曾有一句名言："永远记得要超出别人的预期。"

西南航空公司的经营策略，正如凯莱赫所表述的那样，是一种完全以消费者的消费需求为主，并竭尽所能提供超出其预期的服务的策略。当时，L-1011、麦道 DC-10 等中型以上机型被不断运用到民航领域，这在提升了乘客们乘坐舒适度的同时，也拉升了机票的价格。西南航空公司适时采取了低成本的战略，公司的大部分航班，均采用机型定位相对低端的波音 737 飞机，并且基本只飞美国本土城市之间的中短途航班，而放弃耗油、也耗费人力的长途乃至国际航班。与此同时，西南航空公司的航班，都基本不设立头等舱，其也没有机场的专门后勤部门，并减少了空乘服务人员的数量。这些做法当然会使得乘坐西南航空公司的航班时，享受不到其他公司航班的一些待遇，但与此相对应的，则是西南航空公司的机票价格低得令人难以置信。不仅如此，西南航空还以多班次的优势来吸引消费者们，比如说对于一些热门城市之间的航班，西南航空公司可以做到每隔一小时就飞一班航班。这也是航空业令人意想不到的一个历史性创举。低票价、多频次，这使得西南航空公司顺利成为全美工薪阶层心目中"空中飞"的首选，而他们也正是占美国人口比重最大的一个人群。得到了这些消费者的心，就得到了一个几乎永远能保持盈利的市场。

1995 年到 1998 年，西南航空公司曾连续被《财富》杂志评价为最受乘客好评的航空公司，这也让西南航空的声誉一度达到了一个巅峰。回望这个航空业史上的赢利传奇，正是西南航空公司能提供高于消费者预想的服务，其才能够成为航空业的"赢利之王"。而提出这一观念、并以此观念带领西南航空公司走向辉煌的西南航空公司董事长赫伯·凯莱赫，也由此成为全美乃至全球航空业的标杆性人物之一。

一家企业要想迎来高速增长，就离不开能为企业发展提供巨大动力的管理者。这些优秀的经营人才，将给企业的日常经营带去自己正面而积极的影响，并最终带领整个团队不断攀向业绩的新高峰。也恰恰正是因为有杰克·韦尔奇和赫伯·凯莱赫这类"动力火车头"，通用电气公司和西南航空公司这类巨头的诞生或发展才成为可能。毕竟，基于企业管理者们优良职业素质的正面影响，是一家企业永恒的财富。

第三章 做"偏执狂"
让你的形象成为绝对权威的管理秘诀

　　每当我有了一个我希望贯彻或传达到
公司里去的主意或者信息，我都是怎么
说也说不够。我不断地重复、重复、再
重复，在会议上，在作总结时，年年如
此，直到我窒息得说不出话来。

——杰克·韦尔奇

认清形势，勇做"中子弹杰克"

> 一位通用电气公司原先的雇员告诉《财富》杂志记者，他从来没有遇见过具有如此多创造性商业理念的人，也从未感到过有人给自己如此大的启发。另一人则称赞我给通用电气带来了最优秀的硅谷创业者所特有的激情和奉献精神。
>
> ——杰克·韦尔奇

"全世界最受尊敬的首席执行官"，"全球第一首席执行官"，"美国当代最成功且最伟大的企业家"，所有这些业已得到公认的头衔，却也并不能完整勾勒出杰克·韦尔奇的全部。事实上，为了使通用电气公司在自己的任内由130亿美元的市值，上升到后来令人惊讶的4800亿美元市值，杰克·韦尔奇在相当程度上展现出了自己性格中偏执倔强并且勇于决断的一面。而从最后的结果来看，他某些"独断专行"的决定对公司的发展完全起到了至关重要的保驾护航作用。

据杰克·韦尔奇本人回忆，他在通用职业生涯中被同事或外界取过许多绰号，比如"数一数二杰克"（No.1 or No.2 Jack），"服务杰克"（Services Jack），"全球化杰克"（Global Jack），"六西格玛杰克"（Six Sigma Jack）和"电子商务杰克"（e-Business Jack），等等。但是，时至今日，他流传最广的一个绰号，无疑是在20世纪80年代初期对通用电气进行组织大变革时期的

"中子弹杰克"（Neutron Jack）。

作为氢弹的其中一种，中子弹有着鲜明的特色。这种小当量型号的氢弹，对建筑物和防御工事的损伤微乎其微，更不会成为大范围的放射性污染源，但它的高能中子辐射，却会成为生命体的巨大杀手，对战场人员的杀伤力可谓极其恐怖。而在20世纪80年代初期，通用电气正是在杰克·韦尔奇的带领下开展了持续数年的大规模裁员行动。在五年时间内，总数多达11.8万名通用电气的员工被裁撤，其数量约占通用电气公司总人数的1/4。1982年的一期《新闻周刊》第一次在文章中采用了"中子弹杰克"这一称呼，随后在相当长的一段时间内，这个广为流传的绰号几乎成了各大媒体报道通用电气新闻时的"标配"，韦尔奇本人也充当着几乎整个媒体界的靶子。

而更令人惊讶的是，20世纪80年代初的通用电气甚至并不处在企业发展的危机之中，相反，通用电气公司此时的盈利能力和企业规模都处于其发展历程中相当成功的一个阶段。以1980年为例，当年通用电气的总营业额为250亿美元，在《财富》杂志的世界500强榜单中位列第十，而其净收入更是高达15亿美元，位列全球第九。可以说，以普通的观点看来，此时的通用电气公司完全是主营业务健康、盈利能力稳定的大企业的典范，在全球范围内都具有顶级的竞争力，根本不须要进行任何的调整。

但杰克·韦尔奇深知，此时的平静只是海平面的表象，海底早已是暗流涌动、波澜待起。一方面，回顾历史我们就会发现，80年代的美国经济并不景气，一直呈现出衰退的大趋势。其全国的通货膨胀也到了一个相当严重的地步，石油价格已约为30美元一桶，且被普遍认为会攀升到数十甚至上百美元；另一方面，一个新崛起的经济小巨人正在悄然改变世界经济的格局，这个小巨人就是日本。经历了"二战"后的满目疮痍和20世纪六七十年代重新励精图治的再创业，20世纪80年代中前期的日本经济发展到了一个新的高度。日本正以其相对疲软的日元和向来物美价廉的优良技术，正在向包括美国本土市场内的全球市场展开了对美国企业市场份额的蚕食。许多看似高枕无忧的美国企业，此时其实都处在一个充满不确定性的发展轨道上，如果不及时开展变革，它们将很可能沦为未来几年甚至十几年内丰田、索尼、松下、日立、东芝等日资巨头崛起的黯淡背景。实际上，作为美资汽车业巨头的克莱斯勒，几年前已经陷入与破产作斗争的窘境，在政府的担保下才得以留有喘息调整之机。

正是清晰洞察到了所有这一切，杰克·韦尔奇才深知此时必须开展对通用电气的大变革，比如大规模的裁员。他偏执地欲成为一枚"中子弹"，正是为了能迎来一个浴火重生后重塑生命、拥有更强竞争力的通用电气公司。为此，他决心只倾听自己内心的声音，理性而冷静地做自己认为对的事，不理会公司内外所有的杂音。

其实他面临的压力十分巨大。在公司内部的会议上，相当一部分下属都会在他面前提出自己的质疑。杰克·韦尔奇每两周召开一次的25人圆桌会议在此时期往往成为雇员们发出质疑之声的主要场所。他们经常要求韦尔奇对正在进行的大规模裁员做出解释。甚至有几位经理人在得知此时的IBM仍然坚持其终身雇佣制之时，把IBM招聘用的宣传资料带到韦尔奇面前，直截了当地问其作何感想。而在公司之外，除了各大刊物连篇累牍的"中子弹"云云，大名鼎鼎的迈克尔·华莱士也加入到了对通用电气的批判之中。1982年，华莱士在其王牌节目《60分钟》中采访了一家被通用电气公司关闭的位于加州安大略的蒸汽熨斗厂。华莱士的报道指出，仅仅因为工厂的利润率有所下滑，通用电气就解雇了825名雇员。他采访了825人的其中一部分，这些雇员表示自己被公司无情抛弃了；他甚至还采访了当地的一位宗教领袖，其也指责关闭此工厂的行为是"不道德的"。尽管在这期《60分钟》中也有对通用电气的赞美之词，但显然，节目中提出的诸如"把利润看得比人更重要"这样的批评仍可谓相当严厉。

可以说，在刚刚接手庞大的通用电气帝国才一两年时就遭到各界如此规模的质疑，这对任何职业经理人都不啻为重大的打击。大部分自信心不那么足的人必然会放弃自己的抉择与判断。但历史的风口浪尖之上方显英雄魅力之本色。正是杰克·韦尔奇偏执地推进自己的战略，果敢地否决各界一切的质疑之声，坚定地让11.8万名员工离开公司（相当一部分世界500强公司整个企业也没有这么多人），通用电气才在"中子弹杰克"的带领下，成功走出20世纪80年代这个令许多美国企业谈之色变的泥潭。整个20世纪作九十年代，通用电气的发展势头不亚于任何一家日资巨头，乃至到90年代成功登顶《财富》杂志世界500强排行榜的榜首。韦尔奇带给通用电气公司的优秀业绩，也让偏执的他赢得了不少支持。比如，韦尔奇就曾回忆道："一位通用电气公司原先的雇员告诉《财富》杂志记者，他从来没有遇见过具有如此多创造性商业理念的人，也从未感到过有人给自己如此大的启发。另一人则称赞我给通用电气带来了最优秀的硅谷创业者所特有的激情和奉献精神。"而他刚接手通用电气公司时的这次大裁员，也在成功改善通用电气组织活力与管理水平的同时，为杰克·韦尔奇本人的管理风格奠定了浓墨重彩的原色——独立思考，绝对权威，果敢偏执，勇于做出独断而理性的战略执行力，让一切次要因素全部为他心中的第一要务让路——维持企业的核心竞争力和永续发展力。

偏执——领袖们几乎共有的基因（上）

> 口号和演讲稿不会带来变革。变革的发生是因为你把正确的人放到正确的位置上促使它发生。先是人，接下来才是战略和其他事情。
>
> ——杰克·韦尔奇

　　领袖，并不常见。他们是整个团队战略与精神的双重导师，他们总能把团队带往凡人无法企及的高度。几乎所有关于领袖们的记载中，都会有其独具慧眼、力排众议而最终获得成功、演绎真理始终掌握在少数人手中的梦幻事例。战略眼光和执行力，这才是真正能成大事者的必备因素。所以，这就是为什么绝大多数领袖们，在众人眼中看来都会有些偏执的真正原因。他们看得更高，他们也走得更远。

　　杰克·韦尔奇已经是个足够好的例子。上任伊始即"送走"11.8 万名通用电气员工，这放在任何时代的任何企业，都足以掀起一场惊天的波澜，但韦尔奇只是坚信自己的做法必定没错，并执行了下来。从 20 世纪 80 年代初《新闻周刊》称呼其为"中子弹杰克"，到 80 年代中叶《财富》又把他排在"美国十大最强硬老板"之首，可以说，以大众媒体为代表的公众，对他完全是极尽讽刺之至。但最后的结果我们都已知晓：通用电气公司在他的带领下，从 20 世纪八九十年代日资巨头们的疯狂夹击中突围而出，并最终在 20 世纪末成为世界 500 强排名第一的全球企业典范。

　　事实上，回顾历史，相当一部分创造了商业史奇迹的伟大企业家，其性格中都有浓重的偏执色彩。正是这些"偏执狂"，赋予了一家家巨头公司新的灵魂，使其焕发新的生机与活力，甚至登上新的巅峰。

　　"偏执狂"一词在企业界的"代言人"、英特尔公司前 CEO 安迪·格鲁夫（Andy Grove）无疑是一个典型人物。如果说 1984 年《幸福》杂志把他评为"美国最严厉的老板之一"（这和杰克·韦尔奇何其相似）还说服力不够，那么，格鲁夫的好友霍根对他的评价"如果他母亲碍着他了，他也会将她解雇"，也许能足够说明，格鲁夫偏执到了何种地步。"只有偏执狂才能生存"，这是他 1996 年出版的那本震惊世界之作的书名，也是他一生经营哲学的经典概括。

　　作为生活在匈牙利布达佩斯的犹太人家庭，安迪·格鲁夫一家却并没有太多的财富。格鲁夫的父亲从事卖牛奶的工作，而母亲则是一位图书管理员。甚至在格鲁夫 4 岁时，还差点被一场当时流行于布达佩斯的猩红热夺去年幼的生命。猩红热时的高烧永久性损毁了格鲁夫的听力，使他不得不借助助听器来保持完整的听觉。1944 年，纳粹德国侵占了布达佩斯，8 岁的格鲁夫和母亲一起隐姓埋名，藏匿于一户好心的基督徒家庭之中，这才躲过了一场灭顶之灾。1956 年，格鲁夫乘船离开了伤心之地匈牙利，来到了美国纽约。

　　在他刚进入纽约城市大学学习时，他的英语口语还远远不如他的书面英语，以至于经常被同学们嘲笑。但他用努力和天赋换来的一个个"A"，使得他深受老师们的欣赏。之后，格鲁夫进入加州大学伯克利分校攻读工科博士并顺利毕业。在博士还非常稀缺的 20 世纪中叶，格鲁夫知道，自己大展宏图的机会到来了。

1968 年，格鲁夫加入英特尔公司，并在仅仅只过了 11 年后，升至公司总裁一职。在 20 世纪 80 年代初期，不仅美国自身出现经济增长放缓，还出现了日本这个强有力的挑战者，相当多的美资企业当时都遭遇严重的市场下滑。格鲁夫上任初期，在一片反对声中开展了他的"125%的解决方案"计划，采取了一系列严格的整顿措施。并且，他坚持以身作则的良好作风，总算使他的"新政"得以顺利推行。

　　格鲁夫的"125%的解决方案"政策，确实收到了不错的效果，他在这一时期也骄傲地宣称：英特尔是美国电子业迎战日本电子业的最后希望所在。著名投资人约翰·道尔也形容说"他（指安迪·格鲁夫）是一头拼命的驴"，这当然不是一句表达贬义的话，而是一句对他效率的由衷赞誉。但是，即使如此，到了 1984 年，英特尔公司的主要支柱业务之一——存储器业务，仍然迎来了大规模的市场份额萎缩。日本的厂商确实太疯狂了，他们的工作效率与产品的物美价廉程度，确实不是美资企业当时所能比拟的。

　　在这一生死攸关的时刻，格鲁夫与时任英特尔公司董事长兼首席执行官的摩尔商量如何应对危机。格鲁夫出人意料地问道，如果我们就此卸任了，那么继任者将会采取什么行动以挽救公司？摩尔半认真半开玩笑地回答，那他肯定会关闭英特尔的存储器业务。格鲁夫马上回答，如果是这样，我们为什么不干脆自己动手、马上动手？于是，英特尔在格鲁夫的"一意孤行"下，开启了放弃主营业务——存储器业务，而发展渐渐成熟的新业务——微处理器业务的征途。1986 年，英特尔公司甚至提出了新的口号："英特尔，微处理器公司"。

　　格鲁夫的"偏执"挽救了这家陷入危机的大企业。1992 年，不断在微处理器领域锐意创新、赚取芯片高额附加利润的英特尔公司，成为全球排名第一的半导体企业，而且与第二名的距离越来越渐行渐远。英特尔，正在成为当时全球计算机产业的创新者，而格鲁夫正是该产业的领路人。

但是，好事多磨，在 1994 年年底，英特尔公司又遇到了一个屏障——芯片的质量问题。当年的 11 月，格鲁夫被下属告知，CNN 将派出记者来调查公司此前暴露的奔腾处理器中浮点缺陷的问题。格鲁夫完全清楚事态的严重性，如果这个专题系列正式在全美播放，奔腾系列处理器乃至整个英特尔公司的声誉将蒙受巨大损失。格鲁夫不顾公司高层们的反对，在 12 月 12 日立即让公司停止整个奔腾芯片的发售任务。一周后，格鲁夫更进一步，宣布英特尔将更换全部的芯片，同时花重金改进芯片的设计问题。更换芯片和应急研发的费用，使得公司遭遇严重的经济损失，但英特尔的奔腾系列处理器维护了其一贯的高品质形象。

英特尔也在这次质量问题危机后，更加确立了其微处理器行业霸主的地位。如今，英特尔公司出品的微处理器，已经成为各级品质和价位的计算机的首选，其市场份额高达 85% 左右。公司的业务收入也大规模攀升，1987 年才只有 19 亿美元，而到了 1997 年格鲁夫卸任前夕，该数额已达 251 亿美元，十年间增长了 13 倍之巨！1998 年 1 月，在候选竞争者中有戴安娜王妃、美联储主席艾伦·格林斯潘、克隆羊之父伊安·威尔马特等名人的情况下，安迪·格鲁夫仍成功当选《时代》杂志的年度风云人物。这一荣誉，不仅使格鲁夫的个人声望达到顶点，也奠定了他一代传奇经营大师的历史地位。

数次重大挫折面前，安迪·格鲁夫以偏执而近乎霸道的作风，完成了包括扼杀公司主营业务的惊天之举，实可谓艺高人胆大。后来在格鲁夫兼任斯坦福大学商学院教授后，格鲁夫总结出了著名的"死亡山谷"（Valley of Death）的比喻。他认为，企业的经营者就犹如攀登山峰的登山客。在跨越一座山峰而迈向另一座山峰时，将遭遇一系列逆境：指示路标欠缺，远近距离未卜，团队中有人想加速向前、有人却想坐待原地，士气低落、人心离散，以及其他的种种不可测因素，等等。在穿越这危验的"死亡山谷"时，最重要的，就是企业的领导者。他必须信念始终坚定如初，凝聚起全部的信心，还必须拥有精于分析和决断的头脑，和勇于做出一切决定、并率领大家执行的勇气。"穿越战略转折点为人们设下的死亡之谷，是一个企业组织必须面对经历的最大磨难"。诚如格鲁夫所言，他成功带领英特尔公司走出了一个个"死亡之谷"，最终登上了行业老大的顶峰。

　　一位是"美国十大最强硬老板"之首，一位是"美国最严厉的老板之一"。散去商战的硝烟与风云，杰克·韦尔奇和安迪·格鲁夫两人都早已是名垂全球商业史的偏执者。诚如韦尔奇本人所言："口号和演讲稿不会带来变革。变革的发生是因为你把正确的人放到正确的位置上促使它发生。先是人，接下来才是战略和其他事情。"而有时候，往往正是像韦尔奇或格鲁夫这样的偏执狂，才是那位"正确的人"。他们当年在重大转折关头所表现出的睿智与勇气，也将激励一代代新的职业经理人，用"偏执"带领自己的企业走出"死亡山谷"，登上新的巅峰。

偏执——领袖们几乎共有的基因（下）

> 整个企业的工作是从最上层的领导开始的。我经常跟我们各公司的领导说，他们工作的力度决定了他们所领导的企业的工作力度。
>
> ——杰克·韦尔奇

真正的偏执，无疑来源于本人内心的自信。很多人认为，必须自己要是某个领域的行家，才有敢于相信自己、驳斥外界的勇气。比如杰克·韦尔奇和安迪·格鲁夫都是工程师出身，才能成功统御大型工业企业，其中格鲁夫还持有博士学位。但其实，坚持自我最需要依靠的，还是自己的战略头脑。思想从来不必受行业经验等藩篱的束缚，前提是这是真正伟大的思想。外行，也可以置行家里手们的反对意见于不顾，行偏执之事，立不世之功。而当这种壮举完成之时，其传奇色彩将更加浓厚。

整个 20 世纪，随着电气革命的日益深化、世界经济格局的日趋改变，一幕幕巨头企业前仆后继登上历史舞台的歌剧粉墨登场。"一战"前后的欧资企业，"二战"前后的美资企业，20 世纪七八十年代的日资企业，再到 20 世纪末的美资企业，大公司们伴随着母国的繁荣而传奇崛起。百年历史的天空，企业家如浩瀚星辰般璀璨而繁多。

但如果真要从中评选出最伟大的企业家，尽管这实际上是不可能完成的任务，这份名单上却也一定拥有几个不可或缺的人物。带领通用电气公司完成公司战略和业务双双调整、使通用电气登顶世界 500 强榜首的杰克·韦尔奇无疑会是其中之一。而使业已老迈的"蓝色巨人"IBM 重新焕发生机、完成大象跳舞奇迹的路易斯·郭士纳，也肯定不会缺席。著名财经作家吴晓波就曾说过，"如果要评选当今世上最伟大的 CEO，杰克·韦尔奇与郭士纳肯定是呼声最高的两个人选"。事实上，当 2001 年韦尔奇从任上退休后，美国《商业周刊》一年一度的"全球 25 位最佳经理人"榜单，就把第一的桂冠赠予郭士纳，这项头衔前几年可一直都属于韦尔奇。两人在全球伟大企业家行列中的一时"瑜亮"，可见一斑。而郭士纳，正是一位"外行领导内行"、"外行无视内行"的领袖人物典范。

路易斯·郭士纳（Louis Gerstner），1942 年出生于纽约市长岛，中学在一所天主教会学校学习的他，终其一生都是一位虔诚的天主教徒。而与其信仰不那么相符的，是他偏执而坦率的性格。他无法容忍任何自己看来愚昧的事。他说话也不喜欢用折中或婉转的套路，而喜欢直接就用"这很愚蠢"来打断对方，中止对方的表述。恐怕也许正是这种性格，为他日后大面积改造 IBM 公司，打下了坚实的信心基础。

品学兼优的郭士纳，后来顺利毕业于隶属常青藤联盟的名校达特茅斯学院（Dartmouth College），并在毕业后去往大名鼎鼎的哈佛大学商学院就读，于 1965 年获得 MBA 学位。哈佛商学院的文凭，即使在今天也闪耀着精英的光辉，遑论学历水平相对较低的 20 世纪 60 年代。毕业后，郭士纳就展现出了杰出的才华。他不仅顺利加入全球三大战略咨询公司之一的麦肯锡咨询公司（McKinsey & Company），还于自己 28 岁时成为麦肯锡最年轻的合伙人，以及于 33 岁时成为麦肯锡最年轻的总监。可以说，在当时的全美工商界，谁都知道，这个年轻人日后将会有一番作为的。

郭士纳于 1978 年成为美国运通公司（American Express）的执行副总裁，正式步入了自己的大企业高管生涯。后来郭士纳继续担任了好几个高管的职务，并于 1993 年出人意料地空降 IBM 公司，担任公司的董事长兼 CEO。

IBM 公司（国际商业机器公司，英文为 International Business Machines Corporation），久负盛名、历史悠久的计算机行业巨头，长期被美国民众视为祖国科技水平和竞争力的象征。但在郭士纳入主之时，由于比尔·盖茨的微软公司、安迪·格鲁夫的英特尔公司等美资 IT 巨头和众多日本企业的激烈竞争，IBM 公司正在经历企业有史以来最低谷也是最混乱的时期之一。从 1986 年到 1993 年，IBM 公司共计亏损 150 亿美元，而公司的总市值更是蒸发了 750 亿美元，这略等于当时瑞典全国的 GDP。公司不仅已大幅度裁员，剩下的员工也都人心惶惶，完全看不到公司的前途。彼时，几乎所有的美国高科技巨头CEO 都不愿意接手 IBM 公司，执掌"蓝色巨人"居然成了媒体口中"全美最艰难的工作之一"。而这项艰难的工作，现在居然要由一位 IT 产业的"门外汉"来履任。

尽管这位"门外汉"刚开始的每一步，都必然会受到公众或多或少的质疑，但大家还是没想到，郭士纳竟然刚上任就做得这么"绝"。他完全否决了前任 CEO 等高管部署的战略。在 IT 界的资深专家、IBM 公司前 CEO 埃克斯等人看来，公司已经病入膏肓了，这个"蓝色巨人"必须被肢解开来，以"船小好掉头"的身姿重新打拼于竞争日益激烈的 IT 产业。但郭士纳对此战略进行了全盘否定，他决心不执行这一肢解计划。

面对一项行业顶级专家们共同制定且公司全体员工已做好接受的心理准备的战略，郭士纳居然直接说不，这在公司内外引起了轩然大波。IBM 公司一位高管表示，"郭士纳的个性比钉子还硬"。而有些媒体甚至冷嘲热讽道，郭士纳正在给 IBM 公司收尸。但事实有力回击了这些人。1993 年，IBM 公司还亏损了 81 亿美元，而在 1994 年，IBM 公司就久旱逢甘露般地产生了盈利，利润达 30 亿美元。

因为，久在商界中浸淫、教育和工作背景都给予他充沛知识和丰富经验的郭士纳深知，在微软、英特尔等巨头企业的夹击之下，用"肢解"来"示弱"绝无益处，这完全就是自毁长城。如果听从于众人，包括前任 CEO 在内的专家们的意见，公司将再难步入全新的辉煌。IBM 公司此时该做的，应该是改善业务结构、优化人员配备和开拓新兴业务。

想到便要立即执行。郭士纳开始了"新官上任三把火"，提升大型机业务占公司业务的比重，大规模裁撤员工（人数达到 4.5 万），以及大力拓展 PC 业务。这"三大战役"无一不受到当时公司内外的强烈反对，但郭士纳以铁腕的手段执意推行之。甚至因为与自己的经营理念不合，郭士纳还炒了自己哥哥迪克的鱿鱼，要知道，和郭士纳这位空降兵不同，迪克可是 1960 年就开始在 IBM 公司任职的老 IBM 人。

"三大战役"让 IBM 公司得以调整喘息、产生盈利后，郭士纳更进一步展现了他长袖善舞的经营手段。他不顾软件业巨头 Lotus 公司总裁本人的反对，强行提出收购 Lotus 公司，并迅速开出高价，使 Lotus 公司的股价上涨一倍以抵消负面效应。仅仅一周后，Lotus 公司被"解除武装"，这笔价值 35 亿美元的收购，不仅铸就了软件史上最大规模的收购，更让整个 IBM 公司全员士气大振。随后，郭士纳以 Lotus 公司的优秀软件作为利器，不久便拿下了企业网络市场的一大块蛋糕。仅仅到了 1996 年年底，IBM 公司的股价回升至 145 美元，为近十年来的最高点。而截至 21 世纪初，IBM 公司更以营业额

860 亿美元、利润 77 亿美元的骄人业绩，成为仅次于微软公司的 IT 业巨头。《谁说大象不能跳舞》，郭士纳的这本著作，既是一次分享，更在某种程度上是一次宣言：这个无人敢尝试、无人能成功的奇迹，我在世间几乎所有人的反对声中，完成了。

杰克·韦尔奇曾经说过："整个企业的工作是从最上层的领导开始的。我经常跟我们各公司的领导说，他们工作的力度决定了他们所领导的企业的工作力度。"所以，有时候企业领袖们会表现出偏执与强硬，正是因为他们希望，这种风格能够有助于企业从危机中走出。而路易斯·郭士纳挽救的，其实绝不仅仅只是一家 IT 产业的巨头。他挽救的，更是无数在困境甚至绝境中孤立无援的企业经营者的信心。"信心比黄金更重要"，这是郭士纳和韦尔奇们在导演"大象跳舞"、再造通用电气公司等传奇时的共识，也是商界永不磨灭的真理。当通过精神和经验层面的长期积累，从而拥有了这些信心后，接下来该做的，就是"偏执"地执行那些哪怕残酷但却正确的决定，去完成属于自己的时代使命。因为，偏执，正是睿智的领袖们，几乎共有的基因。

偏执和独裁有天壤之别

> 自信与自负之间仅仅一步之遥。这一次，自负占了上风，给我
> 上了一堂终生难忘的课。
>
> ——杰克·韦尔奇

自人类诞生以来，这脆弱而又强大的物种，还从未出现过真正的全能者
与完美者。军事才华远远超越同时代诸将领的拿破仑，也会遭遇滑铁卢惨败；
对罗马未来走向的思虑精确到每个细节的恺撒，也会因暗杀者成功伏击而身
亡。特定的性格特点必然会在发挥其优势的同时，使人也有过犹不及之隐患。
偏执，如果不能被限定在自己擅长的能力范围之内，那么，它和独裁也仅有
一步之遥。

安迪·格鲁夫和路易斯·郭士纳这两位"偏执界资深人士"，就都吃过偏执
太过的亏。在 1997 年奔腾二代取得了空前辉煌后，格鲁夫已变得不能听从每
一个正确的意见了。他在 20 世纪末仍然坚持他藐视低端市场的态度，殊不
知，在此时的 IT 产业，低端市场的重要性早已大大提升。他所带领下的英特
尔公司，也在相当一段时间内，因低端市场的业绩欠佳而财务报表非常难看。
而尤其重视坦率与直接沟通的路易斯·郭士纳，也因为他有时甚至近乎不近人
情的沟通方式与语气，使 IBM 公司一度流失了非常多的高级人才。他们都是
全球商界的顶级大师，但他们的偏执有时候也会犯下错误。

杰克·韦尔奇也曾有过类似经历。他的偏执和他中子弹般的强硬，为他的通用电气生涯立下过汗马功劳，也使他有过败走麦城般的惨痛教训。这其中，令他后来感到深深后悔的，就有通用电气公司收购金融界企业基德公司的案例。

韦尔奇执掌通用电气公司的最初几年，就展现出了杰出的收购眼光和强硬的收购手腕。1984年，通用电气公司顺利收购安裕再保险公司（Employers Reinsurance），1985年，通用电气又顺利收购RCA公司。这还只是大手笔，小规模的收购，通用电气则有更多成功的例子。一次次的成功，让韦尔奇看到收购企业对公司发展的益处，也让他在内心渐渐升起了一丝自大与傲慢。1986年，韦尔奇完成了对杠杆收购等金融业务拥有巨大优势的基德公司的收购。

这次对基德公司的收购，韦尔奇面临着巨大的反对声音。他也是在董事会上通过苦口婆心一一劝服各位董事才通过的。但其实，董事们不少的反对声音，都来自于非常专业的资深人士。其中甚至包括身为华尔街顶尖人物、全球金融业巨头的沃尔特·里斯顿（Walt Wriston）。作为花旗银行的董事长，里斯顿不仅在韦尔奇刚刚上任、面临外界诸多的不信任时，给予了他极大的支持（包括向自己的各位朋友力荐韦尔奇，并称其将成为"通用电气历史上最伟大的CEO"），还和韦尔奇有非常深厚的私人友谊。另外的主要反对者，还包括摩根公司（J. P. Morgan）的总裁卢·普瑞斯顿（Lew Preston）和CI公司（Champion International）的董事长安迪·席格乐（Andy Sigler）等，他们都是金融界的权威大佬。

令韦尔奇始料未及的是，这次独裁收购仅仅在几个月后，就出现了大的纰漏，而且问题的当事人，还是基德公司的业务能手、顶级投行家马蒂·西格尔（Marry Siegel）。气质出众、能力超群的西格尔是基德公司的灵魂人物之一，他在公司不仅拥有最为丰厚的薪酬及奖金，还拥有众多员工的支持与尊敬。基德公司甚至有不少员工是靠西格尔打下的"地盘"来养活全家的。而基德公司在西格尔等"明星"的带领下，也开出了丰厚的奖金，当时通用电气公司年利润为 40 亿美元，奖金总额才为 1 亿美元，而基德公司年利润才为 2 亿美元，奖金却多达 1.4 亿美元！

所以，按照常理来思考，西格尔以任何手段中饱私囊，简直都是不可想象的。但令人吃惊的是，他用的正是最直接也最野蛮的手段。他一方面从高盛公司的理查德·弗里曼（Richard Freeman）那里非法购买到交易的情报，另一方面，他还向外界非法出售股价的信息。他的奖金按理说已经赚得够多了，但他似乎并不反对再多一些，尽管这要冒上进监狱的风险。

就这样，尽管西格尔的非法行径早在通用电气公司展开收购前就已发生，但全美证券交易委员会与联邦警方，显然把通用电气公司作为了追究法律责任的对象。随着相关部门调查的深入，大家才发现，基德公司原来早已经在内部制度与管控流程上，烂到了千疮百孔的地步。公司基本成了西格尔的一言堂，他对公司的股票交易业务，拥有至高无上的、不容置疑的话语权。他甚至敢于把自己的所有电话留言单，堂而皇之地保留在公司的文件柜之内。这些成堆的粉红色纸片，让基德公司彻底信誉扫地。

在韦尔奇等通用电气高层的全力斡旋之下，政府方面才并未吊销基德公司的营业执照或干脆关闭公司，而是代之以一笔 2600 美元的巨额罚款，以及关闭了公司的套汇部门。通用电气方面，也决定批准了包括基德公司董事长拉尔夫·德农西奥（Ralph De Nunzio）在内的基德公司高管的辞呈。这时候，花旗银行董事长里斯顿当时的劝告，才重新回响在从自负的独裁中业已清醒的韦尔奇耳边："人才天天都在坐电梯，上上下下的，一转眼就会跑，而你买下的只不过是一堆家具。"才短短几个月之后，花巨额资金买回来的基德公司，可不就是只剩下了一堆"家具"？

作为全球顶尖的巨头公司，通用电气弥补错误的能力，当然也是很惊人的。韦尔奇迅速把十多年的通用电气老员工、拥有丰富管理经验和"救火队长"经历的赛·卡斯卡特（Si Cathcart）调至"前线"，担任基德公司的 CEO。媒体纷纷对此表示了认可，如《华尔街日报》就援引了一位分析者的观点认为，"这正是我们所需要的——一个脚踏实地干活的人"。

卡斯卡特的到来，也帮助通用电气公司进一步发现了弥漫在基德公司上下的浓厚的"病菌"——官僚主义。在一项成功交易的总结报告上，居然有半打人声称，自己是此次交易的核心人物。而当基德公司发放完奖金后，公司会在最短的时间内人去楼空，用卡斯卡特的话说就是："你就是放一发炮弹，也炸不到一个人"。另一个问题就是，人人都有似乎永无止境的贪婪，当一位员工得到了 1000 万美元的支票，他说的绝不会是谢谢，而很可能是为什么不是 1200 万美元？总之，这是一个企业文化和通用电气公司近乎两个极端的组织，在这里，"我们赢，你们输"才更像是真理，而通用电气公司一直倡导的诸如"群策群力"、"重视服务"等理念，在基德人看来不啻为大笑话。

无论如何，卡斯卡特还是"受命于危难之间"，把基德公司这个重担扛了下来。他上任当年，便裁撤了基德公司 1000 名员工，这占到了公司总员工数的 1/5。之后，韦尔奇又找到了自己的老朋友、金融界的元老级人物迈克·卡朋特，请他出山带基德公司步入正轨，卡朋特在深思熟虑后答应了，并在一段时间后与卡斯卡特完成了交接班。到了 1991 年，基德公司终于在卡朋特的执掌下开始盈利，当年数额为 4000 万美元，第二年达到了 1.7 亿美元，而第三年则高达 2.4 亿美元。看起来，事情终于步入了正轨，收购基德公司这个韦尔奇独裁后的错误，似乎已经得到了修正。

但事实上，连花旗银行董事长沃尔特·里斯顿都极力反对的收购案，其麻烦程度自然是非同小可。1994 年 4 月的一天，韦尔奇突然被告知，基德公司的财务报表涉嫌大量数额的虚报与伪造业绩，犯罪嫌疑人是 1993 年度的基德公司年度最佳员工、公司政府债券部门的约瑟夫·杰特（Joseph Jett）。韦尔奇还记得，接完此电话后自己的第一反应，是冲到浴室去吐了个干净。韦尔奇马上通知通用电气的首席财务官丹尼斯·戴默曼亲自审计基德公司的财务报表，戴默曼在带领小组连轴加班后发现，公司的电脑系统被杰特钻了漏洞的空子。这位去年奖金高达近千万美元的"能人"，看来对自己的合法收入还并不那么满意。

杰特事件让刚刚从阴霾中走出来的基德公司，毫无挣扎地坠入了更深的谷底。"你能听到立柱开裂的声音"，这是《新闻周刊》对此事件的评论；"陷入困局的杰克"（Jack in the Box），这是《时代》杂志给韦尔奇起的新绰号。而用封面文章报道了此事件的《财富》杂志，则给出了更为冰冷的定性："基德公司的丑闻，其原因在于通用电气公司的失败管理"。很明显，"战火"已经烧至整个通用电气公司了。杰克·韦尔奇，这位当时业已声名显赫、以睿智和远见著称的经营者典范，至少在这件事上成了全美国的笑柄。事后，韦尔奇曾经总结道："自信与自负之间仅仅一步之遥。这一次，自负占了上风，给我上了一堂终生难忘的课。"

接下来的补救工作，真正可以用"不堪回首"来形容。韦尔奇不得不向每一位董事会成员一一致电表示歉意，并作出解释与说明自己的规划。他还不得不辞退基德公司当时的负责人、也是这整个事件真正的巨大受害人迈克·卡朋特，事后韦尔奇回忆说"这是我做出的最艰难的决定"。在通用电气公司的首席财务官戴默曼降格来掌控基德公司 4 个月以后，通用电气终于摆脱了基德公司——它以 6.7 亿美元的价格被成功出售。

回顾整个事件，也许一切都并未超出韦尔奇的好友、花旗银行董事长里斯顿的最坏预判。他是真正的华尔街执牛耳者，也只有这样的人才深刻明白，通用电气这类企业界巨头，和基德公司们有着天壤之别的企业文化。就是在杰特事件以后，通用电气的不少事业部负责人，都还在主动提出，自己经营的业务能填补多少多少数额的基德亏空，而不少基德人的第一反应，仍然是自己今年的奖金要泡汤了。他们本不是一路人，根本就不该进一家门。

当然，领袖之所以是领袖，还在于他们惊人的自我纠错能力。韦尔奇此后几乎再没有犯过类似错误，他甚至放弃了许多对硅谷高科技企业的收购，原因就是因为双方企业文化的高度不契合。在自己并不熟悉的领域，他不再保持"偏执"，而是乐于、也善于吸收来自各方的经验和建议。杰克·韦尔奇自己成就了一个更伟大的杰克·韦尔奇。

所以，正如韦尔奇以及无数工商界巨子们的人生经历所述说的那样，当自己在并不擅长的领域需要做决定时，绝对不可以想当然地"偏执"行事。他们必须把自己从独裁者中真正区分出来。而当一位"偏执狂"能懂得把握何时该固执己见、何时又该善于纳言的分寸时，他将成为像杰克·韦尔奇那样能缔造无数经营神话的"绝对权威"。

第四章 尽展其才
让你的员工全身心奉献的管理秘诀

与员工沟通，消除管理中的警察角色，不要一味企图抓住下属的小辫子。

——杰克·韦尔奇

让工作成为一种乐趣

> 领导的作风是有传染性的。大家都看到过无数次这种活生生的例子：一个整天都保持着积极、乐观态度的经理，不知何故就带出了一个散发着……对，进取、向上精神的团队或组织。相反，一个悲观的、让人讨厌的家伙也莫名其妙地带出了令人不愉快的团队，里面全是他那种类型的人。
>
> ——杰克·韦尔奇

在一家企业内，员工与员工之间，层次各异，工种各异，从而会有各自不同水平的能力，这并不难理解。但是，很多经营者并没有意识到，即使是对于同一名员工，他在不同情况下的工作能力，也是大相径庭的。如果这名员工处于高度满意、全心全意奉献热忱的状态下，那他将展示出一个最高水平的自己。反之，如果他并未处在良好的激励空间与工作氛围之中，那么他的效率将大打折扣。

凡是看过《三国演义》者，没有谁会对"凤雏"庞统不留下深刻的印象。作为与《三国演义》全书第一智者诸葛亮并列的才俊，"伏龙、凤雏，两人得一，可安天下"的华丽渲染，让庞士元在所有读者的心目中，有了极高的期望值。但是，当庞统第一次于刘备手下出仕，在弹丸之地耒阳县担任县令一职时，消极怠工几乎就是他任上数月内的全部表现。直到东吴的鲁肃和自己的军师诸葛亮皆对其如此卑微之任职表示震惊，并言明庞统绝非百里之才后，刘备才意识到自己的错误，真正重视起这位不世之才，并授予他与诸葛亮一样的军师中郎将职位。此后，庞统在刘备手下才开始真正大放异彩，使自己的才华闪耀于将星云集的三国时代，并最终说动刘备，激发其进取西川之志。可以说，刘备最终能坐拥三分天下之一，庞统的功劳绝不容忽视。而才学之高以至于斯的人才，在工作环境与氛围不如意时，其表现也是差强人意的消极怠工，可以想见，让员工处于一个满意的工作环境该是多么必要。

事实上，杰克·韦尔奇在通用电气公司的早年，就获得了相对更为轻松愉快的工作氛围。尽管在刚进通用电气时，韦尔奇也受到过直接上司的一些不令人满意的对待，但大部分的领导还是对他展示出欣赏与亲近的一面。同意让韦尔奇接替自己位置的鲁本·加托夫（Reuben Gutoff），就是韦尔奇的第一位伯乐。他不仅在韦尔奇意欲离开通用电气公司时，连夜与韦尔奇谈心以打消他的走人念头，之后还亲手把年营销额超过 20 亿美元的自己负责的部门交由韦尔奇来执掌。这次的升迁意义非常重大，韦尔奇本人就曾说过，在接任了加托夫的职位后，自己终于"逐渐成为一个真正的玩家"。

而这位"真正的玩家"，在后面的"游戏征途"中，也处于一个较为轻松愉悦的氛围，因为他的直接上司和汇报对象，通用电气公司的副董事长赫姆·韦斯（Herm Weiss）就给予了韦尔奇充分的信任和欣赏。据韦尔奇回忆，这位学生时代的校园橄榄球健将、获颁《体育画报》年度银质奖章的运动明星，经常与韦尔奇切磋高尔夫球球技。两人经常互开玩笑、谈笑风生，甚至经常在打高尔夫的间隙，打赌周末的橄榄球比赛谁会赢。而且，这位身材高大、沉稳自信的老板，还能在各种场合中维护韦尔奇，让韦尔奇大为感叹他竟然能"用他的羽翼保护我"。这些经历，都在让韦尔奇有了自己的领路人与生活中的朋友的同时，也有了自己的职场导师。可以说，这些帮助与欣赏，无疑都对韦尔奇未来的成长与职业发展，起到了相当重要的作用。

正是因为韦尔奇受到过如此多的青睐，也正是因为韦尔奇在工作中能收获如此多的快乐与友谊，所以，他也懂得了如何给予他的下属们这些宝贵的正能量。在接替了高升的鲁本·加托夫的原职位后，韦尔奇也开始组建了自己事业部的管理人员团队。他们都是整个通用电气公司里难得的人才：事业部的财务部负责人汤姆·索尔森（Tom Thorsen）敏锐而沉稳，对数字拥有惊人的敏感与判断力，但他英俊潇洒的面庞也从不缺少微笑；人力资源部负责人拉尔夫·哈布雷格森（Ralph Hubregsen）貌似随性，爱把烟灰弄得到处都是，但经他之手通宵做出的报告总是思路清晰、方向正确；战略部的总设计师克雷格·莱曼特（Greg Liemandt）来自顶级咨询公司，这位首次被韦尔奇从咨询公司挖来的人才，用他工作中所展现出的睿智与反传统思维，一次次证明了韦尔奇把他挖来是多么正确；法律方面的负责人阿尔特·普奇尼（Art Puccini）则不仅是通用电气公司的老员工，还在法律专业之外另有药剂学的学位，学问广博而富有智慧。不仅如此，整个事业部里，还拥有性格特质、能力专长都大相径庭的各类人才，但韦尔奇总是能用他杰出的领导力，把各位下属们紧密团结在一起，在轻松愉悦的工作氛围中凝聚成一个富有成效的团队。

杰克·韦尔奇从来都不会在一些繁文缛节上过多干涉员工们。在韦尔奇掌控的那3600平方英尺的办公楼内，韦尔奇从不反对员工们穿着T恤与牛仔裤来上班。不管级别的高低，韦尔奇团队的员工们还总是敞开着自己办公室的门，直接大声呼喊来进行沟通。而每到周五的晚上，韦尔奇更是会邀约员工们去酒店的休息室喝啤酒，有时候大家甚至会叫上各自的太太们。在此时，男士们畅谈工作与时事，而夫人们也好似闺密般友好。韦尔奇还不时会在周末举办小型家庭聚会，这类聚会，员工们则会带上自己的孩子。

韦尔奇曾经说过："领导的作风是有传染性的。大家都看到过无数次这种活生生的例子：一个整天都保持着积极、乐观态度的经理，不知何故就带出了一个散发着……对，进取、向上精神的团队或组织。相反，一个悲观的、让人讨厌的家伙也莫名其妙地带出了令人不愉快的团队，里面全是他那种类型的人。"而通过这些细节，完全可以想见，韦尔奇这位"以身作则"的经营者，在员工当中会受到如何程度的拥戴。他不仅是自己事业部诸同事的老板，更是他们亲近的朋友，与职场上的导师。在这样一位职业经理人的手上工作，员工能学到的东西以及能获得的支持，都是不言自明的。韦尔奇在通往通用电气公司掌门人的道路上，很多次提拔都是破格提拔的。他是 32 岁时就得以履任的通用电气最年轻的事业部负责人，他还是 36 岁就得以履任的公司最年轻的副董事长，等等。而所有的这些提拔的基础，就是他在时任岗位上的惊人业绩。是的，他怎么可能会不能取得这些奇迹般的业绩呢？在他手下工作的，可不是一些只为拿薪水、干好分内活儿的一般意义上的职员，而是活力充沛、在工作中能收获乐趣、把韦尔奇当成贴心人的朋友！如此团结一致、上下齐心的高凝聚力团队，简直就是战无不胜的！

作为对下属们的激励大师，杰克·韦尔奇几乎是无师自通的。他在总结了自己受到过的那些"优待"（前提当然是韦尔奇的才干与过往业绩）后，成功地学以致用，并顺利地让下属们能在高度愉悦、高度参与、高度被激励的环境中工作。事实上，如何更大程度地开发员工们的状态与潜力，一直都是管理学界经久不衰的热门话题之一，无数学者对此都有过深入的研究。这其中，人际关系学派的创始人之一、一代管理学大师麦格雷戈就有过深刻的总结。

道格拉斯·麦格雷戈（Douglas M. Mc Gregor），即使在管理学科迅猛发展的 20 世纪五六十年代，他也是当时与马斯洛、赫茨伯格等大师比肩的人物，是管理学中人性假设理论的创始人与奠基者。这位在拿到哈佛大学博士学位后任教于哈佛的学者，又于 1937 年转至麻省理工学院任教长达近三十年。在 1957 年，已对管理学诸领域皆有深入研究的麦格雷戈，终于写出了其代表性管理学著作《企业的人性方面》。在此书中，麦格雷戈总结出了著名的"X 理论—Y 理论"，并以此理论指导企业该如何管理更好地塑造工作环境、如何更好地激发员工的工作热情。"如果我们能学会如何将企业人力资源中，内在的努力工作的潜能发挥出来，我们将会为政府和国家，提供一个人类迫切需要的模型"，这是麦格雷戈本人的治学目标，也因为该理论富有创见的洞察性，而成了后世诸企业在公司管理时的努力方向。

"X 理论—Y 理论"作为《企业的人性方面》一书中的核心内容，对于企业内员工们的工作状态及其影响因素，做了广泛的研究。在道格拉斯·麦格雷戈看来，管理学发展到 20 世纪五六十年代，已经在某些理论上形成了其固定传统。这种不乏陈腐之气的传统理论，麦格雷戈把它称之为"X 理论"。X 理论基本上以人性本恶为理论基础，认为一个人生来就有好逸恶劳的懒散本性，一直会倾向于逃避责任、消极怠工。所以，对于企业内的员工，企业需要的正是以严格的管控制度，来驱使员工们努力工作。这些管控制度，包括对员工们的指挥、监督、促使、控制等，并附加了惩罚措施作为"大棒"，来防止胸无大志、乐于怠工的员工们偷懒。总之，如果想要一家企业能够顺利地朝着其既定的发展目标前进，就一定要通过"严刑峻法"的相关手段作为保障。

这也确实正是当时流行的管理思路。可以想见，在这样的模式下，整个企业的制度是非常严格而苛刻的，如有违反，将遭到不同程度的处罚。企业内的上下级关系通常也保持在一个非常正式的范围内，经理人考虑更多的是如何发号施令，让员工们听命于自己，当然，这其中也少不了通过对奖金发放的管控来激励员工们。

　　客观地说，这种 X 理论式的管理，对于由粗放式管理演进到集约式管理的进步历程，是起过其积极的历史作用的。而且，道格拉斯·麦格雷戈终其一生，也并未完全对 X 理论抱有负面看法。对于 X 理论的相当一部分内容，麦格雷戈甚至是不吝赞美之词的。但是，麦格雷戈显然也更加认为，自己在总结管理学大师们的智慧后提出的"Y 理论"，是更加符合激励员工热忱、激发企业活力的管理目标的。

　　在麦格雷戈看来，Y 理论本质上是一种"个人目标与组织目标相结合"的理论。该理论更加倾向于认为人性本善，人生来就是有自我成就和自我社交的需求的，而一份符合其需求的工作，将能够极好地激发其才华与热情。只要有令员工喜欢的工作环境，与令员工满意的、相对更为亲近的上下级关系，那么员工哪怕在没有严苛管控的情况下，也会保持努力地工作，因为在此时，工作已经成为员工本人的一种自我实现与自我满足。过多的外来控制与惩戒，其实恰恰是在扼杀员工们的工作热情。只有员工们把"努力做好本职工作"与"努力实现自我的价值"在心中画上等号，该员工才能真正在工作中不断超越自我、充分发挥其智慧与才华。

　　时至今日，X 理论与 Y 理论何者为主流，已根本无须赘言。规模各异、行业各异的诸多公司，都早已把"以人为中心的管理"视为其管理制度的基石。道格拉斯·麦格雷戈所提出的"X 理论—Y 理论"，其实恰恰从理论上阐述了杰克·韦尔奇对于员工管理与激励的做法之正确。乐于并善于接纳性格各异的团队成员，并把整个团队视为伙伴。在团队所有成员对韦尔奇本人的高度认可与全情拥戴之中，韦尔奇凭借员工们的尽展其才与努力奉献，一次次达成了自身业务的销售奇迹，也一步步走向了通用电气公司 CEO 这一全美最耀眼的高管职位之一，进而开创属于自己的商业帝国。

完美的跨世纪交接班（上）

> 我们为每一位候选人写出了一份发展计划，为每一个人设计了升迁的机会，直到 2000 年。我们希望在多种业务上给这些年轻人更宽广、更深入、更全面的展示机会。
>
> ——杰克·韦尔奇

"商场如战场"，这是许多商界巨子打拼一辈子之后的共识。而"千军易得，一将难求"，越是高层级的领袖，就越是宝贵的人才资源。商战，在相当程度上，往往就是顶尖人才之间隔空的全方位较量。这也是为什么杰克·韦尔奇要求"活力曲线"中的 A 类员工必须得到提升。把一个优秀的人才放到关键的岗位上去，其发挥的能效完全可能是平庸者的几倍，甚至十几倍。而当自己被置于适合发挥自身全部才华的职位上时，一位优秀的职业经理人才可能全身心地投入到事业当中，贡献出他能创造的最佳业绩。

可见，让整个员工群体尽展其才、发挥其对整体业绩的效用，关键就在于，让整个高层管理人员群体尽展其才、发挥其对整体业绩的效用。而在整个高层管理人员群体之中，企业未来接班人的分量，无疑又是其重中之重。让合适且优秀的人选顺利接班，这将使整个企业中最杰出的人才，因受到最大程度的提拔而胸怀壮志，为了整个企业的未来愿景奉献出其全部的智慧与心血。

很多管理学者往往只认为，对于创业型企业，企业领袖的作用才是极其重要的，而当企业到达了一定规模时，个把领袖的作用已属有限。这个观点有其重要意义，因为这揭示了在大企业的日常管理与决策中，企业制度占据了相当大的比重，从而阐明了完善企业自身制度的重要性。但不可否认的是，即使规模再大的企业，有时候其发展轨迹的确仍是由其执掌者所决定的。远如完成"大象跳舞"奇迹的 IBM 前 CEO 路易斯·郭士纳，近如救公司于危难之中，并凭借重量级发明重振公司的苹果公司创始人史蒂夫·乔布斯，可以说，至少在商界，孤胆英雄般的传说从来没有真正谢幕过。事实上，创新性的企业管控制度，也完全可能是由顶尖的经营者所创立并推行，比如官僚主义之风弥漫的通用电气公司，就在杰克·韦尔奇本人的强力改造下，变成了拥有许多先进的企业制度的大公司典范。

由此，挑选出一位可以胜任的接班人，其意义之巨已溢于言表。而被普遍誉为"20 世纪最佳职业经理人之一"的杰克·韦尔奇，自然不会在这项企业经营的关键决策上有所闪失。实际上，韦尔奇那跨越 20 世纪与 21 世纪的交接班，无论其过程还是结果都堪称完美。

与他的其他重大战略决策一样，韦尔奇对于选择接班人方面的考量，从很早的时候就已开始布局。1993 年年底，当韦尔奇提拔新的通用电气公司人力资源部高级副总裁比尔·康纳狄（Bill Conaty）之时，韦尔奇就告诉这位全球首屈一指的人力资源专家，其未来工作的一个重点，就是和韦尔奇本人共同挑选并观察公司的接班人。

于是，早在 1994 年年初，还有七年时间才会卸任的杰克·韦尔奇正式开始了其遴选接班人的决策。韦尔奇与包括康纳狄在内的少数几人，组成了服务于该计划的团队，并首先罗列了通用电气公司接班人所需要具备的素质。

这个列表在一开始被勾画得完全脱离了实际，因为小组成员们几乎把世间一切美德都列了进来。在他们看来，像通用电气 CEO 的接班人人选，必须具备高贵的领袖气质，尊贵的名望，渊博的学识，充足的经验，精确的风险管理能力，耗之不尽的精力，无可匹敌的诚实，坚定不移的责任感，出类拔萃的说服力，无所畏惧的勇气，无所不能的执行力，以及其他数十项崇高的品质。他们很快发现，以这些标准作为准绳，即使是古往今来的诸位圣人都难言合格。韦尔奇与同事们这才意识到，选择继任的 CEO，并不是选一位新的上帝。就是当时所有的大公司 CEO，甚至包括杰克·韦尔奇本人，也并非是完美无瑕的。

这之后，他们重新设立了并非无法企及的人选标准，然后罗列出了 23 位通用电气的继任 CEO 候选人。应该说，这只是一个第一期的名单，罗列出这么庞大的基数，只是为了不会产生任何遗珠，而仍需要进一步缩减。这个名单横跨了 30 岁、40 岁、50 岁这三个年龄层次，其中最年轻者仅仅只有 36 岁，而最年长者则已经 58 岁，是韦尔奇的同龄人。韦尔奇及其团队为这 23 位高级管理人员的每个人，都制订了一份详尽的未来发展计划，因为公司的未来 CEO，就将会出自这份名单之中。对于其中的有些人选，还被多次调换岗位以显示出其适应能力与真正擅长的业务，比如有人到 1998 年居然已担任过 17 个不同的职务。正如韦尔奇所说："我们为每一位候选人写出了一份发展计划，为每一个人设计了升迁的机会，直到 2000 年。我们希望在多种业务上给这些年轻人更宽广、更深入、更全面的展示机会。"毫无疑问，这些锻炼对他们来说无疑是大有裨益的。

除了关注他们的业务水平与自身职业素质，韦尔奇显然也很关心他们在整个公司内的被接纳程度。而这首当其冲的，就是这些候选人们是否能被通用电气公司董事会诸成员们很好地接纳。为此，早在 1994 年的 6 月，韦尔奇便决定，每年的 6 月和 12 月都要举办一次评估会议，以使各位董事会成员能够尽可能地对公司接班人事宜提出自己的看法。另外，除了这每年两次较为正式的接触，韦尔奇还不遗余力地促成双方进行非正式接触。比如，每年的 4 月以及 7 月，韦尔奇都会让候选人们与董事会成员去打高尔夫球比赛。比赛形式被设置成两两为一组的团队对抗赛，并每次都调换组队的成员，以保证各位董事至少能与不同的候选人有过一次接触。

终于，在四年后的 1998 年，通用电气公司的董事会及主要高管们，已经对这 23 位公司 CEO 接班人的候选者有了相当程度的了解。经过这四年马拉松式的观察与遴选，这份 23 人的候选人名单被压缩至只有 8 人。要知道，在名单人数尚有 23 人之巨时，韦尔奇及其团队所给出的人选中，其实不乏成功概率不大者。比如那位 58 岁的候选人，很明显只是在韦尔奇这几年万一身遭不测时的临时代理者。又比如那位 36 岁的候选人，其被列入名单，更多是一种肯定与褒奖的性质。而现在的这个 8 人大名单，则已是集结了整个通用电气公司中少壮派的精英。其中的任何一人，都是能够独当一面，并有过相当出色的过往业绩的青年才俊。在这份名单中再删减任何一人，都是相当艰巨的任务。

但这毕竟是必不可少的工作。于是，韦尔奇及其团队再次罗列了一份 CEO 接班人应有素质的列表，以作为进一步筛选候选人名单的依据。尽管这个列表看起来也像是在描述一个超人，但这毕竟比最开始的列表要实际得多，而且这个列表毕竟也能在相当程度上提供决策参考。具体来说，这个列表制定了 8 个基本目标，其分别为：

1.选择最强有力的领导。

2.寻求使公司行政管理者才能最优化的方案。

3.在交接完成后，尽量留住所有的竞争者，使他们进入下一届行政管理工作。

4.将损害组织机能的竞争最小化。

5.在最后决定作出之前，创造机会更加深入地了解和评价每一位竞争者。

6.考虑到公司的规模和复杂性，需要给出必不可少的交接时间。

7.提前考虑在全体选举的公告中所需的条款并写出框架。

8.尽量让可选择的时间长一些，与第4和第5个目标保持一致。

　　尽管事后已被证明，要同时满足这8条要求其实也是很不切实际的，但这个列表还是为选择接班人的工作提供了重要的参考作用。到了1998年年底，韦尔奇及其团队已经进一步缩减了名单。8位通用电气公司未来CEO的候选人选，经此步骤后，只剩下了3位：杰夫·伊梅尔特（Jeff Immelt），鲍勃·纳代利（Bob Nardelli），以及吉姆·麦克纳尼（Jim McNerney）。他们中的一人，将在不久以后接替全球闻名的杰克·韦尔奇，成为世界上最大几家巨头之一的通用电气公司的继任CEO。

　　这个"to be or not to be"式的抉择，这个跨越世纪的交接班，将必然会成为永远值得人们细细回味的大事件。

完美的跨世纪交接班（下）

> 我不想使未能接任我位置的人或未能与我的继任者共事的人失望。
>
> ——杰克·韦尔奇

真正优秀的企业经营者，才能真正明白，让人才尽展其才、尽情奉献自己才华与汗水的意义，因为，他们从自己身上，就能看到被自己管理的企业，与被相对不那么优秀者管理的同类企业，其效果会有多大的差别。

雷吉·琼斯，通用电气公司的上一任执掌者，风度翩翩而冷静沉稳的他，曾长期是全美商界的顶尖人物，且被评为《财富》500强企业最佳首席执行官。正是这位通用电气公司历史上的传奇人物，在多达100人以上的庞大候选人名单中慧眼识珠，相中了杰克·韦尔奇。而事实也验证了雷吉·琼斯看人有多准确。当杰克·韦尔奇被放在了通用电气执掌者的高位后，他所展示出的惊人才华，不仅让自己获得了无数荣誉与赞美，更让业已有些老迈而官僚主义化了的通用电气公司，重新插上了翱翔的翅膀。在20世纪80年代到21世纪末的这二十年时间里，通用电气保持了不同于大部分美资企业的快速增长与高度扩张，其发展势头，也不弱于当时风头正健的任何日本企业。并且在20世纪末的1997年，通用电气公司还成功登顶《财富》500强排名的首位，成了当时全球企业的王者。

可以说，通用电气能有如此的际遇，与雷吉·琼斯选择杰克·韦尔奇接任CEO有直接的关系。如果没有这位商界奇才的全情付出，而只是让他在副董事长的位置上扮演一方重镇诸侯的角色，那么，可以想见，通用电气公司之后的表现，将很可能与其他美资巨头公司并无太大差别。因为那个年代并不是典型的美资公司年代，日资崛起才是那个年代的最强音。

而现在，同样分量的抉择，摆在了杰克·韦尔奇的眼前。杰夫·伊梅尔特、鲍勃·纳代利和吉姆·麦克纳尼，他们的其中之一，将接过韦尔奇的权杖，开启一段有着自己色彩的通用电气发展史。韦尔奇的这个最后的重大战略决策，将相当程度上巩固或动摇通用电气公司的发展速度，也将相当程度上巩固或动摇自己在当代商业史中的地位。

应该说，在选择接班人的决策上，韦尔奇之前的工作，已经做得相当出色了。在七年前刚刚开始此决策时，韦尔奇及其遴选团队罗列了一份23人的大名单，这其中，甚至包括了能在韦尔奇万一发生意外时代理其职务的韦尔奇同龄人。韦尔奇通过不断调换他们的工作岗位，以甄别其在不同职位上的适应能力，并通过持续制造机会让他们与公司董事会诸成员频频接触，观察他们每个人被整个董事会能在多大程度上接纳。经过四年的马拉松式观察，这份名单被缩减至8人。然后在1998年年底，这份名单更被缩减至只有最后3人。完全可以说，这3人的任何一位，都在整个通用电气公司的上上下下拥有极高的人望。但更重要的，当然是他们所缔造的、超乎人们想象的业绩。

杰夫·伊梅尔特，通用电气公司医疗设备业务的负责人，他把公司引领到一个全新的境界。一方面，他促成了营业金额上的飙升，该业务1996年的营业额为39亿美元，但到2000年时其营业额已达72亿美元，这是一个平均每年21%的高增长率。另一方面，伊梅尔特不仅使通用电气公司的该业务占据了亚洲市场的头名，还成功使其成为欧洲市场的最强力竞争者之一，可以说，伊梅尔特在实现公司业务全球化方面，无人能出其右。

鲍勃·纳代利，这位为通用电气公司负责过多项业务的多面手，在每一次的任职中，都能创造耀眼的业绩。在 1995 年时，他临危受命，去负责通用电气公司的涡轮机业务，该业务的净收入业已连续下滑三年。他通过自己的努力，使得公司的涡轮机业务，在不久后就迎来了"火箭般急剧增长"。他还使一项在 1995 年的营业额为不足 8 亿美元的业务，在自己接管后便连续迎来高速增长，直至 2000 年的不可思议的 28 亿美元。尤其是在 1999 年到 2002 年这三年之间，其每年的营业额增长都在 10 亿美元以上，这在全球都非常罕见。事实上，连杰克·韦尔奇本人也惊叹，纳代利"所创造的数字是我四十年里见过的最辉煌的数字，同时也是通用电气历史上最好的经营记录"。

吉姆·麦克纳尼则负责着通用电气公司最重量级的业务之一 ——飞机引擎业务。在执掌如此大数额业务之时，麦克纳尼还使该业务同样保持了高速的增长。飞机引擎业务在 1997 年的营业额为 78 亿美元，而到了 2000 年则达到了 108 亿美元，其每年的增长率也为 21%。这就意味着，麦克纳尼所负责的业务，对整个通用电气公司的利润贡献率，高于其他任何一项业务。不仅如此，他还多次完成关键项目的攻关，达成公司在战略层面的成功。比如，他曾成功促成波音 777 喷气式飞机，运用通用电气公司的产品 GE90 引擎作为其"心脏"。这个体积与动力均为当时同类产品之冠的拳头产品，也在这个大合同后，进一步缔造了通用电气公司在行业内的领先地位。

拥有 3 位如此杰出的候选人，杰克·韦尔奇所面临的，其实是幸福的烦恼。但即便如此，韦尔奇最终也必须要从中选择一位出来，因为很显然，任何公司都不可能同时拥有 3 位 CEO。但是，韦尔奇其实至今也并未完全向公众公布这最后抉择时的具体方法。毕竟，诚如韦尔奇本人所说，"选择接班人工作不仅是我职业生涯中最重要的一件事，而且是我面临过最困难也是最痛苦的选择。整个过程几乎让我发疯，给我带来了无数个难以成眠之夜"，其间的心路历程，岂是任何的只言片语所能描述？更何况，选帅过程中那些只有通用电气公司少数几位高管才有权力窥探的奥秘，其实也不啻为重大商业机密。总之，可以肯定的是，对于最后3人所进行的"决赛"，韦尔奇一定做了极其科学合理，并且充分考量了管理艺术的大量工作，举行过无数次会议与沙盘模拟。经过了这样一番马拉松式的比拼，韦尔奇的心中已经有了答案。他已经知道，谁才是这3人中更加适合通用电气公司的未来领袖。

而在此之前，杰克·韦尔奇还做了一件事。他在2000年分别单独会见了3人中的每一位，并问了同样一个问题：如果最后赢得"决赛"的那个人不是你，你会离开通用电气公司吗？对于这个问题，有两位候选人的答案是自己肯定会离开。另外一位虽然在大肆表达了自己对如此优秀的公司与如此合拍的同事们的留恋后，认为自己还是会留下来，但是，韦尔奇还是对这一番言辞做了另一种考量，因为韦尔奇非常了解自己的这位爱将，也非常了解时代发展至今那些顶级猎头公司的"口才"。

按照韦尔奇本人的预想，这三人中的另外两位未胜出者，将与通用电气公司新一任CEO组成团队，以公司副董事长的身份辅佐新的CEO，共同打造属于他们3人的新时代。韦尔奇与自己当年的竞争者，就形成了如此的合作，并取得了巨大的成功。但是，这一模式显然已无法复制，这3人将注定在交接班完成后只剩下最合适的那一位。

于是，杰克·韦尔奇做出了一个大胆的决定：他要在不久之后就立即指定谁将继任。这么一来，他们中的其中两位，将在其最后几个月的通用电气工作生涯中，过得有些别扭。但是，这能够保证，其掌管的业务能在这几个月之中被平稳地交接给其继承者。公司在业绩方面的表现，可以让财经界人士感到放心，不会带来无谓的股价波动。而对他们三者本人，韦尔奇也做出决定，要把这三位优秀的职业经理人，放到大众媒体的聚光灯之下。一方面，通用电气公司能为拥有 3 名这样的未来 CEO 竞争者而骄傲；另一方面，他们 3 人将得到在公众面前的全方位展示，这对于他们的其中两人找到新的职位，是大有裨益的，须知领袖的个人形象也是领导才能的要素之一。

于是，这场全美顶尖企业的跨世纪交接班，也因此被渲染上浓厚的传奇色彩。最位高权重的职位，最才华横溢的竞争者，可以说，这吸引了全球财经传媒界的所有目光，《华尔街日报》、《商业周刊》、《金融时报》、《泰晤士报》……大量的媒体报道，也让三位接班人竞争者在被动接受公众指指点点的同时，迎来了自己的人气暴涨。

杰克·韦尔奇一度还担心，公众的过多关注会对三位竞争者的生活带来影响，并给他们 3 人发去了电子邮件以解释自己的想法：

"非常抱歉你们不得不承受媒体的这些胡言乱语。我本来以为，我可以让每个人留在自己的业务领域工作，这样我的接任工作就会比雷吉做得更好。结果表明，媒体会将每一次的接任都变成冲突。谢谢你们这些非常不错的家伙。公司非常幸运，你们能够一直坚持下来。你们在做任何一件事情时出色的成绩和非凡的态度使得这个过程对我来说变得更具有挑战性。谢谢你们真的能够这么优秀。"

但是，3 位"决赛"选手纷纷对此表达出支持，他们的态度也可以用一封典型的回复以概述：

"杰克，最基本的一点是，我们非常幸运能够成为其中的一员，这种感情压倒了公众的密切注意带来的不快。成长、挑战和乐趣会使这件事情永生难忘，不论下一步会发生什么。你为通用电气公司所做的这些是完全正确的，我确信我们全都支持这个程序。"

这就是他们3人在整个"决赛"中所展现出的高素质的缩影。韦尔奇是真心为公司曾拥有过如此杰出的头脑而欣慰。

时至今日，最后的结果当然早已不再是秘密。杰夫·伊梅尔特，这位毕业于常春藤名校达特茅斯学院的高才生，这位对公司的全球化战略做出过巨大贡献的经营帅才，坐上了通用电气公司第九任 CEO 的宝座。正如杰克·韦尔奇本人所说："他在我们的医疗器械部门取得了很多出色的成绩，重要的是（医疗器械部门）将成为通用电气未来的营运模范。"而通用电气公司，也在这位最优秀人才的全情奉献下，持续保持着高位增长，维系了其在全球企业界的市场地位与话语权。

而另外两位候选人，也得到了令人艳羡的工作。吉姆·麦克纳尼成为创始于 1902 年的老牌多元化跨国巨头 3M 公司（明尼苏达矿务及制造业公司，Minnesota Mining and Manufacturing，简称 3M）的 CEO，而鲍勃·纳代利则获得了全美第二大零售商家得宝公司（The Home Depot）的 CEO 一职。加上成功执掌通用电气公司的伊梅尔特，每一位公司未来接班人的竞争者，最后居然都顺利成为一家世界 500 强巨头的 CEO，这在全球商业史上简直堪称一代传奇！而这个传奇的缔造者，正是把他们3人不遗余力"推销"至全球的杰克·韦尔奇。3 位通用电气高管，担任了三家世界 500 强的掌门人，这不仅让最适合通用电气的伊梅尔特有了发挥自己才华的最好平台，也让全球企业界中的"通用电气系"益发壮大，从而使得通用电气公司的传奇地位进一步得到巩固。

这场通用电气公司的跨世纪交接班，就此完美地落下帷幕。杰克·韦尔奇曾在回忆当时的心境时说："我不想使未能接任我位置的人或未能与我的继任者共事的人失望。"毫无疑问，韦尔奇完美地做到了这一点。而韦尔奇在此过程中所展现出对人才的人尽其用，也令无数同行叹服不已。可以说，通用电气能在韦尔奇手中取得如此辉煌的成就，与其合理的人才战略是密不可分的。全力激励，尽展其才，让每一位人才都能在科学而人性化的机制中，奉献出自己所有的才华与激情，这才是企业用人的至高准则。

第五章　赢的战略
让你的战略切实有效的管理秘诀

一些员工自豪地把通用电气公司形容成一艘"超级油轮"——硕壮无比而又稳稳当当地航行在水面上。我非常尊重这些说法，但我却希望这家公司更像一艘快艇，迅速而又灵活，能够在风口浪尖之上及时转向。

——杰克·韦尔奇

小目标，小进步，大目标，大进步

> 制定跳起来才可能够得到的目标，并敢于朝着那些看似不可能的目标不懈努力。
>
> ——杰克·韦尔奇

"赢"，一个人人喜爱、人人向往的词。赢是最高境界和最高成就。赢者通吃。

所有人都陶醉于——如果不是沉溺于——赢带来的喜悦。拿破仑在其巅峰岁月时，军队的铁蹄几乎踏平了整个欧洲大陆。而唯独于海战中，与英国海军在西班牙特拉法加角外海进行决战后吞下了苦果。特拉法加大捷也成为全体英国人永远的荣光，甚至在伦敦的市中心还耸立起了特拉法加广场，该广场现在已是和海德公园、伦敦眼等并称的伦敦几大风景名胜之一。赢，就是如此地美妙，令人难以抑制提起时的喜悦，令人恨不得时时刻刻都挂在嘴边。

但是，赢也绝不轻松。正因为赢带来的红利是如此之巨，所以任何人都想赢。而要真正取得可观的胜利，就必须战胜相应的对手。这其中，除了依靠自身的硬实力，还需要相关的战略。有效的、得当的、精妙的战略，将带来事半功倍的辉煌战果。

而这所有战略的起点，就是制定战略时的目标。目标对人的激励作用，是不言而喻的，人的潜能可以被多大程度地发掘出来，这与他目标的大小，有着密不可分的关系。可以说，树立了小的目标，将可能达成小的进步，而树立了宏伟的大目标，将有可能达成可观的大进步——这时，距离真正的赢，就已经近在咫尺了。

杰克·韦尔奇作为注定会载入商界史册的"经营之王"，当然明白设立目标之于自己的意义。事实上，从他 32 岁即成为通用电气公司最年轻的事业部负责人，就可以很明显地看出，他一定是尽早就设立了目标，并向其坚定地付出了努力。所有大器晚成者自有其各自的原因，但所有的年少有为者，则肯定离不开正确的规划与立志。

1964 年，韦尔奇加入通用电气公司已经四年了。四年来，韦尔奇与同事们的努力，产生了积极的效果——通用电气总部认可了这项名为 PPO 的塑料产品的研发工作，并决定用 1000 万美元的投资来兴建工厂，使产品尽快投入量产。而当工厂的选址终于得到最后确认并由通用电气总部划拨了款项后，韦尔奇所在的整个团队，终于收获了阶段性的成功。其业务的总经理鲍勃·芬霍尔特（Bob Finholt），就因为在此项目中所展现的创新才华与管理能力，而被调往通用电气总部任职，完成华丽地提升。

所谓"一人得道，鸡犬升天"，随着芬霍尔特被提拔，韦尔奇所在的业务也就有了总经理一职的空缺。在风平浪静之时，人和人的差距是不大的，而只有在风起云涌之时，人和人的差距才会最大限度地得到彰显。和别的化学工程师不同，韦尔奇决定主动竞选这个总经理的职位，他的人生目标可绝不是当一辈子工程师。

韦尔奇找到了对此决定有裁决权的老领导鲁本·加托夫（Reuben Gutoff）。说起加托夫，韦尔奇无疑是心怀感激的。在韦尔奇刚刚加入通用电气公司受到不公平待遇时，正是加托夫的极力挽留（甚至凌晨还在路边的公用电话亭与韦尔奇通电话进行劝说），才使韦尔奇决心继续留在通用电气公司。由此也可见，加托夫对这位曾在自己眼中有过优异表现的青年才俊，绝对是满怀欣赏之情的。但是，当韦尔奇说明了来意后，加托夫的回答是，这个职位负责的是一项新上市的业务，需要此人拥有良好的市场嗅觉和经营能力，但韦尔奇此前的通用电气生涯，基本是在研发实验室里度过的。显然，加托夫对韦尔奇的欣赏，仅仅只停留在他的研发和技术才能为止。

于是，这一次换韦尔奇来说服加托夫了。仅在当天夜晚，韦尔奇就在加托夫的车里待了超过 1 个小时以进行游说。但韦尔奇经营与商业经验的缺乏，还是让加托夫疑虑重重。在接下来的一周里，韦尔奇不断地打电话给加托夫，陈述自己具备的哪些特质可以让自己顺利胜任此职位。终于，韦尔奇的业务水平与执着精神，最终打动了加托夫。韦尔奇于是顺利成为 PPO 业务的总经理。

这是韦尔奇第一次担任某项业务的经营者。这位未来的"经营之神"、"世界第一职业经理人"，在自己加入通用电气公司的最初几年，就给自己的头衔加上了一个"总"字。

但故事还并未结束，一项总投资为 1000 万美元的新产品，显然还不足以满足韦尔奇的"胃口"。他决心要改良此产品，把这个产品的格局真正意义上进行扩大。上任伊始，韦尔奇就与 PPO 业务的相关团队一起，夜以继日地改造产品、分析产品的市场。其实，面对一种新上市的产品，即使经营老手也会面临诸多挑战，何况是初为负责人的韦尔奇。但是，功夫不负有心人，经过半年的市场论证分析与技术改进，韦尔奇带领团队成功地进一步改进了PPO 产品。这种把 PPO 和某些低成本聚苯乙烯混合后制成的塑料产品，被命名为改性聚苯醚（Noryl）。改性聚苯醚拥有比 PPO 更为优异的性能与用途，这项更加贴合市场的产品，也最终得以大放光彩，并成为化工领域里的一款经久不衰的产品。到今天，它在全球的销售额，已在 10 亿美元以上。而这，都源自于"菜鸟总经理"韦尔奇的努力与智慧。

在通用电气公司这样一个世界 500 强企业里，做研发工程师做到退休，其实绝不失为一个好工作。丰厚的薪水，良好的福利，优质的工作环境，可以说，这能让很多人就此满足。但杰克·韦尔奇明显不是这类人。在韦尔奇的心中，永远都有一座等待攀爬的阶梯。对他而言，得不到进步、享受不到赢的喜悦，简直就是一件痛苦的事。韦尔奇曾经表示，自己的职业生涯理想，就是"制定跳起来才可能够得到的目标，并敢于朝着那些看似不可能的目标不懈努力。"也正因为此，韦尔奇才能最终迎来一次次进步，成为率领通用电气公司成为世界 500 强排名第一企业的商界巨擘。

事实上，不断以目标来鞭策自我、最终通向成功巅峰的名人，放眼全球绝不在少数。"欧盟宪法之父"德斯坦，就是其中的典范。

瓦雷里·吉斯卡尔·德斯坦（Valery Giscard d'Estaing）于 1926 年出生于德国科布伦茨市，并在不久后随父母返回了法国。他从小就展现出惊人的才华，学业成绩非常优秀。但真正让他被人们记住的，是他小时候就已经展现出的伟大抱负。

在 1941 年德斯坦年仅 13 岁时，他就向家人表示，自己要在 40 岁时，当选法国总统。可以想象，当时德斯坦的父母肯定是鼓励但并不太相信，毕竟，这世上还没有出现过这么年轻的法国总统。见到如此的反应，年轻的德斯坦居然更进一步地表示，他还要在 50 岁时，当选欧洲总统！看着如此有志向的德斯坦，父母当然很高兴，但从心底里，恐怕谁也都只是认为，小德斯坦只是说说而已。

但德斯坦似乎从此牢牢记住了自己年轻时许下的目标。他先后就读于闻名全法的名校综合工科学校和国立行政学校，并于 1944 年"二战"期间应征入伍，在戴高乐将军的第二装甲师屡立战功。"二战"结束后，脱下戎装的德斯坦步入政界，赴法国财政部任职。从财政部财务助理稽核的职位起，德斯坦一步一个脚印，先后担任总理办公室副主任、国民议会议员、经济和财政部长等要职，并于1974年5月19日成功当选法国总统。这一年，德斯坦年仅48岁，成为法兰西共和史上最年轻的总统。

按理说，故事已经画上了一个圆满的句号，"最年轻的法国总统"这一头衔，以足够让德斯坦载入史册。但德斯坦并未忘记自己的第二个目标。2002年，德高望重的德斯坦担任了欧盟制宪筹备委员会主席，开启了自己为推进欧洲一体化而努力的进程。在筹委会召开的第一次会议时，德斯坦在来自欧洲25国代表的共同瞩目中，拿出了一件精美绝伦的乌龟玉雕。他语重心长地表示，这是一只中国的玉雕乌龟，乌龟在中国的传统文化里代表着长寿与稳健，而来自全欧洲不同国家的我们，也应该向这只中国乌龟学习，以稳健的步伐，来共同构建一个长寿的、永恒的欧盟。这次著名的演说，也鼓舞了全体代表们的信心。《欧盟宪法草案》，这一从伊始起就注定会受到利益体各方激烈博弈的法案，居然在两年内就得以顺利问世。从此，德斯坦被整个欧洲政坛尊称为"欧盟宪法之父"。在某种程度上，他也完成了自己的第二个目标。

瓦雷里·吉斯卡尔·德斯坦传奇般的从政经历，让人着实惊叹不已。但回顾历史，我们就会发现，真正让他日后在政坛平步青云、连战连捷的，其实正是他年轻时树立的远大目标。可以想见，如果他年轻时只是想着日后能有一份不错的工作，他将断然不会取得如此辉煌的成就。

小目标，小进步，大目标，大进步。无论是韦尔奇还是德斯坦，其实都是自己雄心壮志的受益者。而下一个凭借雄心壮志，最终成功采摘到胜利的诱人果实的人，又会是谁？

要赢得战役，先赢得人心

> 向员工分发股份和股票期权计划使通用电气公司的员工们成为这家公司最大的股东。
>
> ——杰克·韦尔奇

要想赢，领导者本身的素质当然是先决条件，也是决定胜负的基本因素。但是，还有许多其他因素，也能对输赢与否有重要的影响作用。比如整个团队的素质与精神力。

如何激发出团队中每一分子的潜力与热情，这也是领导者所必须要考虑的，因为这关系着自己的战略执行能否被完美贯彻。鼓舞团队，激励人心，这也是宏大战略能否被切实有效执行的关键细节。

那么，如何更好地激励团队？当然，职业发展空间，工作的辛苦度与舒适度，工作的社会地位，等等，这些因素的改善都能对团队工作热情的提升起到正面作用。这个清单还可以拉得更长，甚至领导者愿意花更多时间与团队成员一起做团队建设活动等细节，都可以是正面因素之一。

但事实上，真正能尽可能多地激发出团队斗志、为领导者赢得人心的那一招，其实是不言而喻的。

那就是金钱。

工资、奖金、福利、补贴，等等，物质回报的提升，将是对每个员工最直接、也最有效的激励。甚至在很多时候，员工们希望从事更有发展空间的工作，或者希望自己的头衔得到提升，其最终目的也是为了更高的、高得多的薪酬。这是员工们打拼于职场的基本目标，也是他们劳动成果与个人价值的相关体现。领导者如果能够在物质激励上，给予员工最大的肯定与奖赏，那么，这将对整个公司完成公司的战略目标、赢得更大的市场份额与更高的利润空间，产生重要的保障作用。

杰克·韦尔奇就深谙此道。其实在韦尔奇执掌通用电气公司之前，公司的薪酬体系，在某种程度上是鼓励平均主义的。甚至韦尔奇本人在早期也曾因对这种平均主义极端反感，而有过离开通用电气的打算。于是，当韦尔奇成为通用电气的决策者后，他决定就此作出重大改变。当然，通用电气公司的基本薪酬已经足够好了，毕竟这是全美的模范公司之一。韦尔奇要改变的，是公司那少得可怜的股票期权分红。

在员工的期权分红上，可以说通用电气做得并不够理想。韦尔奇记得，当 20 世纪 80 年代初自己刚刚担任通用电气公司的董事长时，自己获得了 1.7 万股的通用电气股票。那么这给了他什么样的收益？在未来的十二年内，仅仅只有将近 8 万美元收益，平均下来一年还不到 1 万美元。这个数字对一位世界 500 强的董事长来说，简直是天大的笑话！韦尔奇本人尚且如此，可以想象得到，通用电气公司其他员工的期权收益是多么可怜。这对于通用电气激发员工的斗志、赢得员工的人心，其实是极为不利的。如果干得好和干不好，其报酬的差别仅仅只是个可有可无的数字，那么大多数人的热情都会瞬间消失殆尽。

于是，在 1982 年，杰克·韦尔奇向公司的董事会发出一项提议，应该大为提升通用电气在员工期权上的奖励额度。这当然遭到了相当强烈的反对。

但韦尔奇绝不是一个会轻易妥协的人，他经年累月地向董事会灌输自己赢人心以赢得市场的理念，苦口婆心地劝说着诸位董事。终于，在七年之后的1989年，通用电气公司通过了韦尔奇的方案。从这一年开始，能获得通用电气期权的，从之前的500位主要的高管，扩大到3000位优秀的员工，并且每年还将不断增长。更重要的是，员工能获得的金额，也大为增加。1981年，通用电气公司用于股票分红的金额，只有区区600万美元。而经过每年不断地增加，到了1997年，这一数字已经变为惊人的10亿美元。而在杰克·韦尔奇即将卸任的那一年，通用电气公司的1.5万名员工，当年享受到了超过20亿美元的期权分红。

无须赘述这样的物质激励，能够在多大程度上激发出通用电气全体雇员的工作热情。根据韦尔奇本人的说法，"向员工分发股份和股票期权计划使通用电气公司的员工们成为这家公司最大的股东"。而通用电气全体员工的主人翁精神，也帮助通用电气在全球市场所向披靡，赢得一个又一个战役。通用电气公司正是在这样上下齐心的优良氛围下，从1980年的130亿美元市值，增长到韦尔奇2001年退休时的4800亿美元市值。它已经成为全球工业界真正的"巨无霸"企业。许多通用电气的员工，也在伴随着它成长的同时，收获了个人财富的暴增。

毫无疑问，杰克·韦尔奇是一位胸怀大志、理想远大的领导者。而他也通过改革公司的薪酬体系——主要是大幅增加员工的公司期权，成功赢得了通用电气最广大员工的极力支持，为自己经营战略的顺利推行，打下了坚实的基础。

其实，通过员工股票分红等薪酬激励手段的运用从而聚拢人心、激发员工热情的，绝不仅仅只有通用电气公司。事实上，这一行为在全美——乃至全球——有一片更为典型，甚至更为高效的模范地域。这，就是当今全球 IT 产业的创新中心、同时也是全球高科技创业第一乐园的硅谷。

硅谷（Silicon Valley），这个极富科技色彩的名字，正是这个位于加利福尼亚州北部、旧金山湾区南部的圣塔克拉拉谷的最佳代名词。它最早以生产、研究半导体相关产品而著称，故以半导体的主要原材料——硅来作为绰号。时至今日，硅谷内的高科技产业早已超出了半导体材料的范畴，它已经成为全美乃至全球高科技创业者的"朝圣之地"。这里不仅会聚了全美 1/3 的风险投资金额，更诞生了一大批全球顶尖的高科技巨头——英特尔公司、苹果公司、思科公司、惠普公司、朗讯公司、脸书公司……它们中的相当一部分，都是在极短的时间内，由创业型企业成长为世界 500 强巨头的。

那么，这个全球闻名的造富中心，究竟是靠什么吸引了来自全球的顶尖人才呢？答案如同韦尔奇治下的通用电气公司一样，正是金钱。确切来说，正是高额的员工期权回报，让硅谷在造就一大批富翁富婆的同时，也造就了一大批顶尖的企业。

很多时候，如果一个硅谷的创业型企业成功获得了第一轮融资，那么，它将专门划出一部分公司的期权，来作为对创业元老，甚至只是对公司有一般性贡献的员工，这个比例按照硅谷的惯例将达到公司全部股份的两至三成。等到公司经历多次融资，业务有了大规模增长而成功上市后，硅谷的企业则很可能推出自己的"员工股票购买计划"，让员工以打折购买或以股票支付工资的形式，获得公司的期权。当然，这类方式获得的期权会带有一定的限制，比如在一定时段之内无法交易等，但正是这些期权，使得员工们未来身价徒增变得可能。

硅谷已经诞生过太多白手起家的亿万富翁了。无论他们在硅谷创业型企业里从事何种工作——研发、销售、财务、行政等，只要他们的资格够老，眼光够准，他们就很可能完成个人财富的最大化增值。这里面，也许大卫·崔是其中最有传奇色彩的例子。

大卫·崔（David Choe），一位1976年出生于洛杉矶的画家，曾经一度活得穷困潦倒。2005年，大卫·崔接受了一单来自某创业型IT公司的项目，要求他在公司总部的一面墙上创作涂鸦画。当时，此公司的老大，一位犹太裔的年轻小伙马克·扎克伯格（Mark Zuckerberg）给了大卫·崔两种报酬支付方式以供选择，要么直接给他几千美元，要么给他相等数额的此公司期权。其实，根据大卫·崔本人的事后回忆，他对该公司的主营网站并没太多了解或太大兴趣，但鬼使神差之间，他还是选择了前者，成为该公司最小的股东之一。

结果，事情后来的发展远远超出了大卫·崔的预想。这家硅谷创业型企业主打的那款社交网络产品，在短短几年内受到全球年轻人的喜爱，自然，也受到了来自诸多投资人的热捧。在成功经历了多轮融资后，该公司终于在2012年宣布上市。这时大卫·崔才发现，该公司的整体估值竟在750亿至1000亿美元之间，也就是说，自己当年放弃那几千美元酬劳所换得的股票，此时的价值竟然已经高达2亿美元！就这样，这位只为脸书公司当年的总部画过一面墙的艺术家，也在这轮创了互联网公司最高纪录的脸书上市的造富狂潮中，分得了一大杯羹。大卫·崔尚且如此，不难想象，包括主要创始人马克·扎克伯格在内的诸多创业元老和研发功臣，其身价将跃升至何种地步。

这就是硅谷的魅力——为创业初期的企业奋斗过，拼搏过，企业就有可能在发展壮大后，给你此生享之不尽的财富。也正因为此，硅谷凭借其难以计数的造富传奇，得以成功会聚了当今全球相当一部分的顶尖人才。比如让大卫·崔成为亿万富翁的脸书公司，其主要创始人马克·扎克伯格，就是在哈佛大学读本科期间发现了脸书的未来发展空间，而毅然辍学去创业的。而也正如脸书公司那样，在硅谷创业的公司，也往往很可能拥有巨大的成长空间，在不久的未来变成新的巨头公司，乃至跻身世界 500 强。这几乎成了"人心齐，泰山移"的典范，成了先赢人心再赢天下的完美诠释。

经营企业，说到底还是要靠企业中的人才。当员工们的才华能在巨大的激励中被最大规模地发掘时，该企业将变得和通用电气公司或硅谷的众多创业公司那样，拥有无与伦比的竞争力。

战略绝不可以一成不变

> 冯·克劳塞维茨在他的经典之作《战争论》中总结道：人们不可能把战略简化成一个公式。过于细节化的计划必然会失败的，因为它会遭遇不可避免的摩擦，如偶发事件、执行中的偏差和反对的力量。反之，人的感情因素是最重要的：领导能力、士气和优秀将领的近乎知觉的悟性。普鲁士总参谋部在实践中对这些概念加以完善。他们不期望行动计划能够延续到与敌人第一次接触之后。他们只制定广泛的目标，并强调抓住不可预见的机会——战略并不是冗长的行动计划，而是依据不断变化的环境而革新的核心观念。
>
> ——杰克·韦尔奇

在犹如逆水行舟的商界之中，一家企业哪怕仅仅只想维持现有的规模，都必须制定长远的发展战略。但是，对于这项事关企业生死存亡的重大任务，其实不少经营者都有一个误区，那就是认为企业的发展战略应该长期不变。

的确，制定企业发展的战略，绝对是慎之又慎的事。这往往需要由企业最高领导者，甚至是企业所有者本人亲自提出，集结企业管理层内最有智慧的头脑和经验最丰富的元老，以及往往会借助学识最渊博的咨询专家或管理学教授等外脑的力量。经过对海量业务数据旷日持久的分析，并反复通过沙盘模拟等手段验证，最终得出一个能兼顾产品售价与产品市场占有率，做到企业发展速度与企业持续盈利能力并重的战略。按理来说，这"历经九九八十一难"才得出的企业战略，饱含了智慧与经验，兼顾了产品与市场，就应该被长期推行、永不变更才对。

但事实是，这往往只能成为一部分企业领导者们的一厢情愿。企业的战略决策在制定后就不能予以变更，这绝对是企业发展最应该避免的误区之一。毕竟，在当今这个全球一体化的时代，能够成为一家企业经营的变量因素的，实在太多太多。企业的竞争者的战略调整，目标顾客群体的嬗变，以及企业所处的经济，甚至政策环境的改变，都随时有可能突发。在这种情况下，如果还是死硬地坚持按之前客观条件规划出的战略，那完全就是削足适履，自毁前途。韦尔奇曾经对此有过深刻的分析："冯·克劳塞维茨在他的经典之作《战争论》中总结道：人们不可能把战略简化成一个公式。过于细节化的计划必然会失败的，因为它会遭遇不可避免的摩擦，如偶发事件、执行中的偏差和反对的力量。反之，人的感情因素是最重要的：领导能力、士气和优秀将领的近乎知觉的悟性。普鲁士总参谋部在实践中对这些概念加以完善。他们不期望行动计划能够延续到与敌人第一次接触之后。他们只制定广泛的目标，并强调抓住不可预见的机会——战略并不是冗长的行动计划，而是依据不断变化的环境而革新的核心观念。"对于战略决策的制定，必须谨记一个信条：这个世界唯一不变的，就是变化本身。想让企业的战略永远都那么切实可行，就必须让战略随着主观与客观环境的变化，而做出及时的调整。

作为企业经营界一代奇才的杰克·韦尔奇，自然不会是一位食古不化的刻舟求剑爱好者。实际上，韦尔奇对于通用电气公司经营战略的调整，是保持着随时跟进的。只要是合理的意见或建议，哪怕提出者的身份再低下，或者哪怕他就根本不是通用电气公司的人，杰克·韦尔奇也能理智地做到取其精华，弃其糟粕。在韦尔奇的眼中，保持万年不变的企业经营战略，绝对不是好的经营战略。在这其中，"数一数二"战略的调整就是一个绝佳范例。

说起来，"数一数二"战略，绝对是通用电气公司最重要的核心战略之一。在杰克·韦尔奇刚刚接手通用电气公司时，尽管公司当时已经是全美乃至全球范围内的工业巨头，但是，通用电气公司却也并不是在每一个细分市场都能做到独占鳌头，领先于竞争对手们。更重要的是，在当时，来自亚太新兴市场——主要是日本——的竞争非常激烈，在未来的十几年内，这波日资巨头扩张狂潮，甚至让许多欧美企业直接关门大吉。在这种复杂的局面下，杰克·韦尔奇适时提出了"数一数二"战略，要求通用电气公司旗下的大大小小数十项主要业务，必须做到在其细分市场内跻身第一或者第二名，否则的话，该项业务可能被出售，可能被关闭，但就是不可能被留下。

事实充分证明了杰克·韦尔奇的远见卓识。通过刚刚接手公司时的阵痛式调整，通用电气公司的许多项业务都变得更有竞争力，从而使得整个公司总体的竞争力和抗击风险能力也大幅上升。在日资巨头于全球各地都能摧枯拉朽、大肆扩张的 20 世纪八九十年代，通用电气公司是少数可以与主流日资企业保持同样高速增长的美资巨头之一。"数一数二"战略的成功，也让杰克·韦尔奇得到了一个卓尔不群的称号："数一数二杰克"（No.1 or No.2 Jack）。

而在"数一数二"战略于这十几年间取得了巨大成功之后，试问，还会有人胆敢质疑这位"数一数二杰克"，甚至是直接质疑"数一数二"战略本身吗？

答案就是，还真有！

1995 年 2 月，通用电气公司的克罗顿维尔培训中心，按照惯例开设了新一期为期 4 周的企业管理课程（简称为 BMC 课程）。本期的 BMC 课程，因为课程负责人蒂姆·理查兹（Tim Richards）的坚持，所以与美国陆军军事学院的部分课程进行了合并，使得克罗顿维尔的学员与一部分军官们共同上课。

就在这短短数周内的合并课程中，一位来自美国陆军军事学院的上校，发出了震惊整个克罗顿维尔培训中心的声音："通用电气公司目前的市场战略，可能会对整个公司有阻碍作用，并压抑公司的成长机遇。"

在当时，尽管此意见与其他的意见共同汇总成了报告，并递交给了通用电气公司的高层们，但是杰克·韦尔奇正处于刚刚结束心脏手术后的恢复期之内，并未及时查收到这位上校的看法。不过，到了 1995 年的 9 月份，一些当期课程的学员来到通用电气公司总部汇报工作时，杰克·韦尔奇终于还是得知了这条意见。

几位学员们可能自己也觉得本次汇报有些尴尬。毕竟，这是直接质疑公司最高领导者的经营战略，并且还是已经用十几年时间证明其确实成功的战略！但是，韦尔奇还是鼓励他们娓娓道来。于是，这番见解在韦尔奇面前得到了具体的陈述。在这位美国陆军军事学院的上校看来，要使得通用电气公司旗下各项业务，都争取做到"数一数二"，这本身并没有错。只是这个"数一数二"的概念，还是太过笼统了，而通用电气公司的职业经理人，几乎在全美甚至全球都是顶尖水平的，他们很容易凭借自己的"才智"，把这个"数一数二"的细分市场范围划得很狭小。这样一来，即使该项业务的表现并不那么优秀，甚至负责该业务的团队都有可能在偷懒，但是，凭借他们把自己的业务划进了一个足够小的细分市场这一"红利"，该项业务就不可能有差劲的表现。这位上校最后提出的建议是，应该把通用电气公司的部分业务重新划分其细分市场，使得该项业务身处一个更大、更全面的分支行业。只有这样，才算是真正达到了"数一数二"战略用以激励业务团队保持努力的目的。

杰克·韦尔奇当时就被打动了，他的回答是"我喜欢你们的想法"。确实，通过这几位职业经理人带来的演示图表，韦尔奇发现的确有一些业务被圈定在了过于狭小的细分市场之内。这么一来，通用电气公司赖以生存的"数一数二"战略,反而是在增进该业务负责团队的惰性!在当年 10 月份的通用电气公司高层会议上,杰克·韦尔奇再一次支持了那位上校对"数一数二"战略现状的分析,并表示之前的战略"束缚了你们的思维,限制了你们的视野"。韦尔奇给出时间表,要求通用电气公司旗下各业务都要在当年的 11 月份的业务规划会议上,重新划分其各自的细分市场。

果然,到了 11 月份,一些在曾经看来有着高枕无忧的市场份额的业务,瞬间揭开了其伪装的面纱。比如,通用电气公司的电力系统业务,曾经就被划分在市场总额大约为 27 亿美元的供应设备及维修的细分市场,而电力系统业务在此细分市场的所占比重高达 63%,超过了所有竞争对手的总和。但是在重新划分进市值高达 170 亿美元的整个发电厂的维修业务后,电力系统这项业务只占该细分市场的 10%的份额。而如果把目光放得更长远,使得燃料、物资管理、物流管理等一整个系统工程全部被纳入进来,那么,通用电气公司的电力系统业务就仅仅只占到该细分市场 1%到 5%的比重,因为此时市场范围的总额已经高达 1700 亿美元。

电力系统业务的重新划分市场范围,正是通用电气公司其他业务的缩影。在这一新"数一数二"战略的推动下,公司旗下的几乎所有业务,又有了全新的竞争动力与奋斗目标。使战略进行如此调整的好处是显而易见的,因为,经过此番战略调整后,通用电气公司在 1995 年时为 700 亿美元的营销额,于 2000 年大幅攀升为 1300 亿美元。在这整个过程之中,那位美国陆军军事学院上校的才智固然令人尊敬,但更令人尊敬的,无疑是杰克·韦尔奇在面临重大战略时所表现出的明智与果敢。与时俱进的战略,才是能永远居于时代前列的战略,韦尔奇深谙此理。

事实上,一家企业所面临的战略调整,有时候会更甚于通用电气公司在

"数一数二"战略上所做过的调整。虽然也有许多调整战略失败的案例，但更加不可否认的是，许多日后将名垂青史的企业，其成功的源泉，正是来自于其发展历程中的经营战略调整，或者干脆就是企业主营业务的调整。说到这类企业，北欧小国芬兰的世界级巨头诺基亚公司，自然是此中典范。

诺基亚公司（Nokia Corporation）由采矿工程师弗雷德里克·伊德斯坦姆（Fredrik Idestam）所创立。之所以取名"诺基亚"，是因为在 1865 年伊德斯坦姆于芬兰坦佩雷镇创立工厂之初，公司所毗邻的河流正是叫诺基亚河（Nokianvirta River，其名字是古芬兰语中紫貂的意思）。为什么这家工厂要建立在河边？因为，诺基亚公司在创建初期，原来是一家制造木浆和纸板的工厂！事实上，在当时的欧洲，技术领域并不算特别领先的芬兰，正是凭借其丰富的林木资源等自然禀赋，屹立于整个欧洲市场的。而伊德斯坦姆也曾经在国外学习过先进的造纸工艺与磨浆技术，在植被丰茂的诺基亚河畔创立造纸工厂，可谓合情合理。

先进的技术，配上弗雷德里克·伊德斯坦姆勤奋的工作态度，使得诺基亚公司在创立之初，就拥有良好的市场业绩。仅仅三年之后，伊德斯坦姆就在诺基亚河畔创立了自己的第二间工厂。在这一次，伊德斯坦姆已经不满足于造纸厂的平均毛利率。所以，经过深思熟虑之后，他把这间工厂用以生产橡胶制品，包括轮胎等工业橡胶制品和皮鞋等民用橡胶制品等。千万别小看这区区三年后的一次主营业务调整。要知道，这次的战略调整，使得诺基亚公司从一家轻工业企业，就此升格为了重工业企业。

当然，诺基亚公司扩张的步伐还远未停止。这之后，伊德斯坦姆有了一位重要的经营伙伴利奥·米其林（Leo Mechelin），并在 19 世纪末、20 世纪初之交把诺基亚公司的经营任务交给了米其林。在此时，时代的发展更加风云变幻，电气时代已经在不久之前到来，电力的逐渐应用，使得人类社会的生产力发展有了进一步的飞跃。米其林看准时机，并在成功说服了本来不同意的伊德斯坦姆之后，又一次对诺基亚公司的主营业务进行了升级换代——让诺基亚公司开始涉及电缆业务，并由此跻身进入电信行业。

再后来，这家多元化经营的公司，开始越来越依赖公司在电信市场的业务。过了大约六十年之后，诺基亚公司在电缆业务的基础上，上马了信息产业的业务。而值此半导体产品正逐步走向成熟的时代，诺基亚的业务更新，又一次应和了时代的步伐。于是，诺基亚公司于 1992 年正式涉足通信设备业务，开始进行 GSM 标准制式电话的制造与研发，就变得水到渠成了。

后面的故事则已人尽皆知。从 20 世纪 90 年代起，诺基亚公司逐步在手机行业的竞争中脱颖而出。诺基亚手机，创下了从 1996 年起连续十五年全球销量第一的市场奇迹。其市场份额，在巅峰时期曾达到所占比重排名第二的摩托罗拉公司的 2 倍左右。可以说，诺基亚手机，一度就是手机的主要代名词。尽管后来因为各种各样的内部原因，以及外部新品牌、新公司的崛起，诺基亚公司的境况开始每况愈下，直至落得被竞争对手收购的下场，但是，诺基亚公司曾经的辉煌，却是没有人可以否认的。而这家手机王国的确立，却是通过多次的战略性主营业务调整，才得以完成的。实在难以想象，如果诺基亚公司在 21世纪，仍是以制造纸板或橡胶为主营业务，那会是如何一番景象？

想要赢，就需要明智的战略。想要持续不断地赢，就需要与时俱进的战略。纵横商海，其实说不公平也不公平，说公平也公平。不公平之处在于，当企业还处于弱小时期，竞争对手在业务规模、市场占有度等各方面的领先都非常强势。而公平之处则在于，只要企业的领导者能够审时度势，通过确立高远的目标、凝聚团队的人心等步骤，使得企业能全力实施切实可行而紧跟时代步伐的经营战略，那么，小企业也必将有成为跨国巨头的那一天。

第六章　有使命感
让你的企业永续经营的管理秘诀

强调公司统一的价值观——简
化，一致，重复，坚持，就是这么
简单。

——杰克·韦尔奇

哈佛商学院还是西点军校

西点军校堪称美国最优秀的商学院，出将军更出商界领袖。

——杰克·韦尔奇

　　一家企业无论规模大小，其创始人在创立之初，肯定都会希望自己的企业能基业长青，永续经营。但是，这其实是企业经营中最难的一部分。

　　世界进入近代史以来，其发展与变化的速度呈指数型上升，过往的经验对未来的预判往往变得越来越不可靠。而且，随着全球经济一体化进程的加剧，一家企业的经营成果，早已不仅仅取决于企业本身，还要取决于全球各地的政治、经济形势等。即使再强大的企业，也难言能做到永续经营。比如，在2008年全球次贷危机席卷而来时，身为重灾区的美国，居然倒下了全美四大投资银行之一的雷曼兄弟公司（Lehman Brothers）。雷曼兄弟创始于1850年，这3个世纪以来经历过无数风浪，其抗击风险的经验之丰富无须赘言。何况身为标准普尔100指数之一的全球性巨头，其抗击风险的能力也绝不含糊。但是，在这场"二战"以来全球最大规模的金融危机面前，这家《商业周刊》于2000年评选出的最佳投资银行，还是黯然地以破产收场。

　　雷曼兄弟公司，仅仅是全球经济大潮中起落沉浮者的一个缩影。可以说，企业的基业长青，在大多数时候其实都无法实现。

　　不过，同样毫无疑问的是，通过企业领导者们的高瞻远瞩与拼搏奋进，加之企业交接班时的合理运筹，企业的生命力，还是能在很大程度上得到保存。事实上，这也是为什么诸如"愿景"、"可持续发展"等词能够流行于企业界的原因。如果一家企业内绝大部分的员工都能以发展企业为己任，视企业的未来为自己的责任，那么，这家企业的未来无疑有希望的。

杰克·韦尔奇就非常清楚，员工的使命感会对一家企业产生多大的正能量。他也从未停止过搜寻有责任、敢担当的员工的脚步。正因如此，当1995年，时任通用电气公司交通运输业务负责人的鲍勃·纳代利向韦尔奇提出了一项招募人才的新建议时，韦尔奇便毫不犹豫地同意了。

纳代利的建议是，公司应该把眼光锁定一个群体：美国退役的初级军官们。他们在数年的军旅生涯中，养成了良好的工作作风与执行力，他们对各类环境的适应能力也普遍超过其他人，更为重要的是，在军队中培养出的爱国主义情怀，将使他们能够深深热爱自己为之奉献的组织与集体，而他们对企业的这种使命感与主人翁精神，就是他们最宝贵的财富。

于是，就在当年，通用电气公司便雇用了大约80名退役军官。杰克·韦尔奇后来对他们的评价是："他们的素质给我们留下了极其深刻的印象。"此后，雇佣退役的美国军官，这成了通用电气的一项传统，每年都会有大约200名前美国军队成员，顺利成为通用电气的一员。而到21世纪初韦尔奇与下一任CEO的交接班之时，公司已经有超过1400名退役军官分布在各个岗位。他们普遍表现出超乎常人的执行力与适应力，更拥有难能可贵的责任感和使命感。

事实上，对于军事系统人员在商业经营中的表现，许多人都对此进行过分析。一个广为流传的比较是，哪所院校，才是世界上最好的商学院？

哈佛大学商学院，当然是无数人心中的第一选择。的确，如果说哈佛大学算得上全球所有大学中的王冠，那么，哈佛商学院，绝对是这座王冠上最璀璨的明珠之一。哈佛大学是全美最早建立的大学，而哈佛商学院则是全球最早设立工商管理硕士（Master of Business Administration，简称 MBA）的商学院。不仅如此，哈佛商学院还涌现出以"竞争战略之父"迈克尔·波特为代表的一大批管理学大师，其创办的《哈佛商业评论》也是学界当今的顶级权威刊物。进入了哈佛商学院，将在很大程度上意味着进入了全美的金领职业经理人圈子，因为学院的顶级声誉与庞大的校友规模，都将对学员的职业发展之路大有裨益。诚如美国《幸福》杂志的调查所示，全美 500 家最大企业的高管中，有约两成均毕业于哈佛商学院。哈佛商学院早已成为商学院本身的代名词。

但是，有一个事实可能会令人震惊：哈佛商学院虽然无疑是全球培养世界 500 强高管最多的几所院校之一，但仍算不上第一。有一所院校在第二次世界大战后，为全美培养了超过 1000 名董事长、超过 2000 名副董事长，以及超过 5000 名的总经理或董事。大名鼎鼎的可口可乐公司、杜邦化工公司和通用汽车公司等全球顶级巨头，都有该院校的校友担任过掌门人。这所院校，便是世界四大军事院校之一、为全美培养了最多的世界 500 强高管的院校——西点军校。

哈佛商学院还是西点军校？这道足以引起当今学界大争论的判断题，其实答案是何者并不重要。西点军校这所以培养军官为己任、而基本不开设商学课程的院校，居然可以成为全球最重要的几所商界精英毕业学校之一，这本身就已经是一个传奇。能够成就如此的商界传奇，一个不可否认的原因，当然是美国自"二战"以来本国的特殊国情。因为，和西点军校齐名的英国桑赫斯特皇家军事学院、俄罗斯伏龙芝军事学院与法国圣西尔军校，虽然也培养了诸多闻名于世的军政要员，却并未走出过与西点军校同等数量级的商界精英。但更为重要的原因，则是因为军人这个群体确实有其非常适合打拼于商界的素养。

在军校——尤其是西点军校——的数年光阴中，一位学员可以得到各方面素质的培养。他将成为一位胜不骄、败不馁的性格谦和的人，因为西点军校的学员，往往都是各自中学的尖子生，在这强中自有强中手的环境中，任何人都会学会谦虚与戒骄戒躁。他将成为一位只找方法、不找借口的高效执行者，因为在西点军校只允许有四种回答，分别为"是，长官"，"不，长官"，"我错了，长官"，和"长官，我不明白"。他将成为一位无惧任何困难、在诸多恶劣环境中都能存活下来的勇者，因为西点军校的毕业生，大多都将以中尉的身份服务于美军一段时间，在这期间，他们将被派往全球最危险的地区，并学会在炼狱般的环境中生存下来。

而在西点军校中，一位学员所能学到最重要的东西，则无疑是使命感。在西点军校城堡般高大的学员教堂内，其主厅中镌刻着三个巨大的英文单词："责任、荣誉、国家"（duty, honor, country）。这便是西点军校全体校友们一直恪守着的校训。"责任"，意味着一位西点军校的学员在完成任何一项任务时，其出发点绝不应该是为了获得奖励或避免惩罚，而是应该把它当成是自己人生中的一项使命。"荣誉"，是对西点军校学员们道德上的高标准和严要求，他应该满怀着崇高的使命感，勇敢地冲锋陷阵至第一线与最需要他的地方，去完成能让自己在道德上收获荣誉感和使命感的壮举。"国家"，则更迫切地对学员的牺牲精神提出了要求，为了其不可推卸的使命，西点军校的学员甚至应该含笑着为国捐躯，何况仅仅是贡献自己的才华与汗水？

通过这样的教育理念，西点军校无疑能造就一大批军界和政界的英才。

事实上，这所全美最早建立的军校，迄今为止已培养出超过 3700 名将军，以及包括尤利塞斯·格兰特（Ulysses Grant）总统、德怀特·艾森豪威尔（Dwight Eisenhower）总统在内的诸多政治领袖。而西点军校赋予学员们在使命感上的闪光点，也让它成了全美乃至全球商界的至高殿堂之一。

在通用电气公司的诸多退役军官身上充分见证了其才能的杰克·韦尔奇，就曾经评价道："西点军校堪称美国最优秀的商学院，出将军更出商界领袖。"聪明如韦尔奇，当然无意介入"哈佛商学院还是西点军校"的全球第一商学院桂冠之争。但是，一家由具有高度使命感的员工组成的企业，将能够长久屹立于风起云涌的商界，并永葆其可持续发展的能力，这也是韦尔奇所了然于胸的重要法则。

降格担任的"攻坚队长"

> 作为董事长有很多好处，我最喜欢利用的好处之一，就是可以挑选一个自己感兴趣的具体问题，然后对此作我称之为深潜的运动。
>
> ——杰克·韦尔奇

一家企业的永续经营、基业长青，离不开这家企业绝大多数员工的整体素质。如果员工们都能够把企业中的任务，上升到是自己人生中的使命这种高度，以西点军校校训"责任、荣誉、国家"般的虔诚与热情去工作，那么，这家企业的未来，无疑将大有希望。

而正如在大多数时候一样，团队领袖所起的作用，往往会远大于团队一般成员所起的作用。真正能让一家企业获得长久经营动力的，更在于企业领袖本人的使命感。如果一家企业的执掌者，能把经营好这家企业，当成是自己毕生的事业所在，愿意为其付出自己的全部心血与智慧，那么，这家企业的未来才算真正地有了保障。况且，企业领导者本人的热诚态度，也将在最高层面形成对全体员工的潜移默化。会有越来越多的员工，在领导者的感召下，为企业的发展奉献他们无尽的光和热。

杰克·韦尔奇正是一位拥有极强使命感的领袖，他是真心把经营通用电气公司视为自己毕生的最大追求。他曾经坦言："作为董事长有很多好处，我最喜欢利用的好处之一，就是可以挑选一个自己感兴趣的具体问题，然后对此作我称之为深潜的运动。"事实上，韦尔奇在其通用电气公司执掌者的生涯中，有过多次的"深潜"经历。每一次需要他深潜的地方，其实都是公司在某个领域内的业务面临相当程度挑战的地方。虽然化学工程师出身的韦尔奇，并不可能通晓通用电气公司每一项业务的专业知识（当然任何人也都不可能），但是他丰富的管理经验和杰出的商业头脑，绝对是任何领域内"攻坚队长"的最佳人选。的确，担任具体业务的"攻坚队长"，对于韦尔奇来说当然是降格的，但是他并不以为意。整个通用电气的长远发展与持久扩张，才是韦尔奇真正重视、也是唯一重视的使命。

杰克·韦尔奇担任过最长时间"攻坚队长"的业务，正是其接班人杰夫·伊梅尔特曾多年执掌过的业务——医疗设备业务。韦尔奇曾经以不同的身份与职位，为通用电气公司的该业务提供各类帮助长达二十八年之久。连续几任的通用电气公司医疗设备业务负责人，都曾深受韦尔奇的悉心指导。甚至，在韦尔奇退休后所出的自传中，他还大胆"爆料"："在 20 世纪 70 年代和 80 年代初期，我是 CT 扫描仪和 MRI 设备的实际项目经理。"这两项业务，都是公司医疗设备业务中的核心产品，可想而知，韦尔奇对该业务有多么上心。

当然，韦尔奇对医疗设备业务的支持，无疑是老板式的、职业化的支持，而绝对不是非职业化的开小灶。比如，韦尔奇曾在超声波成像技术上对该业务的支持，就是其中的典范。在 20 世纪 90 年代初期，通用电气公司在超声波成像技术这项关键技术上，落后于公司在医疗设备业务中的主要竞争对手。在重量级业务上，公司却不能有良好的表现，这是韦尔奇所不能接受的。他又一次身先士卒，降格担任了该项目的"攻坚队长"。

杰克·韦尔奇首先尝试过收购拥有优良技术的小型公司，但其给出的报价远远超过了合理范畴。于是，既然并购不成，韦尔奇便决定要在公司里进行内部技术攻关。韦尔奇通知通用电气的医疗设备业务负责人约翰·特兰尼（John Trani)，与该技术攻关相关的报告，可以直接递交给自己而不必考虑常规的繁复流程。另外，韦尔奇也着手开始组建攻关小组，来争取早日攻陷此难题。

通过韦尔奇本人之力，一位技术高手马上来到了此攻关小组之中：曾工作于一家通用电气主要竞争者公司的孟加拉人奥马尔·伊什拉克（Omar Ishrak)，一位超声波技术领域的顶级专家。韦尔奇也深知，"好马需配好鞍"。伊什拉克及其技术团队，不仅能工作于由公司提供的全新的、优越的科研和工作环境，还能常常得到韦尔奇本人的接见并直接向其汇报一部分工作。要知道，当时的通用电气公司在此技术上并不算领先者，所以此业务就是在整个医疗设备业务中也并不占太大份额，更不用说其在整个通用电气公司中所占的比重了。韦尔奇给予其硬件和软件的待遇，绝对是超出了伊什拉克本人预期的，按韦尔奇的话来说，"我成了奥马尔最大的啦啦队队长"。

有了"项目攻坚队长"提供的如此支持，伊什拉克自然情愿肝脑涂地，并做到了不辱使命。伊什拉克打造了一支拥有很强研发能力的技术团队，并在超声波成像技术上攻克了多个技术难关，取得了很大的突破。通过大家共同的努力，通用电气公司在此领域内，由1996年的技术落后者，到2000年一举成为该细分市场内的老大，只用了不到四年时间。通过每年所保持的两位数的增长幅度，该项业务的营业额，到2000年也超过了5亿美元大关。可以说，在超声波成像技术上，韦尔奇通过担任"攻坚队长"，完全让公司在该领域内完成了凤凰涅槃式的翻身仗。

也正是因为有杰克·韦尔奇这位"攻坚队长"，通用电气公司才能在许多个领域内，都做到"数一数二"，维持着其多个细分市场内领跑者的江湖地位。事实上，韦尔奇也深知，通过自己提供的资源，确实能让许多面临强大竞争的业务重振河山，从而继续保持着公司的强大竞争力。所以，他也从来不曾在自己所能提供的帮助上稍有吝啬，甚至是在其临近退休之际。

时间进入 2001 年 5 月，此时，距离韦尔奇最后卸任只有数月之遥。本来，因为接班人已经选定，且接班者杰夫·伊梅尔特又是一位不可多得的优秀人才，韦尔奇已经在渐渐减少其日常工作的时间。但是，通用电气公司旗下的重量级财经电视媒体 CNBC，其财经新闻频道的王牌节目《商务中心》（Business Center）此时正面临竞争者的严峻挑战。

《商务中心》节目于每日的晚间 18 点 30 分到 19 点 30 分播出。在明星主持人卢·多布斯（Lou Dobbs）从 CNN 新闻频道的同类型节目《货币之线》离开后，CNBC 的《商务中心》就一直保持着良好的收视率，其节目的主持人罗恩·因萨纳（Ron Insana）和苏·赫雷拉（Sue Herera）也迅速积累了观众口碑与业内声望。但是，在长达两年的隐退之后，多布斯决心回归《货币之线》节目，这无疑给《商务中心》节目带来了巨大的潜在不利因素。

主持人之一的赫雷拉向杰克·韦尔奇发了邮件说明此事，而韦尔奇的回答是，他们不必通过邮件来讨论此事，而应该通过面谈来讨论此事。这位无坚不摧、横扫千军的"攻坚队长"即将现身 CNBC！因萨纳和赫雷拉都无比激动。

于是，在接下来的一个星期里，韦尔奇每天都会花相当一部分时间，来到 CNBC 在新泽西的办公室里。他与包括因萨纳和赫雷拉在内的节目制作团队一起，共同讨论如何应对 CNN 的"大举进攻"。韦尔奇起首就告诉节目制作团队，将多达 200 万美元的额外宣传费用送给本节目制作组。之后，通过讨论，节目制作团队也决定要把节目的开播时间提前半小时，与 CNN 的《货币之线》节目形成一定程度的错开。

当然，区区 200 万美元肯定不会是"攻坚队长"提供的全部支援。杰克·

韦尔奇还致电了 NBC 的总裁安迪·拉克，希望他能够把因萨纳和赫雷拉两位主持人请到 NBC 的拳头节目《今天》（Today）里做客，而时间则定在多布斯复出的当天。另外，韦尔奇还与 NBC 的体育节目负责人迪克·艾伯索尔（Dick Ebersol）取得了联系，并希望他能够在本周末举行的 NBA 季后赛中，播放《商务中心》节目的预告片。

有了如此强力的推广与支持，这一仗，因萨纳和赫雷拉已是满怀信心。果然，在多布斯复出的当天晚上，《商务中心》节目还只能与其战至平手，而随着时间的推进，因萨纳和赫雷拉就迅速占据了上风。到了四天后，《商务中心》节目的收视率已经明显领先了。这绝不是一个能轻易取得的成绩。要知道，卢·多布斯作为 CNN 的元老，曾协助创办全球第一个电视新闻网，从三十多年前就已是全美新闻界的当红小生，且数十年来一直声名不坠。能够在多布斯回归 CNN 后仍在收视率上保持领先，CNBC 可谓打了相当漂亮的一仗。而胜利的关键，当然是因为有了如此才华横溢的"攻坚队长"。当然，韦尔奇也与伊梅尔特坦言，这是自己最后一次担当"攻坚队长"了，几个月后，自己就将卸下一切任务，全力开始其全新的退休生活。

没人能数得清杰克·韦尔奇在其执掌通用电气公司之时，担任过多少次降格的"攻坚队长"。但是，也绝不会有人怀疑，正是韦尔奇许多次的亲力亲为、施以援手，通用电气才能在其维持多元化经营的大战略下，保持其旗下各业务的长期领先。把公司每一项业务的兴衰都当作自己责无旁贷之使命的韦尔奇，才是企业当家人的真正楷模。他不仅在物质上给予了员工雪中送炭式的帮助，更在精神层面鼓舞和激励着员工，使其也拥有争做行业内领先者的雄心壮志。任何一家企业想要永续经营、永葆竞争力，就一定不能忽略杰克·韦尔奇这位"攻坚队长"留给世人的启示。

绝不让企业毁于公关危机

> 拉塞尔案件的大获成功，证明了我们应当为自己认为正确的事情而斗争。
>
> ——杰克·韦尔奇

一家员工们都能做到上下齐心、荣辱与共的企业，如同一艘船员们皆训练有素、目标坚定的龙舟，将能够顺利地向胜利的彼岸进发。但是，正如同在江面上的行舟一样，置身于全球经济大环境与行业内竞争中的企业，总会遇到许多风暴。有些风暴是可控的，而且规模也并不惊人。但是，有些大型的风暴，它们不仅在规模上是令人恐惧的，更重要的是，它们出现的时机也都在预料之外。

企业的公关危机，正是这种不可控的飓风级风暴。企业的声誉，是企业赖以生存与发展的最重要依托，有些企业的良好声誉，甚至已经过了上百年的艰辛积累。一旦企业在公关危机中声誉受损，那么，其造成的损害将可能远远大于一两项业务的战略性失策。而如果那是一次非常严重的公关危机，企业就此如流星般陨落也并非不可能。

正因为如此，一位充满使命感的企业家，不仅要在企业日常的经营与规划中，体现他富有责任感与担当的一面，而更要在企业面临公关危机之时勇敢站出来。事实上，公关危机时，企业最糟糕的决策，就是当一只把头埋进沙堆里的鸵鸟，对外界的一切评论不闻不问，坐视更为恶劣的谣言丛生，最后让企业的品牌成为人人喊打的对象。当此之时，如果企业的经营者能够开诚布公，以最大的诚意与最公开的态度保持与外界的沟通，尽量把企业的损失减少到最小，那么，企业才可能较为平稳地度过此次危机，从而尽快从阴霾中走出，恢复其往日的荣光与发展势头。

通用电气公司作为创始于 1878 年的老牌公司，在其横跨 3 个世纪的经营中，肯定会遇到难以计数的突发性事件。这里暂且不谈通用电气的前七位执掌者，仅仅说第八任 CEO 的杰克·韦尔奇，他就是一位勇于面对一切公关危机、迎难而上的勇者，并总能在公司的声誉受到侵害时，努力擦去那些干扰项，还公司品牌以良好的形象，从而确保公司的长远竞争力。比如在 1992 年，韦尔奇就在自己遇到的第一个大规模公关危机中，有极富使命感的勇敢表现。

当年的 4 月 21 日，正在开董事会议的韦尔奇，被告知第二天出版的《华尔街日报》将有"重磅炸弹"式的报道。报道中将宣称，已于去年年底被开除了的通用电气公司副总裁艾德·拉塞尔（Ed Russell），指控通用电气与南非大钻石商德比尔斯公司（DeBeers）曾试图联合起来操纵钻石的市场价。而报道中也将会表示，拉塞尔本人被开除也是因为他在此类会议上直接表达了自己的不满。

这对于杰克·韦尔奇来说，不啻为当头一棒。美国对于巨头公司的垄断向来惩处严重，而且司法部门对此类行为很有判罪的倾向。而一旦判定为垄断、操纵市场相关的行为，公司将遭受重大损失，甚至是被强制行政解体的灭顶之灾。此中最著名的案例，当然是在 1911 年，洛克菲勒家族苦心经营数十年的美孚石油公司，就因此类事故被美国最高法院判定解体。堪称"巨无霸"

级别的美孚石油公司，瞬间成为 38 个独立经营体。而现在，韦尔奇执掌的通用电气公司，正面临着此类的指控。

韦尔奇当然明白，这位前副总裁拉塞尔是在一派胡言。事实上，韦尔奇在某种程度上还巴不得拉塞尔的话是真的，因为通用电气公司在钻石工业领域，其实算不上世界级的大公司，它是无力与钻石行业主要垄断者之一的德比尔斯公司共同进行此类操纵的。那么，拉塞尔为什么要对公众说这种混淆视听的言论？其原因正在于，拉塞尔被解雇的原因，绝非他所宣称的那么正义凛然。拉塞尔被通用电气公司开除，完全是由于他自己的原因。拉塞尔于1985 年成为通用电气公司超级磨料业务的负责人，几年后，他的部门出现利润大幅度的下滑。而拉塞尔本人既无法为该业务挽回局面，也在通用电气公司所做的一系列审查工作中无法清楚说明一些问题。到了 1991 年的 9 月，拉塞尔在通用电气公司的皮茨菲尔德总部最后一次向杰克·韦尔奇做了业务上的汇报，此次仍然让韦尔奇大为失望的工作汇报，终于让韦尔奇给拉塞尔的直接上司格伦·希纳（Glen Hiner）递了小纸条，要求拉塞尔离开自己所不能胜任的岗位。这才是这位人品与能力都令人十分失望的前副总裁走人的真相。

任何一位正义之士，都不会容忍这样的黑白颠倒，何况是身背整个通用电气公司百年声誉之重的韦尔奇。韦尔奇及其公关团队立即联系了《华尔街日报》，并要求其发表通用电气公司对此事件作出的解释。没想到，几天后传来了事态进一步恶化的消息：拉塞尔竟然说通了美国司法部，使其就通用电气公司涉嫌的操纵钻石价格展开调查。事情现在已经发展到了刑事案件的级别，而且公众也在这场舆论风波中，普遍质疑了通用电气公司的品牌诚信度。这，已经是一场不折不扣的大型公关危机，如果不能及时、勇敢地"亮剑"，那么，始创于 1878 年、经历过一百多年大风大浪的通用电气公司甚至有可能倒下！

值此全公司上下兼有义愤填膺与人心惶惶之时刻，杰克·韦尔奇表现出了其应有的领袖气质。他对《华尔街日报》的采访记者怒斥这个指控是"纯属胡说八道"，以底气十足的姿态面对一切质疑。另外，韦尔奇也委托了阿诺德-波特（Arnold & Porter）律师事务所与温斯顿－斯特劳恩（Winston & Strawn）律师事务所这两家闻名全美的律师事务所，使其共同应对公司的此次风波。两家律师事务所的优秀律师们仅花了不到两个月时间，就得出了调查的结论：拉塞尔的言论是不实的。

韦尔奇和他的团队向美国司法部提交了这些材料。材料中的事实陈述可以说是很完备的，其中包括了 12 项拉塞尔在其证词中所犯的明显错误。但是，美国司法部对此置若罔闻。甚至当韦尔奇亲自去华盛顿找一位司法部副部长进一步说明情况时，这位副部长的态度也是毫不在乎。她很明显有着倾向于让指控成立的想法，并"劝告"韦尔奇，为了避免让通用电气遭受更为惨重的损失，不如就此认罪，缴纳罚金。

可以说，命运此时给了韦尔奇两条方向完全不同的路。缴纳一大笔罚金息事宁人，还是抗争到底、把案情全然公开于公堂之上？韦尔奇选择了后者。因为他明白，首先，此事的确是通用电气公司站在真理的一边，他们不畏惧任何抹黑与凭空指责。其次，就此认罪的话，也将会给通用电气带来重大的声誉损失，而案件造成的直接经济损失在公司品牌形象的损伤面前，几乎是忽略不计的。韦尔奇绝不会接受这样的结果，他还要让通用电气公司在世界500 强排名的攀升之路上继续前进下去。

就这样，案件进入了庭审阶段。在俄亥俄州哥伦布的某法院中，通用电气公司的法律专家与韦尔奇请来的两所知名律师事务所的外聘律师一起，为还通用电气以清白而慷慨陈词。庭审从 10 月底持续到了 12 月初，之后，法官支持了通用电气公司这一方的观点，通用电气并不涉及操纵钻石价格的罪名。事实上，等风波平息之后，大家才真正看到了韦尔奇所获成功的来之不易。因为在这之前，法官们在庭审阶段就反驳掉一宗涉及反托拉斯的刑事案件，绝对是少之又少的。韦尔奇在通用电气公司此次公关危机中所收获的结果，简直是一个奇迹！而正如杰克·韦尔奇所言："拉塞尔案件的大获成功，证明了我们应当为自己认为正确的事情而斗争。"而韦尔奇在此次危机中展现出的开诚布公、毫不动摇的责任感与使命感，也令公司上下尽皆叹服。韦尔奇治下的通用电气公司，也迅速从此次公关危机之中恢复了元气，继续保持良好的发展势头，并在几年之后的 1997 年登顶世界 500 强排名的榜首，让杰克·韦尔奇这个名字彻底载入商业史册。

　　一家企业在其年复一年的经营中，总会遇到各式各样的困难。这些困难，有些是可预测的，有些则是不可预测的；有些是深水静流式的，有些则是波涛汹涌式的。但无论这些影响企业持续经营的因素到底会在何时、以何种形式到来，企业中包括经营者在内的全体成员，都应该以极大的使命感与主人翁精神，拿出自己的勇气与智慧，让企业成功走出困境，保持着可持续发展。当一家企业的上上下下都充满着使命感，那么，这家企业就几乎是不可被战胜的。因为，正如美国哲学家爱默生所说："上帝关照有使命感的人。"

第七章 赢的信念
让你的企业充满斗志的管理秘诀

任何行业，只把眼光盯住龙头老大。

——杰克·韦尔奇

说"大话"才能办大事（上）

> 这儿（指全美的塑料行业市场）有金子，而我们都非常幸运能来到这里，挖这里的金矿。
>
> ——杰克·韦尔奇

在世界进入近代史以前，传统意义上的西欧板块与东亚板块，由于地理位置等因素的阻隔，其文明之间的交流十分稀少。于是，在其各自独立的发展历程中，欧美与东亚也分别形成了有不小差异的传统文化。

时至今日，人类早已接受了不同文明间应该百花齐放、保持文明多样性的主流观点，但是，西方与东方的不同文化传统，也确实在客观上影响着各自文明的方方面面，这也是不争的事实。东西方不同的文化传统，表现在多个方面，而其中尤以在待人接物上的态度为甚。

以中国、韩国等国家为代表的传统东亚文明，十分注重对个人品性修养的锤炼，因而在其传统文化中，更推崇谦和低调的态度。"木秀于林，风必摧之"，"枪打出头鸟"，这些都是东亚诸国民众多年来被时常灌输的理念。而不仅是民众，哪怕是帝王，也被教育要尽量恪守此道。"千古谏官第一人"的魏征，就在其写给唐太宗的谏议名篇《谏太宗十思疏》中提出："念高危，则思谦冲而自牧，惧满溢，则思江海下百川"。谦逊的性格，也让东方的诸多企业家拥有了"低调的华丽"。比如几乎不接受媒体采访的华为公司创始人任正非，再比如在青岛工业园的办公室里常年悬挂"如履薄冰"匾额的海尔公司创始人张瑞敏，在他们世界级成就的背后，都是他们低调的淡然背影。

与之形成鲜明对比的，是传统的欧美企业家所秉持的高调主义观念。文艺复兴以来，西方各文明对人本主义的推崇，就开始大为增加。加之近代以来的西方诸强，在遍布全球的殖民进程中总是显得无往不利，因此，西方诸大国的典型国民性格，都或多或少有高调出挑和强调自信的部分。典型的欧美企业家也正是如此。他们甚至善于通过一些常人眼中的"大话"，来作为自己办大事的铺垫与潜在动力，推动自己企业的长远发展。

杰克·韦尔奇，作为从读书时代就年年上优等生名单、并曾经跻身美国大学优等生荣誉学会的精英，其性格中有争强好胜、永不言败的一面并不难想象。事实上，在韦尔奇的职业生涯初期，"说大话"就曾为他事业上的发展立下了大功。

在持有博士学位加入通用电气公司仅仅八年之后，32岁的韦尔奇于1968年被提升为主管公司塑料业务的负责人。这个全公司当时最年轻的事业部总经理头衔，也让韦尔奇得以参加每年1月的通用电气公司高层管理会议，从而跻身公司的管理团队成员。30岁出头，执掌着2600万美元的业务，并能够享受到公司的期权分红，可以说，在众人眼中，韦尔奇已经是全世界最幸运的人之一。

但只有韦尔奇本人才知道，自己才刚刚上路。而前面的道路，也绝非人们想象中的一马平川、风和日丽。

尽管杰克·韦尔奇十分看好塑料产品未来的发展，而且在事实上，20世纪70年代也的确是塑料工业狂飙突进的年代，其发展速度甚至高于计算机行业，但是，当时的通用电气公司并不看好这种产品的潜力。一方面，通用电气公司当时的塑料业务，并不处于行业内的领先地位，按照韦尔奇本人的评价，"我们是二流的人在制造二流的产品，通过低价位，我们设法使其进入了商业领域，如商用机器的外壳、草地上的洒水装置、吹风机、一次性刮胡刀刀片以及彩色电视机等，不过我们仍然要为500磅的订单而不停奔波。"另一方面，通用电气当时也有的是业务比塑料业务拥有更好看的财报，比如上一任负责塑料业务的职业经理人，就被调往了公司硅业务，而这项业务无论从业务的营业规模还是利润率上看，都要比塑料业务好太多。尤其令人沮丧的是，塑料业务在当时其实是一项仅能维持财政平衡的业务。换言之，它几乎不能产生利润。刚刚担任业务负责人而极度缺乏经营经验的韦尔奇，接管了一项如此的业务，对其本人其实是充满着挑战的。如果他的那些经验丰富的前任们，也只能勉强做到不亏损，那么，"菜鸟"总经理杰克·韦尔奇又该如何扛起这个重担？

但事实是，韦尔奇以极大的自信与高昂的热情来迎接这个挑战。在韦尔奇执掌此业务的次年，他就对前来采访的《花押字》（Monogram）杂志记者大放厥词："我在塑料业务上做了一年的总经理，我们所取得的成绩要比以往十年多得多。"并且他还表示："这儿（指全美的塑料行业市场）有金子，而我们都非常幸运能来到这里，挖这里的金矿。"当然，并不能说韦尔奇的信心是空穴来风，因为当时通用电气公司在塑料业务上也确实有些拳头产品。比如公司塑料业务中的历新，就是韦尔奇眼中"一笔无价的遗产"，其具备防火、质量轻等诸多优良性能，并且硬度几可与钢铁分庭抗礼。实际上，当时的波音公司，就在其主流机型波音747上，逐渐用新零部件代替原先的金属零部件。

韦尔奇这充满斗志——或者说，傲气冲天——的表态，可谓赚足了通用电气公司高层们的眼球。这个 30 出头的年轻人是要干什么？战天斗地吗？但是，也许塑料业务在经历过多任负责人的平庸管理后，真的就是要靠这种天不怕、地不怕的年轻人来灌输新的增长动力？无论如何，韦尔奇的"大话"，或者说，他的活力，让公司的高管们至少重新燃起了对塑料业务未来的期望。更多的公司资源，也被许可用于该项业务上。

说了"大话"，紧跟其后的，当然应该是做出一番成绩。而通过公司增加的营销与研发等方面的投入，韦尔奇也确实有了施展自己才华的余地。这位年轻的总经理，找来了圣路易斯红雀队的著名投手鲍勃·吉布森（Bob Gibson）参演公司塑料业务的广告。韦尔奇还大面积地在各街区两旁竖起了推广塑料产品的广告牌，街区的位置也是被精心挑选过的，正好处于汽车工程师往返于各大汽车公司总部与他们各自的家之间。一时间大面积的宣传推广，也吸引了各家媒体的注意力，这又给了通用电气公司的塑料产品以二次宣传。更不必说的是韦尔奇在塑料产品研发方面的投入，毕竟，他本人就是一名杰出的化学工程师与化学博士，而且其通用电气的职场生涯也是从研发工作开始的。推进这项工作，对韦尔奇来说反而是最轻车熟路的。

功夫不负有心人，韦尔奇的一系列营销战略，取得了良好的市场反响。到了 1970 年，通用电气公司塑料业务的营销额增长了超过两倍，其净利润也大幅上升。这个历经多位职业经理人执掌而始终难以见到起色的业务，在这位爱"吹牛皮"的年轻人手中，最终获得了新生。经此一役，杰克·韦尔奇这个名字，对于通用电气公司哪怕最高层的管理者们来说，都已不再陌生。而韦尔奇也以本次成功为契机，正式踏上了其通往通用电气权力最高峰的漫漫征途。

回顾韦尔奇在其执掌塑料业务这几年的历程，每个人都可以很容易发现，正是韦尔奇那次的说"大话"，使其得到了从未有过的关注，同时，也使其背上了前所未有的压力，迫使他必须要做到最好。在韦尔奇的职业生涯初年，他的高调主义，成功地感染了他所执掌的事业部，从而使该项业务取得了巨大的成功。说"大话"才能办大事，有时候，的确是企业走向成功的不二法则。

说"大话"才能办大事（下）

> 1981 年，我首次在纽约的皮埃尔大酒店接受华尔街专栏分析家的采访。我对他说，我希望通用电气公司能够成为世界上最富竞争力的企业。

> ——杰克·韦尔奇

　　勇于说"大话"，善于说"大话"，归根结底，其实是因为发表此宣言的人，拥有对胜利的强大信念。无论现状如何，无论难度有多大，都能够做到坚信自己会赢，这才会让整个企业都被其所感染，从而使全体员工都充满斗志、向一个又一个奇迹发出挑战。

　　通过说"大话"来体现自己赢的信念，进而达成赢的结果，这不仅对杰克·韦尔奇这类职业经理人有明显的效果，更能在企业的所有者身上体现得淋漓尽致。如果企业主本人就是一位信念永不衰竭的拼搏者，那么，他的企业也将在本人的影响下变得更加强大。而企业主本人对于赢的信念也帮助他战胜一个又一个难题，顺利从逆境之中走出。日本首富、白手起家的典范孙正义，就是一位善于说"大话"的顶尖企业家。

　　孙正义（Son Masayoshi），他的孙姓就彰显着他异域的血统。实际上，孙正义不仅是一位韩裔日本人，并且他的孙姓也并非是韩国本土的孙姓，而是来源于中国。他甚至还表示，自己的血统正是出自于春秋战国时期著名军事家、"兵圣"孙武一脉。单单是从孙正义的姓氏，或许就能看出其善于说"大话"的本领。

日后荣膺日本首富的孙正义，其实出身非常普通。1957年，孙正义出生于日本佐贺县的马栖市，全家主要靠孙正义的父亲饲养猪和鸡来养活。饲料的成分里有剩菜剩饭，所以，年少的孙正义经常要起个大早，和奶奶一起去上街搜集。当然，正所谓"自古磨难出英雄，从来纨绔少伟男"，年少时的艰苦岁月，对孙正义日后拼搏精神之锤炼，效果是可想而知的。而老天也并未对孙家完全冷酷到底，几年后，孙正义的父亲开始慢慢走上经商之路，全家的生活条件开始得到改观。到孙正义17岁时，就得到了前往美国留学的机会。

到了美国后，从早年的苦难中磨炼出坚韧心性的孙正义，很快展示出了其勤奋上进的一面。孙正义不仅只用三周的时间，就完成了当地的高中教育，还仅用了两年的时间，就完成了当地一所普通院校的大量课程。1977年，孙正义插班进入了全美闻名的加利福尼亚大学伯克利分校，就读于其经济系。在加州大学伯克利分校，终于窥得世界级名校门径的孙正义，犹如一块吸水的海绵，不遗余力地投入到学习之中。他的双手几乎在任何时候都不会放下书本，走路时，就餐时，甚至洗澡时，他都会把时间充分利用起来。在加州大学伯克利分校期间，孙正义的睡眠常常只有不到五个小时。

除了学习本专业的课本知识，孙正义还十分注重对自己智能上的开发。当时的美国大学中，亚裔学生很流行的勤工俭学工作，就是洗盘子。但孙正义坚决不愿意把时间浪费在这种低智能的重复劳动上面。他当时对身边人表示，自己的才能是非常稀有的，他能够每天都有一样或宏大或渺小的发明。这个"大话"自然引来了许多笑声，但事实是，仅仅过了一年之后，孙正义的笔记本上，就记录了或大或小一共250余项发明创造。这位亚洲小个子，立即成为众人眼中的思维巨人。

除了锻炼智能之外，勤奋地学习，也让他的眼界发生了翻天覆地的提升。加州大学伯克利分校邻近硅谷，而当时的硅谷，正有无数高科技 IT 企业狂飙突进，一日千里。孙正义在某一期杂志上，看到了英特尔公司一块芯片的放大照片，深刻明白这片小小的晶体能从多大程度上改变全人类的他，立刻就被这照片打动了。据孙正义本人回忆，当时他"激动得像是失去了知觉，不仅出了很多汗，连眼泪都涌了出来"。还仅是一位大学生的孙正义，在此时就暗暗立下志向，这辈子一定要投身于未来最有发展潜力、也最有技术含量的行业——计算机行业。

于是，在 19 岁时，年轻的孙正义，就大胆设定好了未来的目标：自己要在 20 多岁时，拥有自己的企业；要在 30 多岁时，拥有 10 亿美元以上的资产，并对自己感兴趣的行业有深入的了解与全局性的判断力；而等到自己 40 岁之后，则要敢于下注，尽情挑战自己的人生。

对于任何一个普通人来说，这一系列的目标无异于是在说"大话"，是非常不切合实际的。但是，出于自己旺盛的斗志和强大的赢的信念，孙正义对自己的命运喊出了这份"挑战书"。事实上，这位不满 20 岁的年轻人，在说着"大话"的同时，已经在用行动来一步步实现自己的"大话"。孙正义的数百项发明创造中，有相当一部分都非常具有市场潜力，并为孙正义换来了真金白银。其中最大的一笔，是他把自己发明的袖珍翻译机器卖给了日资巨头夏普公司。单单这项专利的出售，就让孙正义有了 100 万美元的收入！

1981 年，时年 24 岁的孙正义，靠着白手起家赚来的第一桶金，在日本大野创办了自己的企业——日本软银公司（Softbank）。这个主营业务为个人电脑的软件流通领域贸易的公司，在当时还远没有日后的辉煌与气派，甚至公司的房顶都只是一层镀了锌的铁皮。但是，爱说"大话"的孙正义可完全不在乎目前的窘境。当时，他站在软银公司的演讲台——一个装苹果的箱子——之上，忘情地表示，软银公司的销售额，要在五年内达到100亿日元，并要在十年内达到500亿日元！而台下的全部听众，正是他仅有的2名员工。

此后的故事，就是人尽皆知了。日本软银公司逐年调整着公司的主营业务，并成功赶上了20世纪末的计算机企业发展的狂潮，一步步成为时代的弄潮儿。1992年，日本软银公司得到了世界500强美国思科公司（Cisco Systems）在日本业务的代理权，由此跻身洲际性的大公司之列。孙正义也在自己37岁时，于1994年就成了一名10亿美元富翁，完全让自己当年的"大话"变成了"诺言"。到了1996年，日本软银公司又成功注资雅虎日本，成为这家全日本主流门户网站的重要股东。而中国人更熟悉的事迹，当然是孙正义在1998年慧眼识马云，仅在两人六分钟的面谈后，就决定要投资阿里巴巴公司。就这样，日本软银公司发展到21世纪初时，已经成为一家直接或间接辖有资本高达400亿美元的日资巨头，并跻身日本企业排名前十。

伴随日本软银公司发展壮大的，自然是孙正义本人身价的节节攀升。在2000年以后，孙正义所拥有的各家公司的期权，普遍迎来了10倍以上的增长幅度，其本人资产甚至曾短暂力压比尔·盖茨、沃伦·巴菲特等传统大亨，排名全球第一，过了一把世界首富的瘾。美国《商业周刊》曾对孙正义有过高度的评价，并把他称为网络时代巨子（Cyber Mogul）。一个外国企业家受到美国主流财经媒体如此评价，实属罕见。

回顾孙正义这位商界巨人的求学史与奋斗史，不难发现，贯穿在其不同阶段所收获的成功之中的，正是他接二连三的"大话"。时至今日，完全有理由相信，其实正是这些看似不可能的"大话"，激发了孙正义潜藏在内心中的斗志与才智，并给了他务必要成功的紧迫感。也正是因为孙正义本人所具有的必胜信念，其创立的日本软银公司也如同孙正义本人一样，绝不放过一个机会，总能斗志昂扬地迎难而上，完成一个又一个的不可能，在短时间内就成了一家世界级互联网巨头。

杰克·韦尔奇曾经回忆说："1981年，我首次在纽约的皮埃尔大酒店接受华尔街专栏分析家的采访。我对他说，我希望通用电气公司能够成为世界上最富竞争力的企业。"这就是这位少帅在刚刚接任公司董事长时，表现出的与孙正义所极为相似的雄心。事实上，无论是通用电气公司，还是日本软银公司，在其或长或短的公司发展史里，都充满了必胜的信念和无穷的斗志。这，或源于企业执掌者杰克·韦尔奇的激励，或源于企业所有者孙正义的表率。公司如何更好地赢得市场、赢过对手？或许，几句适当的"大话"，以及"大话"所激励出的正能量，正是绝妙的解决之道。

"数一数二"才能一直赢下去

> 成为数一数二的企业绝不仅仅是个目标，而是实实在在的要求。如果做到这一点，那么我们就可以确信，在这新的 10 年结束时，我们的这个核心理念一定会给世界带来许多崭新的独一无二的产业。
>
> ——杰克·韦尔奇

即使是对于芸芸众生中的普通人，"赢"也是一个非常美好的词。而对于那些执掌着关键业务的职业经理人来说，赢下竞争、赢下市场份额、赢下客户……不断获胜，几乎就是他们工作的全部。在如今这个以结果为导向的绩效主义时代，赢确实是太重要、也太美好了。丰厚的奖金、光鲜的头衔、可观的期权，以及许多其他方面的收获，这些，都将在取得持续的业绩增长之后，幸福地接踵而至。

面对这场谁都不愿意轻易服输的竞争，很多人都深谙一个道路：狭路相逢勇者胜。于是，一些不按常规来的"大话"被频频抛出，夺人耳目。当然，自身能力不能与其"大话"匹配者说出这些，那其实是大言不惭、徒增笑料。但是，真正的才华横溢者，将通过说出来的"大话"，一方面逼迫自己必须努力，另一方面也将在很大程度上震慑住竞争对手们。在很多时候，正是勇于、善于说"大话"者，能够从鱼龙混杂的多方竞争之中脱颖而出，成为此次的大赢家。事实上，很多段商界传奇，都是起于如此的开局。杰克·韦尔奇在通用电气公司真正打开局面、赢得公司高层青睐，孙正义创立日本软银公司、从 3 名员工的"皮包公司"发展成为最大的日资巨头之一，所有这些，都是以说"大话"开启一段激动人心的商界佳话之典范。

而等到企业的业务成型后，相当一部分的经营者，会放弃掉此前的做法。但也仍有一些志向远大者，会一直以类似的"大话"的目标，来作为激励整个团队的有力武器。应该说，越是大型的企业，就越是难以长期保持其凌云壮志般的"大话"思维，因为企业一旦步入平稳期，其业务的开拓与市场份额的保有，就比以往更有难度。但是，一家企业如果真的想完成从优秀到卓越的蜕变，那么，这种不断赢下去的斗志，就必须永远被植入企业的基因之中，成为这家企业性格的一部分。

作为经营奇才与职业经理人典范的杰克·韦尔奇，就从未放弃过以宏大的目标去规范整个团队。在他 30 岁出头刚刚执掌通用电气公司的一小块业务时，他是这么做的。而当他于 20 世纪 80 年代初成功执掌整个公司后，他也决心要让自己的斗志充盈到公司的每一个角落。

但事实上，韦尔奇执掌初期的通用电气公司，甚至是有些暮气沉沉的。在当时，整个公司都困扰于经年累月积淀下的官僚主义风气之中。再加上通用电气本来就是全美的明星企业，无论从营业额还是净利润来说，公司的表现都可谓十分强劲，这更让不少员工失去了危机感与奋斗精神。当时相当一部分员工的想法就是：业务做得好点差点就这么混过去吧，反正一年做下来，总还能有一张表现不错的财报，市场份额和客户满意度等指标的升降就不必太过在意了。

可是，当时的全球经济大环境，却在深水静流之中，悄然发生着格局性的巨变。任何在 20 世纪 80 年代执掌过跨国性企业的经营者，都会对日本各大企业所展现出的超强竞争力念念不忘。在韦尔奇刚刚通盘接管通用电气公司时，韦尔奇曾感叹："那个时候，整个公司内外没有一个人能感觉到危机的到来。"的确，危机在几年后，即将席卷整个全美，甚至全球。在整个 20 世纪八九十年代，欧美主流跨国巨头，将无一不受到巨大冲击，世界 500 强的名额，将在相当一个程度上，上演着日资巨头挑落欧美企业的戏码。而即使是在此趋势不那么明显的 80 年代初期，韦尔奇也清楚地看到，情况已经在出现嬗变："当时，来自亚洲的威胁已经存在很多年了，美国的市场被一个一个地蚕食掉：收音机、照相机、电视机、钢铁、轮船，最后是汽车。我们看到，公司的电视机制造业务面临着来自全球——特别是日本的竞争，利润已经开始萎缩。我们还有其他一些业务，包括家用电器和电子消费品业务，都处于疲软的状态。"总而言之，尽管通用电气公司的上上下下还都处于"黄粱一梦"，但是，"此诚危急存亡之秋也。"

正因为如此，上任伊始的杰克·韦尔奇，就决定不再满意于任何类似"业务现在不是在赢利吗？有什么问题吗"这类回答。在韦尔奇看来，整个通用电气公司的诸多业务，都必须重返自己当年作为公司塑料业务负责人时期的状态，一定要有各自的远大目标来规划、激励那些业已有些懈怠和慵懒的负责人。当然，韦尔奇作为整个公司的最高层，自然也明白，那种喊口号式的说"大话"，并不适合拿来作为一个巨头企业的通盘战略。于是，经过系统地思考，韦尔奇决定要为公司提出"数一数二"战略，使其不仅只是一两个微观战局的秘诀，而上升为整个公司战略层面的指导思想。按照韦尔奇的观点："成为数一数二的企业绝不仅仅是个目标，而是实实在在的要求。如果做到这一点，那么我们就可以确信，在这新的 10 年结束时，我们的这个核心理念一定会给世界带来许多崭新的独一无二的产业。"

通过"数一数二"战略，通用电气公司将只保留能在各自细分市场拥有绝对领先地位的业务。那些无法做到远远甩开竞争对手、维持着细分市场内强势的市场份额与话语权的业务，将成为公司的弃儿，而使公司能够顺利地从一个不那么占优的局部战场之中，尽早抽身。杰克·韦尔奇本人对其"数一数二"战略就有精辟的表述："如果我们对这项业务的长期竞争力没有有效的解决方案，那么终将有一天业务会陷入困境，这只不过是个时间早晚的问题。数一数二，整顿、出售或关闭，我们的战略非常简单明了。"

任何人都能看出制定这项战略所需要的魄力，因为任何人都能看出，要真正推行"数一数二"战略，将会面临多么强大的阻力，尤其还是在杰克·韦尔奇执掌通用电气公司的初期阶段。一方面，通用电气公司的商标蕴含着良好的品牌声誉，可以说，几乎没有人会愿意脱下印有这个商标的工作服，要说服任何一个人离开，都是一件不容易的工作；另一方面，商品经济发展的20世纪，许多行业内的竞争都非常充分，即使是通用电气这样的巨头，在相当一部分领域内也做不到"数一数二"，这就使得要剥离公司的业务量十分可观，也使得要离开公司的员工群体显得非常"声势浩大"。在当时，一些员工甚至向通用电气公司怒斥道："难道我是跟一群麻风病人在一起吗？当初来到公司，我可不想成为今天这个样子。"此外，通用电气公司的工会高层们，也频频向政府官员抱怨。所有这一切，都给了韦尔奇十分巨大的压力。

但是，韦尔奇也深知，自己绝不能放弃"数一数二"战略。他心里非常清楚，要想重新铸造一个斗志昂扬、拥有必胜信念的通用电气公司，而不是看着公司在"温水煮青蛙"式的被蚕食中走向衰退，那么，一些舍弃是必需的，也是值得的。韦尔奇开始了自己的"数一数二"战略推广之旅。在相当一段时期内，韦尔奇会在自己所参加的几乎每个会议中，都着力强调"数一数二"战略的重要性，以情感感化与理性说服的双管齐下之道，一遍遍地把该战略灌输到各级员工们的大脑之中。韦尔奇的行动，不仅吸引了整个公司上上下下的注意力，也吸引了全美各主流财经媒体的目光。比如，1984 年 3 月份的《福布斯》杂志，就对杰克·韦尔奇的"数一数二"战略做过封面专题的详细报道。

有了公司掌门人如此力度的推广，"数一数二"战略自然在通用电气公司得以雷厉风行起来。仅仅在"数一数二"战略开始执行的前两年，公司就出售了多达 71 项业务，尽管这些业务都并不算太大，总共只回收了 5 亿多美元。但是，这超过 70 项业务的剥离，还是让公司上上下下都清楚看到了韦尔奇的决心，并在精神层面上开始渐渐接受、并适应该战略。

这其中，一个重要的事例就是，在韦尔奇的推动下，通用电气公司的中央空调业务得以成功易手。中央空调业务，也是公司这超过 70 项被剥离业务当中的最大规模业务。虽然，通用电气的该业务并没有太大的规模，总共只有两千多名员工与三个工厂，但这毕竟是一项受到公司上下长期关注且市场曝光率与大众使用程度都比较高的业务。可是，也正是因为中央空调业务如此被公众熟知，且通用电气公司在该领域内的表现不尽如人意，所以该业务必须被剥离出公司。通用电气公司的工业产品，在大多数细分市场内都处于领先的地位，但是具体到中央空调业务，其市场份额竟然只有区区 10%，这与公司在全美的市场地位严重不符。况且，通用电气的中央空调业务并没有自己的上门安装人员，而是把它外包给了其他的公司。而当空调因为在安装过程中出现一系列问题时，消费者是不会知道此中关节的，他们只会对通用电气公司表示不满。事实上，该项业务上收到的许多投诉，都是通用电气在消费者面前背了"黑锅"。有了这些因素,加之韦尔奇强力推行其"数一数二"战略,通用电气的中央空调业务以 1.35 亿美元的价格被成功出售。在公司清理掉的 70 多项业务中,该项业务,就占其总价值的大约 1/4。可以说,这一战役的成功,也为韦尔奇在整个战略上的成功奠定了深厚的基础。

当然,杰克·韦尔奇也绝非只是个死抠字眼的死脑筋。有一些业务,其所处的细分市场几乎大得无边无际,对于这类业务,最重要的当然还是维系好自身的竞争优势,而不是空想什么数一数二。比如说,全球的金融服务业务,就拥有数以万亿计的庞大市场份额,韦尔奇当然不会要求通用电气公司在自己的金融服务业务上,也成为该领域内的领头羊。但是,负责该业务的团队必须要永葆赢得一切的斗志与信心,这也是韦尔奇所千叮万嘱的。

韦尔奇在其上任初期,通过一系列强有力的手段,成功扭转了通用电气公司长期以来养成的官僚主义作风。这其中,韦尔奇所大力推行的"数一数二"战略,实可谓贡献颇丰。韦尔奇并不畏惧媒体给自己诸如"中子弹杰克"(Neutron Jack)这类不怀好意的绰号。相反,如果能通过"收获"这类绰号,而成功避免掉诸如"失败者杰克"这样的绰号,他就一定会去坚持自己的道路的。毕竟,结果说明了一切,在杰克·韦尔奇的治下,通用电气公司在 20 世纪八九十年代仍保持着迅猛的增幅,这是许多美资巨头公司都做不到的。而通过十几年的悉心耕耘,韦尔奇甚至在 1997 年把通用电气带到了世界 500 强排名第一的至高排位,真正意义上在最大范围内实现了其"数一数二"战略。

要想赢得竞争,除了方法以外,也离不开永不衰竭的信念。只有当整个企业都能始终保持必胜的信心与斗志,并永不停止其追求卓越,甚至追求第一的步伐,它才能不断迈向新的高度。想要铸就不朽的辉煌?先问问自己有没有一颗渴望不朽的心。

第八章　以大就小
让你和下属做事更高效的管理秘诀

枪毙一切形式主义的官样文章，
集中精力，绝对不妥协地向官僚主义
开战。

——杰克·韦尔奇

从第一天即开始的战斗

我想要做的就是脱颖而出。

——杰克·韦尔奇

在杰克·韦尔奇真正开始对通用电气进行大刀阔斧的改革之前，先于群策群力战略、电子商务战略、全球化战略等这些伟大构想的，其实是他对企业官僚主力的强力改造。20 世纪 80 年代以后，"大企业病"才真正意义上进入到主流管理学界的视野之内。但是，在此之前，杰克·韦尔奇对官僚主义等大企业病的低效率弊端就有过深刻的洞察，因为他自己就差点为此早早与通用电气公司——这家日后将在他的带领下，几乎成为美国高科技企业形象代表的伟大企业失之交臂。

读书时期，"优秀"二字基本就是杰克·韦尔奇的个人标签。虽然韦尔奇就读本科的学校马萨诸塞大学阿默斯特分校并不是全美顶尖学府，但在大二时韦尔奇就得以凭借优异的成绩加入了美国大学优等生荣誉学会。他大学四年不仅每年都跻身于全校的优等生名单之列，在 1957 年韦尔奇毕业之时，更是全校获得化学工程专业学位的两名最优生之一。后来他成功申请到伊利诺伊大学的奖学金，到了这所化学工程专业在全美排名前列的专业性名校就读研究生。韦尔奇仅用三年时间就拿到了他的博士学位，比正常毕业时间早一到两年，须知这所大学的化学工程专业还是以要求严苛而著称的。

如此人才，自然不愁无处高就。事实上，早在韦尔奇本科毕业时，就有很多大公司对他发出了邀请。而当他博士毕业后，他最后进行抉择的两个就业邀请更是好得令人艳羡——在埃克森公司（Exxon）的研发实验室工作，或是在通用电气公司的新化学开发部工作。虽然同样是很优秀的企业，但是，如果要去埃克森，韦尔奇就得去遥远的得克萨斯州，而如果去通用电气工作则是回到了马萨诸塞州。再加上通用电气公司的这个部门更有利于发挥他的专业特长，于是，就这样，韦尔奇选择成为一名通用电气公司的员工。

意气风发地加入大公司，年薪也达到 10500 美元——这在当时对于普通人来说是个不错的薪酬，年轻的杰克·韦尔奇心中充满了对未来的憧憬。但现实很快给予了"回击"。

首先是他的新老板。韦尔奇部门的开发部经理伯特·科普兰（Burt Coplan）在面试时都是和蔼可亲的态度，但正式上班后，他变得如同铁公鸡般一毛不拔。韦尔奇告诉这位 40 岁出头的上司现在自己和妻子还住在当地的一家旅馆，科普兰的回答居然是"你知道，我们不负责解决这种问题"。要知道，韦尔奇并不是应聘来的工厂工人，而是通用电气从众多大公司手中"抢"来的研发系统专业人员，事实上为他这种人才提供住所是很理所应当的，而且这笔钱相对于他一年的年薪也不是一笔大数目。可以说，这充分体现了通用电气在某种程度上的体制僵化与落后。后来据杰克·韦尔奇回忆，这件事使得刚加入公司的他觉得"通用电气公司看上去好像正处于破产的边缘"。

其次则是他的待遇。韦尔奇的薪水并不低，这点毫无疑问，但问题是他们团队的综合待遇以及薪酬分配方案。一方面，韦尔奇以及另外三位类似职位的员工，居然被安排在一栋红砖结构的小楼房中，而且是四个人共同挤在一间窄小的隔间里。如果出差，也是四个人住一间房。而且办公桌上只有两部电话，这也严重耗损了四人的办公效率。另一方面，韦尔奇自觉工作能力和效率高出另外三名同事一筹，他去找领导要求加薪并给出了充分的证明，没想到领导确实同意了——年薪仅仅加了一千美元。完全是一种羞辱人的做法。这也完全体现了此时通用电气在薪酬激励体制上的弊病。

加入通用电气公司才没多久的韦尔奇决心跳槽。他开始浏览各相关报刊上的招聘专栏，比如《化学周刊》（Chemical Week），比如《华尔街日报》（The Wall Street Journal）。毕竟，毫无疑问，像他这样教育背景和工作履历的青年才俊，根本不用担心下家的问题，通用电气不拿这种人才当宝，但有的是大企业会拿这种人才当宝。不久后，他就联系到了一份收入也很可观、离岳母家也很近、也很能发挥自己专业水平的工作，公司是一家国际性的矿物及化学公司。

杰克·韦尔奇在向顶头上司伯特·科普兰提出辞呈后，开车离开公司。在穿越一条小路时，韦尔奇被正好碰巧遇见的科普兰的上司鲁本·加托夫（Reuben Gutoff）拦住了。在得知韦尔奇的想法后，加托夫马上约韦尔奇与妻子卡罗琳一起共进晚餐，再商榷一下韦尔奇的这个决定。

说起来，尽管顶头上司科普兰对韦尔奇的态度不算非常欢迎，但科普兰的老板加托夫对韦尔奇还是青睐有加的。韦尔奇与加托夫在通用电气公司的几次会议上见过面。彼时，韦尔奇深刻的洞察力和积极的工作态度给了加托夫较深的印象，比如韦尔奇曾经给过加托夫一份详细的报告，分析了通用电气在新塑料产品上与全球主要对手的竞品之间的对比与策略。韦尔奇曾经说过："我想要做的就是脱颖而出。"事实上，这也正是韦尔奇加入通用电气公司最重要的原因。而看着一位刚刚加入公司的年轻工程师却能对诸如杜邦

（DuPonts）、陶氏（Dows）、塞拉尼斯（Celaneses）等主要竞争对手们做出如此详尽的分析，加托夫无疑对韦尔奇好感大增。

晚餐在公司所在地皮茨菲尔德的"黄紫菀"餐厅持续了长达四个小时。在仔细聆听完杰克·韦尔奇的所有遭遇后，加托夫对韦尔奇进行了恳切而真诚的挽留。他不仅同意为韦尔奇提升薪水、适时考虑提拔，甚至还向他保证，以后他会尽可能少地受到公司官僚主义作风的禁锢。他还告诉了韦尔奇，他本人其实也是这种官僚主义作风的反感者。在晚餐结束后，加托夫见韦尔奇并未完全动心，他甚至在午夜 1 点继续和韦尔奇打电话以继续劝说。要知道，加托夫回到自己在康涅狄格州的家需要两个小时，他是把车停在半路上用投币电话和韦尔奇通话的。溢于言表的诚意真正让韦尔奇感到了温暖和希望。

第二天，他对本来准备为他举办欢送会的同事们表示自己决定留下，而同事们（同时也是好朋友们）都纷纷表示为他高兴。此次辞职风波后，杰克·韦尔奇不仅有了薪水上的再一次提升，他还从此有了敢于和通用电气当时的官僚主义作风斗争的勇气与自信。他同时还明白，一个组织，哪怕官僚主义和制度弊病再怎么严重，也没有什么是完全不能够改变的。这些弊病会对公司的效率产生极大的危害与损失，但只要敢于和这种不良风气作斗争，更多的人才就会留下，更多的好制度、好产品就会保留诞生的基础。与官僚主义的斗争，刻不容缓，但也绝不是没有希望。

就这样，鲁本·加托夫当时本着留下一个研发系统青年才俊的想法，留下了韦尔奇这位通用电气历史上最成功也最著名的 CEO。很难想象，如果没有这次早年的阴差阳错，通用电气是否还能在未来的岁月中高歌猛进，成为"大企业中的大企业"，成为全球职业经理人学习的范本。但毋庸置疑的是，从第一天的住所问题就与大企业官僚主义有所抵触，并最终与之分道扬镳的杰克·韦尔奇，会在他所就职的任何公司，终其一生地致力于消除官僚主义和制度弊病。正因为自己最初就是受害者，韦尔奇才更加明白，官僚主义会大大吞噬企业的工作效率，让企业一点点走向衰朽。对官僚主义的改革，将极大鼓舞全体员工的斗志与士气，吸引更多也更优秀的人才，结果也必将使企业走向一个又一个高峰。

大锅饭会砸碎所有饭碗

> 让合适的人做合适的事，远比开发一项新战略更重要。这一宗旨适用于任何一家企业。
>
> ——杰克·韦尔奇

与官僚主义会迅速排挤掉企业内许多真正优秀的人才形成鲜明对比的是，官僚主义还会长久保留下许多其实并不称职的平庸者。这一进一出，将讽刺性地让任何原本优秀的企业发生"病变"，开始走向低效，乃至衰败。时至今日，在苹果、微软、谷歌等互联网巨头公司内，有一个观点十分著名"一流的人才会雇佣一流的人才，二流的人才会雇佣三流的人才"，其得出的结论是，当一个一流企业开始雇佣第一个二流人才之时，就是这个企业开始渐渐走下坡路之时。

其实这不仅在 IT 行业巨头内才有表现，在通用电气这样的传统行业巨头内也有充分的证明。通用电气的各级 CEO，每年都要完成无数的员工评定意见。而据杰克·韦尔奇回忆，他印象最深的一次员工评鉴，是发生在通用电气的电器业务主管弗雷德·霍尔特（Fred Holt）的一次评鉴。

霍尔特是一位深受韦尔奇器重的干将，被评价为"不仅善良，而且很机智"。但就是这位得力的干将、机智的经营者，有一次却在一张鉴定表上明显有拔高性质地评鉴了一位韦尔奇所熟知的员工。韦尔奇向霍尔特当即提出了

144

异议，告诉他这位员工绝非如同评语上所说的那么出色。令韦尔奇终生难忘的是，霍尔特竟然对韦尔奇的看法十分赞同，并表示自己知道评语中有过誉之嫌。

那么，霍尔特这么做的理由究竟是什么？"我不能把真实情况报送到总部去。那样的话，你们会要我赶走这个家伙的。"这就是霍尔特当时的回答。

这件事对杰克·韦尔奇的触动很大。这正是在韦尔奇还未掌舵之前，通用电气公司的真实情况。"不按客观规律办事，主观臆断地瞎指挥"，这是辞典上对"官僚主义"的阐述之一，也成了此时通用电气的生动写照。如果每一位员工的鉴定意见表上，都会由其上级不顾事实地同意其有资格继续担任目前的职位，那么，其中的不称职的那部分人，将会是通用电气未来发展的多大隐患？他们将按部就班地被进一步提升，他们也将按部就班地提升更多或合格或不合格的人。长此以往，通用电气所有的饭碗都将会被大锅饭砸碎。"让合适的人做合适的事，远比开发一项新战略更重要。这一宗旨适用于任何一家企业。"这才是韦尔奇一直所秉持的观点。

也正是在那时，尚未登顶通用电气帅位的杰克·韦尔奇已经下定决心，要淘汰这种"你好我好大家好"的大锅饭行为，否则被淘汰的就是整个通用电气公司。所以，当他在20世纪80年代初执掌通用后，便迅速以"中子弹"之势大量裁员，并在日后为通用电气制定了多项砸碎大锅饭、打破官僚体制的政策，事实证明这些都对通用电气的发展产生了巨大的助力。

有成功者，自然亦有失败者。通用电气克服大企业病再出发令人振奋，而那些为此而走向沉沦的教训则值得人们深思。比如许多曾铸就过辉煌的日本公司。是的，他们曾无比成功过。但是，所谓"成也萧何败也萧何"，使他们走向顶点的因素，也使他们后来跌落低谷。

其实在相当一段时间里，日资巨头们都是全世界竞争对手的噩梦。他们的技术精良而人性化，他们的运营高效而低费率。丰田超越了一家又一家欧美车企，而索尼、佳能甚至在自身领域内没有够格的对手。想想现在满大街的白色耳机线连接着的 iPhone 吧——在几十年前，在黑色耳机线的连接下，潮人们的口袋都是留给索尼 walkman 的。

那么，是什么让日本大企业曾在全球扮演过如此重要的角色？普遍的观点是，终身雇佣制、年功序列制和企业内工会，这三点是日资巨头们成功的三大核心要素。如果说企业内工会在欧美国家企业里也很发达，那么前两点则非常富有日本特色，而且它们之间也相辅相成。

1928 年，最成功的日本企业家之一、"日本经营之神"松下幸之助创造性提出"松下员工在达到预定的退休年龄之前，不用担心失业，企业也绝对不会解雇任何一个松下人"，这常被学界视为日本企业终身雇佣制的滥觞。这一制度在"二战"后被日本各大企业广泛运用，几乎内化为日企的标志性特征之一。其观点是，如此做法将给企业内优秀人才极大的依赖感和归属感，得以有固定保障了的员工们也将加倍为企业奉献自己的才智。

按照其不成文的制度，一位求职者刚从院校里毕业，应聘成功一家企业后，这家企业就将是他终身的"归属"，他从上班的第一天到退休的那一天这漫漫岁月都将在这家企业中度过。而除非其本人犯下重大过错，否则企业也绝对要尽量避免解雇员工。我们可以看出，这样的企业，在某种程度上，更像一个"家"。而在家中，自然是要"敬宗收族"，长者为尊。这就是日本企业的年功序列制。所有人必须从初级职位做起——哪怕是公司高管的子女，而职位的提升也基本按工龄逐步轮过来，可以说，员工职位的高低，基本和员工在企业的工龄成正比。与此相应，员工所享受的包括社宅制度、廉价贩卖制度、相互扶助共济制度、奖金制度、津贴制度和教育教养设施等各项福利，也基本和工龄挂钩。

无法否认的是，这日本特色的经营制度曾是日本巨头们腾飞的有力翅膀。但是，它的弊端是否也显而易见？

越是优秀的人才，越需要的其实不是那些"低层次"的保障。根据亚伯拉罕·马斯洛在其管理学巨著《人类动机理论》中所述，人类的需求可以细分为多达 20 种，而这些不同的需求，对人的优先程度和吸引程度也是不同的。终身雇佣制等做法无疑满足了员工的安全需求和情感归属的需求等较低层次的需求，但是，在需求层次理论最高层的，是一个人自我实现的需求。工龄等价于职务的高低，现在回想起来，在当时的日本，多少才华横溢、热血沸腾的日本有志青年，在进入职场的第一天起，就被现实浇灭了心中燃烧着的热火！恐怕杰克·韦尔奇本人在这种体制里，也只有按部就班当着小职员，放弃自己"谈笑间，樯橹灰飞烟灭"的梦想，而自嘲着"多情应笑我，早生华发"吧！更何况，如果说刚进公司的工科博士，其工资比工龄多年的清洁工更低还不够荒谬的话，那么，更荒谬的是，工龄到了年限就不论能力胜不胜任而通通升职，把能力不与职位匹配者放到错误的位子上去，这会产生怎样的后果？想想那些昏庸帝王在其"职业生涯"中干过的永远被历史嘲笑的蠢事吧！

事实上，以现代的眼光来看，终身雇佣制、年功序列制等制度，其实都有着很深的官僚主义色彩。人人有饭吃、企业是温暖之家的大锅饭思维，最后让日本企业付出了惨重的代价，也让无数日本员工的饭碗被无情砸碎。从 20 世纪 90 年代日本经济泡沫被戳破以来，日本企业纷纷开始了裁员狂潮。而临时工、小时工、契约工，这些长期在日本销声匿迹的合同形式，也开始重新流行起来。日本《读卖新闻》在 2001 年所做的一项调查显示，在其所调查的 100 家日本大型企业中，有 78 家在过去 5 年进行了裁员。被裁固然可怜，留下的也很可能风光不再。根据日本总务省在 2000 年所做的统计，当年日本公司雇佣的员工总数为 4897 万人，比 1995 年还少了 170 万人，而这其中，合同工的雇佣人数为 1427 万人，却比 1995 年还多了 150 万人。至此，这套有"大锅饭主义"嫌疑且曾被广泛运用的制度，终于渐渐走入历史。

　　一家企业的真正高效，绝对是建立在每位员工的努力都得到合理重视、每位员工也被置于自己最合适的位置之上的。表面温情、实则残忍的大锅饭思维，将最大限度地扼杀企业的创造力和生命力。透过 20 世纪商业史史书，杰克·韦尔奇和众多的日本大公司，都在其字里行间无声诉说着这一点。

攻破"独立王国"的城门

> 让我们进去打滚吧，这是我经常说的一句话。它的意思是让大家聚在一起，一般都是随意的：就一个复杂的问题进行争论。参与其中的唯一资格是你知道如何去做，不论头衔或者职务。
>
> ——杰克·韦尔奇

"人的本质不是单个人所固有的抽象物，在其现实性上，它是一切社会关系的总和"，对于卡尔·马克思来说，管理科学远非其研究的重点，但他吉光片羽式的少数几条论断，仍然成了此领域内最经典准则之一。人是社会关系的总和，在一定的组织范围内，人自身的优势和劣势都会被成倍放大。

而对于一家并未致力于摒弃官僚主义的企业来说，日益壮大的官僚主义者队伍，将渐渐会聚成一个个牢不可破的小团体。小团体再聚集，然后成为更大的团体。当这个团体的规模足够大——比如一整个事业部时，这就几乎形成了一个独立的王国。"普天之下，莫非王土；率土之滨，莫非王臣"，而这针插不进、水泼不进的独立王国，将无视总部的指令，成为整个公司贯彻最高战略执行的一大毒瘤。牛顿经典力学告诉我们，当有多个力作用于物体时，只有方向完全一致才会产生无损耗的合力。且不说方向相反时力的作用会互相抵消，哪怕力的方向形成一定的夹角，其合力也会产生以三角函数相关公式计算的一定耗损。独立王国对整个企业效率的拉低可见一斑。

杰克·韦尔奇就曾经直面过这样一个"独立王国"。

在刚刚接手通用电气大权的那几年，按照惯例，几个重要职位的领袖还将得到保留，以保证交接班的这几年企业能平稳过渡。这其中，就有公司的首席财务官汤姆·索尔森。即使是在精英云集的通用电气公司，索尔森也以智慧和傲气所著称。他做事可以说锋芒毕露，也可以说执行力超强；他是整个公司要求最高、最为挑剔、把财务部门管理得最好的人，也是对财务部门以外其他部门态度最坚决而顽固的人。韦尔奇用"复杂"二字来形容索尔森与自己的关系，因为这位通用电气元老既在接班问题上力挺韦尔奇，也在接班后部门改革的问题上形成了巨大阻力。一句话，当时的财务部门，是索尔森辖下"神圣的禁地"，这是一个标准的由强人统辖的"独立王国"。

这个强大的王国当时被配备了整个企业最好的培训项目。最优秀的员工进入到财务与审计系统，一轮转就是几年，却被财务部门牢牢控制着，成为这个强大而自行其是的组织的新鲜血液。另外，其主管审计的分支部门对整个公司的业务也有过于严苛之嫌，一段时间以来，他们简直成了通用电气公司内部人见人怕的"警察"。毫无疑问，这个拥有员工多达 12000 人的部门已经成为全公司在战略层面的一大阻力。深度改革已势在必行，否则通用电气公司的发展速度将被严重制约。韦尔奇曾经说过："让我们进去打滚吧，这是我经常说的一句话。它的意思是让大家聚在一起，一般都是随意的，就一个复杂的问题进行争论。参与其中的唯一资格是你知道如何去做，不论头衔或者职务。"这才是韦尔奇心目中理想的通用电气公司。

杰克·韦尔奇首先同意放走了索尔森，旅行者集团（Travelers）将奉上首席财务官一职以欢迎这位顶级财务专家的加盟。在接班人的问题上，韦尔奇做了大胆的选择。丹尼斯·戴默曼（Dennis Dammerman），时年 38 岁，正担任通用电气公司金融服务事业部的房地产部总经理，此前还从未有资格向董事会汇报过工作。可以说，如果让人猜测索尔森的接班人选，戴默曼肯定远非热门。但这就是韦尔奇心中的答案，在和戴默曼的多次接触中，韦尔奇已确信他平日所展示出的才华足以胜任这一职位。

1984年3月的某一天，韦尔奇约好戴默曼晚上6点到盖茨饭店会谈。刚一见面韦尔奇就开门见山地表示，戴默曼将被决定执掌通用电气的财务部。惊呆了的戴默曼甚至变得口吃起来，但他仍然表达了同意与信心。就这样，戴默曼在韦尔奇一封长达三页的亲笔信的加持中，开始接管整个财务部门。这柄韦尔奇手中的"攻城槌"，重重砸向了这个"独立王国"的城门。

这位公司历史上最年轻的首席财务官，完全达到了韦尔奇预想中的期望，而这也只不过是这位通用电气公司未来副董事长将在全球商界叱咤风云的序曲。在最开始的四年里，戴默曼就裁撤了财务部门一半的员工，还把整个公司在全美的150个工资支付体系进行了梳理和改革。通用电气财务部从前的日常工作有九成是简单的财务记录，仅有一成是管理性事务，而戴默曼把后者的比例提高至将近五成。对于审计部门，戴默曼的改革也促使其发生了职能转变，"警察"不见了，取而代之的是各个事业部多了一位新朋友和业务的支持者。

"独立王国"土崩瓦解，而整个通用电气帝国的"疆域"却得以大幅扩张，且组织效率有了质的飞越。丹尼斯·戴默曼作为韦尔奇在整个财务部门的化身与代言人，出色完成了财务部门去官僚化的重任。

"独立王国"甚至可能在短期内展现出较高的效率，但是从长远来看，这对整个组织无疑是弊大于利。任何"独立王国"都应该被收归总部、就地削藩，否则，后果将是组织所不能承受的生命之重。

第九章　六西格玛

让你的企业产品日趋完美的管理秘诀

一台 100 万美元的机器可以从一个盒子里面拿出来，接好墙上的电源就立即能够操作。这就是六西格玛的最佳状态。

——杰克·韦尔奇

虔诚取经，化为己用

> 我是个六西格玛计划的狂热信徒。在改进公司运营效率、提高生产率、降低成本等方面，六西格玛所带来的效力是无与伦比的。它改进了设计程序，让产品能更快地走向市场，减少质量缺陷，建立客户忠诚。
>
> ——杰克·韦尔奇

2002 年，美国著名财经杂志《财富》推出了"全美最受推崇公司"排行榜，通用电气公司（General Electric Company）荣登榜首。

是什么让通用电气公司获得如此高的殊荣，以及支撑这一殊荣的好口碑？有人说，这当然要归功于通用电气公司做出来的好产品、提供的好服务。没错，只有好的产品和服务，才能带来好的口碑。但是，好的产品和服务又是从何而来呢？

通用电气公司的好产品、好服务，离不开杰克·韦尔奇全力推行的六西格玛制度。事实上，正是六西格玛制度这一创举，让通用电气公司向精益化与集约化的大生产目标迈进了一大步。

何为六西格玛？"西格玛"是希腊字母，写作"σ"，英文音译为 Sigma，汉语中也有念作"西玛"、"希玛"等各种读法。它是在统计学上用来表示"标准差"的符号，在企业中，常被用来衡量一个总数里标准误差的统计单位。普通企业的瑕疵率大约是三到四个西格玛。以四西格玛举例来说，相当于在一万个机会里，有 621 次出错率。三西格玛的出错率则更高。如果企业不断追求品质提高，达到六西格玛，那就达到了近乎完美的程度，即在 100 万个机会里，才有 3.4 个出错率。

杰克·韦尔奇掌舵通用电气公司初期，通用电气无论在产品质量还是产品服务上，虽然很优秀，但还谈不上卓越。一次偶然的机会，杰克·韦尔奇接触到了六西格玛质量管理的理念，经过一番调研后，他果断决定推行，而且一经推行，就是按他一贯的不遗余力的风格贯彻到底。

在一次高层会议中，杰克·韦尔奇因心脏病突发而缺席了，这是他担任通用电气公司 CEO 以来，第一次因故缺席这一等级的会议。无巧不成书，也恰恰是在这一次会议上，通用电气公司的副总裁拉里·博西迪（Larry Bossidy）提出了一项关于产品质量的改善计划，在该计划中首次提到了六格玛西质量管理概念。之所以提出该计划，是因为早在一年前，通用电气公司的质量部门，发行他们的产品质量平均比当时的竞争对手——摩托罗拉公司（Motorola Inc）——要低 1 到 1.5 个西格玛！要知道，在六西格玛的体系中，差一个西格玛，几乎就表明，其与竞争对手的差距是档次上的，两家公司的管理水平甚至基本不在同一水平线上。

拉里·博西迪的这一提议，在会后以报告的形式传达给了杰克·韦尔奇。韦尔奇看后非常重视。他立马着手安排了通用电气公司内两个擅长分析的人物——项目总监加里·赖纳（Terry Kline）和财务分析师鲍勃·尼尔森（Bob Nelson）——对六西格玛进行效益分析。作为数据整合与分析的资深专家，赖纳和尼尔森很快分工配合完成了相应的数据分析，结果显示，如果通用电气公司能够从三到四西格玛的质量标准，提高到六西格玛，那么，这将可以为公司节省 70 亿到 100 亿美元的开支。将近百亿美元级的金额，这已经相当于通用电气公司年销售额的 15%。这一结果，让韦尔奇大为坚定了推行六西格玛质量管理的决心。

杰克·韦尔奇相信，管理没有捷径，要想提高管理效率，提高产品质量，就必须向他人学习。为了让整个通用电气公司的管理层能对六西格玛质量管理有全面的了解，他请来了摩托罗拉的质量经理迈克尔·哈利（Mikel Hazy）来做演讲，并就具体的执行方式进行导入式辅导。

来自竞争对手的演讲非常精彩，这让通用电气公司的高管们很是沮丧，原因不仅是因为对手的强大，更因为现场能听懂的人太少了，即使能听懂的，面对那大堆的统计学语言与数字公式下的计算结果，他们又听懂得太少了。

杰克·韦尔奇也没怎么听明白那些数字堆里的实际含义，但是他深刻意识到摩托罗拉的这种方法确实非常科学，因为当时摩托罗拉的卓越成绩是明摆在那里的。韦尔奇的直觉告诉自己：这就是突破通用电气公司质量管控天花板的方法。运用六西格玛来进行质量管理，可以让公司踟蹰不前的质量管理体系升级换代。而且韦尔奇还认为，这种质量管理方法，不应该仅是运用在质量管理方面，而应该大范围地推广到其他层面。于是，韦尔奇开始成为六西格玛的拥护者，他曾经表示："和我们抗衡的是他们的产品品质。我们早期的质量计划过于强调口号，而轻视了结果……我们不能再等下去了，这个房间里（指通用电气公司的董事会）所有的人都必须带头抓质量，这个问题是没有任何投机性可言的。摩托罗拉用了十年的时间，我们必须在五年的时间实现——不通过走捷径，而是通过学习他人。"

由此，杰克·韦尔奇向摩托罗拉公司虔诚取经，并大力推行六西格玛的决心，已完全是跃然纸上。毕竟，诚如韦尔奇本人所言："我是个六西格玛计划的狂热信徒。在改进公司运营效率、提高生产率、降低成本等方面，六西格玛所带来的效力是无与伦比的。它改进了设计程序，让产品能更快地走向市场，减少质量缺陷，建立客户忠诚。"1996 年年初，通用电气公司正式推出了自己的六西格玛计划。在推行六西格玛的过程中，韦尔奇表现出他一贯的风格：一旦启动，就不遗余力。他亲自选拔任命了一名六西格玛的终身负责人，给其以充分的权限，让其负责在通用电气内部进行六西格玛的推动工作。配合着六西格玛的推行，杰克·韦尔奇还不断邀请这方面的专家到通用电气公司来进行培训，分别有针对性地训练六西格玛执行层面的大黑带、黑带、绿带的具体执行人员。

就这样，这位有着"偏执狂"基因的通用电气公司掌门人，成了向六西格玛热诚取经的信徒。而六西格玛管理法也毫不意外地成为杰克·韦尔奇提高通用电气旗下所有产品质量和服务水平的管理利器之一。事实上，任何一项管理工具，都并不一定只会是发明者独享的专利。韦尔奇以自己的实际行动证明，无论在任何时候，只要愿意学习、持续学习，那么，所有的先进工具与经验，都可以化为己用，创造出属于自己的巨大价值。

六西格玛的巨大意义

> 我自己并不是六西格玛管理形象大使或销售代表，但我非常喜欢，因为六西格玛的精髓就是减少波动、追求完美的精神，并最终可以获得客户最大的满意以及忠诚度，同时也可以降低成本，提高管理效率。
>
> ——杰克·韦尔奇

摩托罗拉是六西格玛管理体系的首倡者，这一管理体系曾帮助摩托罗拉抵挡住了当时日本制造的大举入侵，让摩托罗拉在美国本土市场上捍卫并巩固了自己所占的份额。不仅如此，甚至在某些区域，还获得了反扑日企、逼退日企的优势地位。

摩托罗拉公司成立于 20 世纪 20 年代末，其经营范围涵盖各种电子元件，在美国市场发展迅速，并逐渐扩展到世界范围。但到了 70 年代到 80 年代，日本制造业渐成气候，在以索尼为代表的一批日本企业的攻势下，美国同类企业面临着非常大的危机。其中，摩托罗拉在同日本企业的竞争中，就完全失掉了收音机和电视机的市场，甚至在后来又失掉了 BP 机和半导体的市场。到了 1985 年，毫不客气地说，摩托罗拉面临倒闭。

对于这种情况，美国人感到很愤怒。但是，当他们看到日本人的工作时，颇有一种死得瞑目的感觉。在 20 世纪 70 年代，一家日本企业收购了摩托罗拉的电视机公司。完成收购后，日本人做了少数的裁员，留用了大部分原厂职工。经过一番改造，当然了，这是一番局外人看不到什么变化的改造。没多久，公司就开始运作，投入生产。但令人惊诧的是，所产产品的不良率只有摩托罗拉管理时的 5%。同样的机器设备，同样的生产线，同样的工人，同样的设计和技术，显然，问题出在摩托罗拉的管理上。在严酷的竞争面前，在冷硬的现实面前，摩托罗拉的高层接受了这样的结论：我们的管理很烂！

所谓知耻而后勇，最终，在 20 世纪 80 年代中期，摩托罗拉决定严肃看待品质，摩托罗拉决定全面革新自己的管理体系，在首席执行官鲍勃·高尔文的带领下，公司开始全面提高产品质量，走上了六西格玛质量之路。1998 年，摩托罗拉公司获得了美国鲍德理奇国家质量管理奖。再后来摩托罗拉取得了怎样的成绩，就是我们后人有目共睹的了，至于今天摩托罗拉再次面临的危局情况，则已经是后话。

按传统理念来理解，六西格玛是一种质量标准，要想达到更高的质量水平，相对较低水平来说，理应需要投入更大的成本才对。事实上并非如此，甚至可以说是恰恰相反。六西格玛不是让企业花更多的钱，而是帮助企业省一些钱的同时再去赚更多的钱。

当杰克·韦尔奇决定推行六西格玛前，他先派了两个擅长数据分析的助手赖纳和尼尔森，细致全面地测算了一下推行六西格玛可能带来的结果，赖纳和尼尔森的测算结果认为，推行六西格玛将为通用电气公司节省 70 亿到 100 亿美元的开支。省出来的都是纯利润。这无疑是为通用电气公司带来了巨大的利润收益。企业组织的存在，其根本性的一个属性目的就是赚取利润，获得发展，而通过推行一项管理制度即可获得巨额利润，这样的制度，能有什么理由不去推行呢？

那么，赖纳和尼尔森的测算，是怎么进行的呢？事实上，外界当然无法复述他们的测算过程，也无从知晓通用电气公司的各项数据。但是其测算的原则，还是可以被推演出来的。

对于一个以生产为主的企业来说，产品的产出，体现的是投入成本所获得的结果。而产品的品质高低，其体现的则是每个投入单位的增值高低。每单位的投入，产出产品的增值越高，所获得的利润就越大。在这里，为了便于说明，我们将品质分为潜在品质和实在品质。潜在品质指每个投入单位所获得的最大可能的产出产品的增值；实在品质指每个投入单位所获得产品的当下增值。举个通俗的例子来说明一下：假设每生产一部摩托罗拉手机的投入单位是 10，它的实在品质增值为 20，潜在品质增值为 40；再假设生产一部山寨手机的投入单位 5，它的实在品质增值为 10，潜在品质增值为 20。再假设摩托罗拉手机和山寨手机的西格玛分别为 6 和 3，相差一倍。而每单位投入产出的产品，若是品质有缺陷的，那么它的实在品质增值和潜在品质增值都将≤0，甚至是负值，因为企业需要为缺陷产品付出追加成本来弥补。就是根据这一基本原则，套入一个企业的实际数据，即可推算出推行六西格玛可获得的"增值"，亦即可为企业节省的开支数据。概括说来，六西格玛是通过帮助企业更好更快地以更低成本生产产品和提供服务来提升品质，减少浪费；以防止缺陷、缩短周期亦即节约成本的方式，来增加企业产品和服务的附加值。六西格玛消除的那部分开支，是无法为顾客提供价值的投入成本。与这种方式对立的方式是，减少价值和降低品质，以此来削减每单位产品的投入成本。

对非六西格玛的公司来说，他们的投入成本经常非常高。运行于三或四个西格玛的公司通常要花费 25%～40% 的收入来处理问题。我们假设生产山寨手机的企业适用于这一数据，那么相当于说，该企业每单位投入 5，产出一个实在增值为 10，那么他们需要将 2.5~4 个的增值单位，花费到处理问题上面去。这样该企业的单位投入实际上就增加到了 7.5~9 个。而运行于六西格玛的公司通常的花费不到 5% 的收入来处理问题。同样地，我们假设摩托罗拉的手机生产适用于这一数据，那么该企业的单位投入 10 个所产出的实在增值 20 个中，有 1 个单位要用于处理问题。这样对比结果就出来了：山寨机用 7.5~9 个的实际单位投入，产出了 10 个的实在增值；而摩托罗拉手机则用 11 个的单位投入，产出了 20 个的实在增值。这种差距间的成本是巨大的。就是根据这种推算原则，通用公司评估三到四个西格玛与六个西格玛的差距是每年浪费 70 亿美元至 100 亿美元。

而对于一个注重品牌的公司而言，六西格玛的意义更加明显，因为通过六西格玛提高的品质，会增加潜在增值，这其中就有品牌增值。所以说，不只是面对生存危机的摩托罗拉有推行六西格玛的必要，任何一个立意长远发展的公司，都有此必要。

因此，杰克·韦尔奇非常坚定地推行了六西格玛质量管理体系，并在后续的执行过程中，将其从一开始推广应用的生产部门，扩大应用到其他诸如服务、设计等部门，就毫不令人感到意外了。一切正如韦尔奇本人所说的那样："我自己并不是六西格玛管理形象大使或销售代表，但我非常喜欢，因为六西格玛的精髓就是减少波动、追求完美的精神，并最终可以获得客户最大的满意以及忠诚度，同时也可以降低成本，提高管理效率。"事实上，通用电气公司也正是在这一管控体系的支撑之下，完成了韦尔奇所主导的多项业务流程改造与革新。可以说，六西格玛体系，对韦尔奇在通用电气公司的成功，有着举足轻重的作用。

理论的魅力要体现在现实中

> 第一年，我们在整个公司范围内应用了六西格玛，用于降低成本、提高生产力、调整有问题的工艺流程。在一个极端的例子中，我们有一个企业发现，通过应用六西格玛，它能够大大提高工厂的生产能力，以至于在十年内无须作任何生产能力方面的投资。
>
> ——杰克·韦尔奇

毫无疑问，六西格玛的质量管控体系，是一套极其精密而科学的体系。曾经在移动通信行业创造过巨大辉煌的摩托罗拉公司，就曾受惠于公司六西格玛化所产生的效率提升。而六西格玛在理论上的先进性，也早已在被通用电气公司的高管们第一次相中时，就已经被全面地论证过了。

但是，所有成功的企业经营者们也明白，一个再好的理论，如果不能为公司的业绩提升带来实实在在的效果，那么，理论就永远只是理论而已。六西格玛的魅力，必须要在通用电气公司的日常经营中真切体现出来。只有这样，才能证明为公司引入这套科学化的理论，是一个货真价实的明智之举。

实际上，杰克·韦尔奇正是这么想的，也正是这么做的。

韦尔奇先是对通用电气公司的各位高管们下达了死命令，要求他们必须把自己最得力的部下，培养成精通六西格玛的专家。众所周知，一位六西格玛的黑带，才算是真正全面掌握了六西格玛理论中全部精要的职业经理人。

而根据韦尔奇所说，通用电气公司的众多得力的中层干部们，将用两年的时间，使自己从零开始，完整地、系统地学习六西格玛管控的体系。两年后，这批正值职业生涯中最佳年龄层的职业经理人，将以六西格玛黑带的新身份，为通用电气公司做出更多的贡献。

这之后，杰克·韦尔奇还更进了一步。这位已经把六西格玛视为通用电气公司企业文化中重要一环的领导者，开始把公司的奖励制度来与六西格玛的实践情况挂钩起来。具体来说，韦尔奇决定，在通用电气公司今后的奖金分配体系之中，一位雇员的业绩表现，决定了其奖金总数额的 60%，而他的六西格玛成效的表现，则决定了其奖金总额剩余的那 40%。这可以说是非常大胆的改革了。奖金制度的改革总是牵一发而动全身的，因为这往往关系到公司全体员工的切身福祉。韦尔奇会把如此比重的奖金份额，用到六西格玛的推广之上，可见韦尔奇对于六西格玛将会对公司产生的积极作用的强烈信心。

与此同时，通用电气公司奖励体系蛋糕中最珍贵的一部分——员工期权奖励，也将绝大部分分配给公司内部那些黑带级别的六西格玛专家。如果说资金方面的奖金分配，还仅仅只用于激励通用电气公司中的大部分普通员工的话，那么，把期权几乎尽数奖给黑带们，则是大大激励了公司内部的顶尖雇员们。杰克·韦尔奇本人对此曾有过详尽的表述："我总是希望我们的奖励机制，能够确保我们将最好的员工安排到每一项创意里去。谁也不愿意放弃时时刻刻表现自己的最佳才能。他们要达到的目标很高，需要最好的经理来促使他们达到目标。"

事实证明，杰克·韦尔奇对六西格玛的一系列保驾护航措施，是卓有成效的。一些以前根本对六西格玛置之不理的职业经理人，也开始渐渐发觉，如果自己与推广六西格玛的工作对着干，那就等于是在同自己和自己团队的切身利益对着干。比如，通用电气公司金融服务业务的负责人迈克尔·高迪，之前就并不是很重视对自己负责的业务内六西格玛体制的贯彻，且高迪自己选拔的本业务的六西格玛负责人，就并不是完全参照着公司总部的意见。金融服务业务向来是韦尔奇治下通用电气公司的高利润率业务，韦尔奇当然不会允许这个重镇独立于公司总部的意志之外。而在明白了自己的人选肯定过不了韦尔奇那关后，迈克尔·高迪终于明白了韦尔奇对于推广六西格玛的意志之坚决。高迪更换了令通用电气公司总部能够满意的人选史蒂夫·萨金特（Steve Sargent）。这之后，萨金特这位精通六西格玛理论的专家，得到了公司多次的嘉奖与提升，并在后来担任了公司欧洲设备金融业务的负责人。

有了杰克·韦尔奇如此强度的资源配置，六西格玛能否为通用电气公司带来效益，就成为摆在所有人眼前的一件亟待观察的事了。所幸的是，正如韦尔奇所预见的那样，六西格玛绝对是通用电气公司提升效率、改进业绩的一大利器。

以通用电气公司的金融服务业务为例，此前，公司的该项业务，曾长期受困于因客服人员忙碌或外出，而导致客户加拨电话所产生的客服资源浪费。看起来，多一个短短的致电，似乎不会对公司的运行效率有多少耗损。但是，该业务一年会收到多达 30 万次致电，而首次致电找不到合适客服人员的比重，竟然占到了致电总数的 24%。而通过该业务的六西格玛专家的研究，一个效率惊人的客服团队，从总共多达 42 个的客服团队中脱颖而出，这个团队可以做到几乎每个初次来电就能使客户找到合适的客服人员。通用电气公司该业务的六西格玛专家们具体分析了该团队的运作方式，并得出了一整套可操作、可复制的模式，随后推广到了其他 41 个客服团队中。这样做之后的结果就是，通用电气公司的金融服务业务，其客服电话的首次成功率，提升到了惊人的 99.9%。在节约了公司大量开支的同时，六西格玛也使得该业务的客户满意度得到大大提升。

这个 99.9%比率的达成，只是六西格玛在提升通用电气公司工作效率中的一个小小的缩影。据杰克·韦尔奇本人回忆："第一年，我们在整个公司范围内应用了六西格玛，用于降低成本、提高生产力、调整有问题的工艺流程。在一个极端的例子中，我们有一个企业发现，通过应用六西格玛，它能够大大提高工厂的生产能力，以至于在 10 年内无须作任何生产能力方面的投资。"事实上，在通用电气公司的塑料业务中，在燃气涡轮机业务中，在医疗设备业务中……几乎所有的业务，都可以在六西格玛质量管理控制体系中，得到一个效率上的质的飞跃。仅仅以医疗设备业务为例，在韦尔奇退休的那一年，其总营业额的 51%，就是与六西格玛体系有关的。

杰克·韦尔奇把六西格玛带到通用电气公司，对公司的业绩产生了难以言喻的巨大影响。在实施六西格玛管控体系一周年之后的 1997 年，公司本来计划中的 1.5 亿美元的生产率收入和利润，却最终在现实中被定格在了 3.2 亿美元。显然，这与整个 1996 年在通用电气公司推行的 3000 个六西格玛项目，有着密不可分的联系。而从上马六西格玛到杰克·韦尔奇退休，短短四五年之间，通用电气公司的利润率，从最开始的 14.8%，提高到了后来的 18.9%。企业经营的利润率产生如此程度的提升，这对于一家巨头级的大公司来说，简直就如同梦幻一般。事实胜于雄辩，六西格玛的魅力，在韦尔奇治下的通用电气公司中，已经得到了绝佳的展示。而这样明显地对企业经营效率的正面影响，才是企业经营者在引入一项新的管理工具或管理理论时，所首先要考虑的因素。毕竟，在商业领域，一项理论成果的魅力，除了要体现在纸面上和幻灯片上，更要体现在商业实践之中。

第十章　集思广益
让你不漏掉每个创意点子的管理秘诀

很多外界的人士问我："通用电气公司的文化怎么可能与世界上各种不同的文化融合得那么好？"对这个问题的答案永远都是一样的：尊重他人，给他们发言权。这是一条具有全球性意义的启示。

——杰克·韦尔奇

永远要倾听第一线的声音（上）

"群策群力"计划再次证实了我们很久以来的一个认识：距离工作最近的人最了解工作。通用电气公司发生的几乎每一件好的事情，不管是计划、行动，还是方针、政策，追根溯源，都与解放某些下属企业、某些团队或者某个人有关。群策群力计划解放了它们中的许多。从克罗顿维尔孵化出的一个简单想法使我们得到了这样一个伟大的群策群力计划，它帮助我们创建起了一种文化。在这种文化里，每一个人都能发挥自己的作用，每个人的想法都受到重视；在这个文化里，企业经理人是在领导而不是控制公司。他们提供的是教练式的指导，而不是牧师般的说教，因而，他们最终取得了更好的结果。

——杰克·韦尔奇

任何一位商界领袖，都会希望自己手下有尽可能多的明星级员工。他要本身就是精通一个领域的精英，要有超强的业务能力，还要对公司的发展比领导者本人都更加上心。他最好还要在某些方面比领导者更强，并且在上司都已放弃时自己却仍然不放弃，用超乎常人的创意与执行力，最终完成领导者本人都难以胜任的任务。

这种人才有吗？当然有。但同样显而易见的是，这种人才肯定也很珍贵，在任何公司都是吉光片羽般地存在。事实上，几乎每一位领导者都心知肚明的是，自己治下的大部分员工，都绝不可能达到这样的境界。对于相当一部分员工来说，能合格地、保质保量地完成属于自己的职责，对公司来说已经是善莫大焉了。

那么，对于这占绝大部分数量的员工来说，从他们身上集思广益、获取创意，就没有必要了吗？很多领导者都是作此打算的。这也正如我们在日常生活中所见的那样，公司的大老板基本都不与大部分的员工产生直接的接触。领导者们可能很愿意和自己信任的某些下属待在一起，甚至还愿意花相当一部分时间来培养他们，但是对于大多数的员工，老板们似乎连和他们多说几句话的兴趣都很少有。

而杰克·韦尔奇在很早就知道，这是错误的。这样经营公司，很容易为公司带来诸多负面效应：员工的积极性严重下降，员工离职率居高不下，公司的战略决策经常偏离现实，诸如此类。他自己就曾饱受此弊病之苦。在刚刚加入通用电气公司时，自己就因为经常受到上司伯特·科普兰的漠视，对公司发展的满腔热忱也得不到倾诉，而差点离开了通用电气。也正因为此，在韦尔奇于 20 世纪 80 年代初期正式接管通用电气公司后，他下定决心，要让公司不仅能从那几位高管的头脑中获取发展的动力，还应该在广大的员工——尤其是第一线的员工口中，汲取众多宝贵的经验。一个企业要想真正尽可能多地收集到有利于企业发展的点子，那么，向大量的基层员工们集思广益，这将会是非常有效的做法。

他的这一计划，就是后来闻名全球管理学界的"群策群力"（Work-Out）计划。这项改革方案的运作方式，如同"新英格兰地区的城镇会议"。具体来说，通用电气公司会聘请外部的专家——通常是那些重点大学商学院的教授，来为被选拔出的通用电气员工举行座谈会。座谈会的人数大致可在 50 人到 100 人之间，这个名单既不应太长，也不应该太短，数十人的规模将使得每个人都有一定的发言时间，并能够听取较多人的意见与建议。座谈会的内容并不固定，只要是关于对公司发展的问题，无论是宏观战略，还是微观的执行层面的问题，甚至只是单纯地发表自己在工作中产生的不满与困惑，都可以是"群策群力"座谈会的讨论范围之内。

为了能在尽可能短的时间内，最大规模地推广这个新项目，杰克·韦尔奇对"群策群力"计划的支持可谓不遗余力。不仅座谈会的每位外聘专家，都必须由韦尔奇的心腹、通用电气公司克罗顿维尔培训中心负责人吉姆·鲍曼（Jim Baughman）亲自遴选，而且韦尔奇还规定，此类会议在开始时，必须有一位资深经理人做开场发言，以示公司对此次座谈会的重视。

经理人致辞完毕后，将离开座谈会，接着，就全程由外聘专家来引导全部的会议进程。专家收集好员工们各自关注的问题，妥善进行会议讨论流程的排序后，便开启一项项具体的讨论。而真正使得"群策群力"计划和其他的头脑风暴类计划有本质区别的是，韦尔奇要求此类座谈会讨论的问题，必须有绝大部分能当堂找出解决方案或处理意见。即使是无法当场做出决策，也必须规定一个截止日期，使其迅速能得到解决。这么一来，韦尔奇等于是把诸多困扰着公司的问题，交给了一个规模庞大、经验丰富、执行力超强的大智囊团来解决。尤其值得注意的是，"群策群力"座谈会的成员里，有大量的基层一线员工，他们富有针对性和操作性的意见，是对通用电气公司其他高管类会议的良好补充。可以说，他们的相当一部分发言，都是饱含真知灼见且易于执行的。

比如，杰克·韦尔奇本人就经历过一次难忘"群策群力"座谈会议。那是在 1990 年的 4 月，韦尔奇奔赴肯塔基州列克星敦，参加了通用电气公司家用电器业务部门的一次会议。会议上，一位工人阐述了自己的想法，认为公司在电冰箱的门上，应该改善制作工艺与流程。正当他娓娓道来他认为哪些既有流程有问题时，一位工厂的车间主任突然打断了他。该车间主任直截了当地表示，此工人根本未曾亲赴他提及的那些流水线上，所以他提出的那些质疑根本就是荒谬的。接着，车间主任一边口述电冰箱门的部分生产流程，一边还用笔在会议室的画写板上写了起来。不出几分钟，这个技术性的细节问题，就在工人和车间主任的沟通中得到了妥善解决。而很显然，连负责操作的工人都对此有一叶障目之嫌，只有亲自经手的车间主任才熟知其全貌，可见，如果这个问题要让通用电气公司的高层们或战略部门来开会解决，该是一番何种景象。

这次的"电冰箱门会议"，只是通用电气公司"群策群力"战略的一个缩影。在韦尔奇本人的不懈推动下，"群策群力"这一概念在公司迅速深入人心。仅仅到了 1992 年，公司上下就有约 20 万名雇员参加过此类会议。可以想见，这 20 万名最了解工作一线的、经验与知识都极为丰富的员工，通过"群策群力"座谈会为通用电气公司解决了多少问题。"二十五年来，你们为我的体力劳动支付工资，而实际上，你们本来还可以拥有我的大脑，而且不用支付任何工钱。"一位通用电气员工的肺腑之言，相信正是"群策群力"计划的优越性的真实写照。而杰克·韦尔奇本人，则对自己提出的这个计划，有着更为深入的思考与总结：

"群策群力"计划再次证实了我们很久以来的一个认识：距离工作最近的人最了解工作。通用电气公司发生的几乎每一件好的事情，不管是计划、行动，还是方针、政策，追根溯源，都与解放某些下属企业、某些团队或者某个人有关。群策群力计划解放了它们中的许多。从克罗顿维尔孵化出的一个简单想法使我们得到了这样一个伟大的群策群力计划，它帮助我们创建起了一种文化。在这种文化里，每一个人都能发挥自己的作用，每个人的想法都受到重视；在这个文化里，企业经理人是在领导而不是控制公司。他们提供的是教练式的指导，而不是牧师般的说教，因而，他们最终取得了更好的结果。

很显然，通用电气公司能在韦尔奇的带领下，不断提升自身的营业额与净利润，并一度能成为世界 500 强排名第一的顶尖企业，这与韦尔奇当年大力推行的"群策群力"计划不无关系。可以说，"群策群力"的通用电气公司，最大限度地凝聚了公司上下每一位员工的智慧与经验。而"群策群力"战略的精髓，就是重视每个层级的每位员工的建议，尤其是来自于基层与第一线员工的建议。显而易见，最大限度地集思广益，才能尽可能多地迸发出企业的创新精神。

永远要倾听第一线的声音（下）

> 自从 1972 年第一次得到任命以来，我就想办法走出办公室，和那些真正干实事的人在一起。我至少花三分之一的时间跟通用电气公司的各种企业在一起，我不清楚作为首席执行官应该在基层花多少时间才合适。不过，我明白我每天都在努力尽量不在办公室里办公。
>
> ——杰克·韦尔奇

向生产、经营、销售的第一线虚心学习，用经过实践检验的经验和知识来武装自己的头脑，这在今天已经成为常识。如杰克·韦尔奇这样的顶尖职业经理人，可以在全公司层面，发起类似"群策群力"座谈会这样的系统性计划，来学习和总结从公司各位员工头脑中迸发出的创意与智慧。这类头脑风暴式的会议，已经成为当今各企业解决和完善自身管控制度问题的有力武器。

但其实不光是对业界，就是对于学界来说，来自第一线的声音也有其弥足珍贵的价值。实际上，很多对后世产生重大影响的管理理论，也正是当年管理学家本人充分汲取了实践性经验后的成果。而这些经过充分论证与考据的理论，也将在学者本人发表后反哺业界，进一步指导各企业以更科学、更精准的方式，进行内控与运营。这其中，一代管理学大师、以"科学管理之父"的称号而闻名后世的弗里德里克·泰勒，就是不得不提及的典范。

弗里德里克·温斯洛·泰勒（Frederick Winslow Taylor），哈佛大学法律系的校友，一百多项发明专利的拥有者。但他终其一生最大的成就，还是在管理学界领域内提出的诸多创见。他的代表作《科学管理原理》在发表的伊始，就震惊了学界，且为泰勒本人收获了巨大的声誉。后世管理学大师彼得·德鲁克（Peter Drucker）就曾评价道，"《科学管理原理》的理论，无论在哪里都很适用。"而《财富》杂志更认为，"弗里德里克·泰勒的影响，是无处不在的，他的思想决定了麦当劳餐厅对厨师翻烤汉堡包数量的期望，决定了电话公司希望接线员能接通多少个电话。"一个普遍的观点是，泰勒的研究及其管理学巨著《科学管理原理》的出版，使得人类得以在19世纪末、20世纪初之交时，从原来的工厂管理实践时期，演进到科学管理时期。具有划时代意义的"泰勒制"，也使得管理学领域成功引入了科学分析等手段，最终促成了企业界管理制度的完善和生产效率的跃升。而支撑泰勒完成其学术成就，并在其研究过程中为其提供过无数构思的，正是他对于企业的一线工作领域孜孜不倦地倾听与学习。

1856年3月，弗里德里克·泰勒出生于美国费城一个家境殷实的律师之家，且从小便显示了其热爱学习的天赋。他于1874年进入哈佛大学法律系就读，但可惜的是，他的法学学子生涯，很快便因为自己的眼病被迫中止了。

从1875年开始，泰勒决定投身工业界。他先后进入费城恩特普里斯水压工厂和费城米德维尔钢铁公司，从最基层的模具学徒工人开始，一干就是十五年，历任车间管理员、小组长、工长、制图主任、总工程师等职务。在工作的同时，他还不忘利用业务时间自我充电，比如在新泽西州的史蒂文斯技术学院通过自学取得机械工程学位。在1886年，他还成功加入了美国机械工程师协会（The American Society of Mechanical Engineers）。经过这十五年的自我砥砺，泰勒已经成为兼具理论素养与实干经验的实战型专家。离开了费城米德维尔钢铁公司后，泰勒又担任了一家造纸业投资公司的总经理长达三年时间，此后，他便开始了自己工厂管理领域独立咨询专家的工作。

　　真正让泰勒在实践认知能力上突飞猛进的，是他于 19 世纪末、20 世纪初之交，担任伯利恒钢铁公司（Bethlehem Steel Company）管理咨询顾问的经历。作为全美知名的大型钢铁企业，伯利恒钢铁公司一直在致力于寻找提升公司生产效率的方法。弗里德里克·泰勒欣然接受了伯利恒钢铁公司的雇佣，并很快凭借自己多年来的经验，得出了改进效率的方法——改进生产第一线的效率。为此，泰勒回到了自己熟悉的生产车间，开始仔细观察伯利恒钢铁公司工人们的生产情况。泰勒发现，尽管大部分工人都是被支付了同一水平的劳动报酬，但是他们各自的生产水平与劳动速率却是各自不同的，甚至效率最优者与最劣者之间的差距还十分巨大。而就是效率相对较优者本人，也并不是在生产的每个环节上都能做到最好，他完全有可能在一些步骤上效率不如某些其他的员工。

　　在弄清楚了情况后，泰勒开始了他著名的"搬运生铁块试验"和"铁锹试验"。这些实验的精髓，就是通过把生产行为分解成不同的流程与步骤，再通过观察不同工人的效率，找出其中效率最高者的操作方法，并使之推广为这一步骤的标准方法。而当每个步骤的操作方法，都被最优方案标准化了之后，那么，该生产行为的效率，将有突飞猛进般的提高。以搬运生铁块为例，弗里德里克·泰勒通过对伯利恒钢铁公司 5 座炼钢高炉的分属 5 个工作组的 70 多名员工的观察，找到了搬运生铁块这一生产行为各个步骤的相对最优动作，并重新使之运用到这些员工身上。结果，这些工人在单位时间内可以搬运完成的生铁块数量，足足提高了 3 倍。但效果更明显的，是泰勒的铁锹试验。

此实验中，泰勒通过对其中各种分解流程的改进与标准化，甚至通过对铁锹不同材质与形状所能承担的负重量的实际考察，得出了一套劳动者与劳动工具都进行深度优化后的生产方式。伯利恒钢铁公司的工人们通过实践这种操作方法，使得每个人单位时间内的操作吨数，从原来的平均 16 吨，上升到了惊人的 59 吨。如此一来，伯利恒钢铁公司通过对每个员工数十美分的加薪，就可以使以前需要 400~600 人建制的工作组，现在只需要保留 140 名工人。

与他成效卓越的"搬运生铁块试验"和"铁锹试验"同时开展的，还有他对工人劳动报酬方式的思考。即使在伯利恒钢铁公司这样的龙头企业，工人们消极怠工的情绪仍非常普遍。而除了好逸恶劳这个重要因素，工人们的"磨洋工"，甚至可能只是为了有更和谐的同事关系。通过与工人进行长期交流后，弗里德里克·泰勒深刻理解了这一现象的本质，并想出了一种新型的劳动报酬支付方式，以促进工人的劳动热情。他提出，对于员工的工作量，不再应该采取当时流行的按天数发工资的方式，而应该采用按员工生产的件数，来发放不同数额的工资。如此一来，高效率者将得到更高的工资，这会促进每个员工的工作热情，而为了高工资努力工作也不再是不被理解的"犯傻"精神，没有员工会厌恶这样的同事，反而会努力学习他，争取使自己也早日达到他的工资水平。这就是弗里德里克·泰勒在管理学领域的另一项重要的创见——计件工资制度。该制度对后世企业们的帮助甚至可能更大，因为计件工资制可以从根本上，改善企业整体员工的精神面貌和工作热情。有了你追我赶的良好竞争氛围，更多的"搬运生铁块试验"和"铁锹试验"式的工艺改革才成为可能，并得以固化为一种长效机制。

两大试验和计件工资制，只是弗里德里克·泰勒全部理论体系的一部分。他在伯利恒钢铁公司通过耐心考察生产第一线所总结出的诸多智慧结晶，还包括专门计划层、职能工长制、例外原则等诸多制度。后来，又耗费多年时间，泰勒总结了自己在伯利恒钢铁公司构思出的诸多革命性创见，从而提出一系列关于科学地提升企业劳动效率的理论，并通过《科学管理原理》等著作的问世，使自己的科学管理理论传遍全美，乃至全球。

时至今日，弗里德里克·泰勒已被尊称为"科学管理之父"，且被学界视为管理学发展史上最重要的几位大师之一。他的管理学理论，也被普遍视为是现代管理科学发展的起点。而管理学与诸多其他学科不同的是，一项优秀的管理学理论，不仅饱含了从第一线的实践中汲取的智慧，还能被迅速运用到劳动的第一线，从而使企业的工作效率激增。泰勒那被概括为"泰勒制"的理论体系，也的确是被众多企业广泛地采用了。伯利恒钢铁公司就是一个例子。而更重要的一个案例，就是福特的汽车流水生产线。

亨利·福特（Henry Ford），享誉世界的实业巨子，福特汽车的创立者，学者麦克·哈特编撰的《影响人类历史进程的 100 名人排行榜》一书中唯一上榜的企业家。作为与"汽车之父"卡尔·本茨（Karl Benz）并列的汽车行业革命者，亨利·福特的贡献，主要在于他首次把大规模生产的流水线，引入了汽车的制造过程之中。虽然亨利·福特本人并未完全承认弗里德里克·泰勒对自己的影响，甚至曾说自己的流水线生产构想源于某个屠宰场，但是，更为主流的观点还是认为，是泰勒制为福特的流水线生产提供了智力基础。没有泰勒所倡导的标准化与计件工资制，流水线生产将只不过是空中楼阁，欠缺实现的基础。

事实上，正是在以泰勒制为代表的科学管理原理的指引下，亨利·福特创造性地在汽车生产工艺中，引入了流水线作业。复杂而工序繁多的汽车生产过程，被福特汽车公司分解为一道道工序。通过大量对生产第一线观察与测试的试验，福特汽车公司优化出每道工序的最佳操作方案，然后把该方案固化为本工序的标准操作。这一道道经过标准化和科学化改造了的工序，就共同构成了世界上第一条生产流水线。

流水线化的生产，对汽车工业的影响极其深远。在亨利·福特的流水线生产之前，汽车这项划时代的伟大发明，因受制于其高昂的成本与稀少的产量，还是只能为人类中的极小一部分精英服务。但经过流水线生产后，汽车的生产成本急剧下降，而且产量也有了飞速的增长。亨利·福特还不失时机地宣布，福特汽车公司的目标，是让全世界每个人都能开得起汽车。于是，汽车工业迎来了爆炸性增长。以美国为例，福特汽车公司最亲近大众的型号"T型车"，在1908年的产量为6000辆，在1916年的产量为6万辆，而到了该车型上市的最后一年，共有1500万辆T型车走下了福特汽车公司的生产流水线。伴随着产量剧增，其价格也有过多次的下调，从1908年的850美元，到1916年的360美元，再到后来仅仅只有290美元。

汽车工业的狂飙式发展，甚至在相当程度上带动了整个美国的全面发展。美国也因为福特汽车掀起的售车狂潮成为"车轮上的国家"，民众的生活效率与生活方式，均迎来了大幅度的改善。一些社会学家在概括这一时期的美国历史时，甚至为之打上了"福特主义"的标签。

而归根溯源，这条对汽车工业与西方社会产生了如此巨大影响的流水线，一方面离不开亨利·福特的远见卓识与敢想敢做，另一方面，更离不开弗里德里克·泰勒在其管理学理论中的诸多创见。无论是福特还是泰勒，无论是实际从事经营的企业家还是从事理论研究的学者，他们的一个共识就是：永远要重视从生产经营第一线获取的信息与知识，因为从这里才能最大限度地获得企业经营的创意与构思。杰克·韦尔奇曾经坦言："自从1972年第一次得到任命以来，我就想办法走出办公室，和那些真正干实事的人在一起。我至少花三分之一的时间跟通用电气公司的各种企业在一起，我不清楚作为首席执行官应该在基层花多少时间才合适。不过，我明白我每天都在努力尽量不在办公室里办公。"很明显，这一观点，无论在业界还是学界，目前都已经成为一个共识。实践才能出真知，正是来自第一线的声音，让经营者与学者们永远能保持富有创造力的头脑，从而做出明智的决策。这一黄金法则，值得杰克·韦尔奇与亨利·福特铭记，值得弗里德里克·泰勒铭记，也值得更多人铭记。

顾客的大脑是无尽的宝藏

> 在这次拜访中，我学到了一个我真正喜欢的沃尔玛理念。……最基层水平上的客户，在每一家商店柜台旁边的消费者，他们的需求每周都会被沃尔玛的最高管理层准确地感受到。
>
> ——杰克·韦尔奇

经营企业，绝不是一件容易的事。按照商界流行的一句口头禅所说，商场如战场。可以想见，为了争夺那早已被诸厂商万众瞩目的市场份额，经营者需要付出多少智慧与心血。也正是因为这个原因，企业的领袖必须是思维活跃、富有创新精神的人，毕竟，只走常规的老路，将面临太多的竞争者。

那么，从何处获得创新的灵感？

首先，当然是自己的下属，尤其是自己的亲信。能身居高位，担当一方"诸侯"甚或自己的副手，这证明了他们确有过人之处。更何况，能够被自己布局在关键岗位，则说明了他们与自己非同一般的关系，双方的沟通肯定也通畅而高效。比如通用电气公司的副董事长约翰·伯林盖姆，就是杰克·韦尔奇非常倚重的一位帮手。而他也确实在很多时候能成韦尔奇所不能成，用自己卓越的才智，为公司解除心腹大患。

其次，这个灵感也可以在自己亲赴基层第一线时，由劳作在第一线的员工那里获取。实践才是检验真理的唯一标准。在商界打拼，天马行空的想象力并没有太大的用处，立足于现实的方案，往往才能真正解决问题。深谙此道的韦尔奇，通过对整个通用电气公司进行"群策群力"的战略布局，有力发掘了数十万通用电气员工的宝贵经验，让那些在经理人看来无从下手的问题，被奋战在第一线的员工们凭借丰富的经验轻松化解。可以说，这等于是把集思广益的范围，由数十人扩展到了数十万人。毫无疑问，企业的创新能力与问题解决能力，能被多少倍数地放大。

但是，真正的商界领袖之所以能取得令人称道的成就，正是在于他们不会放过向任何人"取经"的机会。无论是自己身边的亲信，还是生产第一线的工人，他们毕竟都是企业内部的人员，而在企业之外，其实还有一个人数更为庞大的"智囊团"，那就是企业的顾客们。事实上，企业通过整合各方面的生产、经营要素，提供出尽自己最大能力可以提供的产品或服务，归根结底不正是为了去赢得顾客们的青睐？如果顾客们才是企业各种活动的最终目的，那为什么不最初就搞清楚顾客们的所思所想，从而更好地为他们服务呢？明智的经营者，一定会在发掘企业内部所有潜在创意的同时，也注重对顾客们的倾听与分析。哪怕是顾客们的只言片语，也极有可能会为经营者提供宝贵的灵感，以创造出更好的改进方案。

作为全球最好的职业经理人之一 ——如果非要加上"之一"两字的话——的杰克·韦尔奇，自然不会放过向顾客们寻求灵感的机会。但说起来，他的这个想法，其实相当程度上是源于他的一位好朋友山姆·沃尔顿。

作为多次排名世界 500 强榜首的沃尔玛公司（Wal-Mart Stores, Inc.）的创始人，山姆·沃尔顿（Samuel Moore "Sam" Walton）的声誉早已远播美国本土之外。沃尔顿的沃尔玛连锁超市，已经和麦当劳、百思买等大型连锁企业一样，成为全美大众阶层的主流生活方式之一。而沃尔顿家族，也因为其拥有远超世界首富比尔·盖茨的总资产（在巅峰时期家族内曾有 5 人跻身福布斯富豪排行榜的前 11 名），而被视为全美第一富豪家族。

那么，成就山姆·沃尔顿及其家族的财富密码是什么？每一种成功，无疑都是多重因素的综合作用，但显而易见的是，山姆·沃尔顿对顾客需求的执着追求，是其成就沃尔玛商业帝国的一块重要基石。事实上，沃尔玛公司那句著名的信条，就是"让顾客满意"。山姆·沃尔顿也曾经说过，"请对顾客露出你的八颗牙"，因为在他看来，一定要做到对顾客真诚如斯，才能真正赢得顾客们的心。不仅如此，山姆·沃尔顿还要求，当顾客走近员工 10 英尺以内时，员工必须要面带微笑地对顾客行注目礼，并耐心细致地回应他们的任何问题或建议，这一法则后来也被概括为成就了沃尔玛辉煌业绩的"10 英尺法则"。

由此可见，山姆·沃尔顿是一位何等的"顾客服务狂"。所以，当有一次杰克·韦尔奇与好友山姆·沃尔顿在去往机场的路上途中，共同"微服私访"地参观一家沃尔玛超市时，山姆·沃尔顿的下列行为，也就不难理解了：他突然抓起一个话筒，大声向全体顾客们宣布，自己和通用电气公司的杰克·韦尔奇来了，如果谁有任何关于通用电气产品的问题，可以马上来找韦尔奇本人进行沟通！当然，最后的结果是并没有一位顾客来向韦尔奇"找碴儿"，但这看似不给韦尔奇面子的举动，其实正说明沃尔顿把韦尔奇当成了真正的朋友。一方面，这显示了沃尔顿对通用电气公司产品的质量有十足的信心；另一方面，这更显示了这位视顾客建议为生命的真诚企业家，是多么希望韦尔奇也能从顾客们的言语中，找到有利于企业发展的灵感。

杰克·韦尔奇也后来感叹，"在这次拜访中，我学到了一个我真正喜欢的沃尔玛理念。……最基层水平上的客户，在每一家商店柜台旁边的消费者，他们的需求每周都会被沃尔玛的最高管理层准确地感受到。"此后，韦尔奇也更加重视对顾客们反映的搜集。他在通用电气公司内，开始推行一项被称为"快速市场信息"（Quick Market Intelligence，简称QMI）的计划。根据此计划，通用电气公司的高管们，必须要每个星期都给一线的销售人员打电话。除了询问公司的物流管理、渠道管理、产品品质管理等事项在第一线的落实情况外，打这个电话，更是为了询问顾客们对通用电气公司的产品有什么反应：是完全满意，还是不完全满意，如果有不满意之处，那么顾客们期望中的服务应该是什么样的。

这项计划被真正落实后，韦尔奇本人非常满意其取得的效果，并对其有过深刻的总结："它把我们所有管理领导人员与顾客之间的距离拉近了，我们在现场解决产品的货源问题，并能发现一些产品的质量问题，如果不是通过这种做法，这些问题一般要经过很长时间以后才能被发现。"正是通过向顾客的大脑寻求灵感，通用电气公司才成为了一个更伟大、也更有创造力的企业。

让顾客主动提出自己的建议与需求，使顾客的急切愿望得到及时满足，这将给企业带来更好的客户满意度，进而赢得更大的市场份额，和更高的经营利润。但是，在这一点上，也必须要注意一个误区，那就是企业不能对顾客们唯命是从，把它们的任何直接要求当成是金科玉律。

汽车行业的巨子、福特汽车公司的创始人亨利·福特就有一句名言："如果我问顾客想要什么，他们可能会说自己想要一匹快马。"终其一生，亨利·福特也一直是在扮演顾客"挑战者"的角色，用更新科技和更强马力的汽车，来刷新顾客们对人类代步工具的认知。在他看来，顾客们虽然会在产品投入市场后喜欢上你的产品，甚至为之改变自己的生活方式（比如开车代替骑马），但是在产品出现前，他们无法预估产品会有多少可能性，也看不到行业内产品的未来发展趋势是什么。

　　顾客，并不是专家，他们应该被企业内的专家所引导，而不该引导专家。如果只是全身心致力于解决顾客提出的直接问题，那么，今天的美国就不会是"车轮上的国家"了，而将成为"马背上的国家"。这个全民皆"牛仔"的国家，显然也无法取得日后的辉煌成就。

　　当然，就算是看似离经叛道的亨利·福特，其实也并没有停止对顾客大脑的探索。福特汽车公司之所以能研发出日后那些划时代的车辆型号，是完全离不开对顾客需求与建议的分析的。顾客需要更省力、更高效的代步工具，而汽车的确比骑马方便快捷得多；顾客希望产品能更加物美价廉，而福特的各种汽车，其价格也的确是在不断下降的。分析顾客的真正欲望，并以适合企业自身、也适合行业发展方向的方式去满足它，这才是从顾客身上汲取创新灵感的精髓。

　　如果一家企业的领导者能够像杰克·韦尔奇一样，终身致力于激发企业的创新活力、引领企业内各领域的变革，那么，向下属取经，向第一线员工取经，以及向顾客取经，将成为他日常经营活动中必不可少的任务。而在真正能做到这三点后，他也将成为韦尔奇式的创新者与成功者，拥有一段属于自己的经营传奇。

第十一章　去除边界
让你的企业提升生产力的管理秘诀

不同事业部之间无界限地交换意见应该是很正常的事情。

——杰克·韦尔奇

别让边界成为企业的"白内障"

> 组织的层级是公司规模过大带来的另一个问题。对此，我曾经用穿太多毛线衣来做类比。毛线衣就像组织的层级，他们都是隔离层。当你外出穿了四件毛线衣时，你就很难感觉到外面天气到底有多冷了。……另一个影响比较大的比喻是，我把公司比作一幢楼房。在我看来，楼层好比组织的层级，房屋的墙壁则如同公司各职能部门之间的障碍。公司未来获得最佳的经营效果，就必须将这些楼层和墙壁拆除，以便创造一个开放的空间。在这个空间当中，各种各样的想法都可以自由地流动，而不受任何等级或职能的限制。
>
> ——杰克·韦尔奇

担任一把手，与担任其他的位置——包括仅次于一把手的二把手——相比，都有天壤之别。在成为一把手之前，哪怕你已经成为公司的副董事长，也有一个你的汇报对象。此时，你仍然只要负责好自己职权范围内的业务运营与业绩即可，而且你也深知，在自己的头顶之上，还有一个更大的负责人，所以自己并不需要背负整个企业里最重的职责，同时也不需要考虑诸如整个企业的未来之类的全局性问题。

但是，担任了一把手之后，整个企业的重担就再也无法从自己的肩上放下了。此外，企业的最高领导者，也必须能够以全局性与统筹性的眼光，来看待整个企业的长远发展潜力。对于有碍企业成长的因素，就必须要以雷霆千钧之势把它拿下。因为，让企业提升生产力，才是企业领导者——尤其是企业的最高领导者——的第一要务。业绩才是一切。如果公司的某些传统不利于公司业绩的增长，那么，公司的领导者就有义务立刻开始提倡一种全新的企业文化。

而这，正是杰克·韦尔奇在刚刚执掌通用电气公司时，所面临的真实境况。1981 年 4 月，这位年仅 45 周岁的青年才俊，从前一任公司董事长雷吉·琼斯手中，接过了他光芒万丈的头衔，同时也接过了他沉甸甸的重担。通用电气公司的增长速度，绝不能在韦尔奇的手中有所放缓，否则韦尔奇就会是整个公司历史上的平庸之辈。但是，在度过了刚刚执掌如此规模庞大企业的新鲜感之后，杰克·韦尔奇迎来的，是深深的不安。因为公司此时的官僚主义作风已经深入了整个公司的肌理。

20 世纪六七十年代，应该算是美国历史上一个对商业发展很有利的时期。彼时，第二次世界大战的战火已然平息。大规模援助欧洲的马歇尔计划，客观上促成了更多美资企业走出国门，向海外市场大幅扩张。而有利于美国经济的布雷顿森林体系金融秩序的建立，更让美元具有了全球性的统治地位，而被尊称为"美金"。由此，许多美国各行业的巨头们，都迎来了本公司发展史上一个高速扩张的时期。通用电气公司作为全美最著名、规模也最为庞大的企业之一，自然也不例外。到了 20 世纪 80 年代初，通用电气公司的全球业务都有了相当幅度的增长。

但是，任何事情毕竟总是有利也有弊。在公司规模狂飙突进的同时，也非常容易滋生公司的官僚主义作风。在一个相当短的时间之内，公司的组织机构，就可能变得臃肿起来。许多以前从未设置过的职位，纷纷如雨后春笋般冒出来，再被一位位职业经理人填满。更不必提由此带来的推诿扯皮与自私自利的工作作风。可以说，这类边界森严的大企业病如果不及时得到控制，那么，在起初看起来只有"伤风感冒"一般的症状，也是完全有可能渐渐发展成为难以根除的"癌症"的。

而在杰克·韦尔奇眼中，此时的通用电气公司，正在一点点加重其大企业病的症状。是的，1980年的通用电气公司，是一家总价值高达250亿美元、总员工数多达40万人的业界"巨无霸"，并且拥有着年利润高达15亿美元的强大盈利能力。但与此同时，通用电气公司当时也有多达2.5万名经理级别以上的职业经理人，并且其从第一线到高层的层级之差多达12层。这些拥有管理者头衔的雇员们，每个人平均仅仅只负责7个项目的工作职责。

中层干部的队伍就已如此庞大，高管队伍的情形也不容乐观。在当时的通用电气公司，有超过130名高级职业经理人拥有副总裁及以上的头衔。并且，因为副总裁们太多了，各副总裁们头衔的前缀也变得不伦不类、千奇百怪，诸如"公司运营服务副总裁"、"公司企业咨询副总裁"这样的头衔，实在难以表述出头衔所有者的确切职权范围。

这样冗杂不堪、边界繁多的公司组织架构，对公司的日常经营与未来发展，无疑是非常不利的。

一方面，过多的业务层级，使得通用电气公司在浪费人才资源与薪酬资金的同时，也使得公司的高层，对公司旗下工厂生产操作第一线的了解越来越少。杰克·韦尔奇曾经去位于马萨诸塞州的一间通用电气公司飞机引擎制造厂视察。在韦尔奇来到这家工厂的锅炉车间时，他与车间的各级员工们畅谈起来，以了解工厂方方面面的情况。当韦尔奇得知，这家飞机引擎制造工厂连锅炉操作的监督都分配了多达4个层级的管理职位时，韦尔奇简直惊呆了。

完全可以想象，通过这么多层级的流程传递，其锅炉操作的第一线真实状况，在来到这家工厂总办公室时会是多么失真。而这还没离开这家飞机引擎制造工厂呢，天知道当工厂的每一个业务数字、每一个产品细节传递到通用电气公司总部的时候，会变成什么样子。可以说，过多的管理层级，完全就是公司的巨大累赘，哪怕是对通用电气公司这样业务繁多的巨头级公司。

另一方面，即使再精明强干的人才，在这样庞杂的公司治理体系之下，也会一点一点学会推诿扯皮，开始一步步变为"闲杂人等"。杰克·韦尔奇刚刚开始担任通用电气公司掌门人时，区区几千万美元的采购单，也许要这位公司董事长兼首席执行官本人的亲笔签名。而任何一项稍微重要一些的资金支出，也需要通过韦尔奇的批准。手握一家规模如此巨大公司的治理权杖，韦尔奇却每天都必须面对一大批经费申请表，来扮演一位放大版的采购经理。甚至有一些申请表在送到韦尔奇面前之前，已经有多达 16 位职业经理人签过名。能够在通用电气公司这样的名企任职，这 16 位管理者的资历与智商肯定都很出众，但是在公司如此官僚化的制度下，他们每天似乎都把相当一部分时间用来做了无用功。

如此的现实窘境，也给了杰克·韦尔奇巨大的改革动力。韦尔奇深知，必须尽可能消除通用电气公司在日常运营中的那些边界与藩篱，否则，这些"白内障"将使公司彻底迷失前进的方向。

韦尔奇大幅削减了通用电气公司一些不必要的职位。本来一位只需要负责 7 件事的管理者，在韦尔奇去除边界的改革后，则需要负责 15 个事项。而即使到了杰克·韦尔奇退休，通用电气公司规模扩大为原来的 6 倍时，整个公司的副总裁，才比韦尔奇刚上任时多了 1/4，而经理的人数更是有略微的减少。原来需要 12 个层级才能沟通业务第一线与公司的高层，在韦尔奇的改革后，也基本只需要 6 个层级。设立 4 个业务层级去监督锅炉操作的日子，一去不复返了。

另外，韦尔奇废除了许多冗杂的批准流程，以拆除管理者们头脑中固有的狭小职权边界。比如，申请经费的表格，韦尔奇就要求不许再递交到董事长办公室里来。通用电气公司聘用了这些职业经理人，就是让他们负起自己应尽的职责的。通过表格的形式层层推诿自己的责任，最后把包袱甩给公司的最高领导者，这会让公司最终成为“各扫门前雪”的高边界阻隔的失败者。此后，杰克·韦尔奇在近二十年的公司管理生涯中，再没有亲批一张采购申请表，通用电气公司这种“穿了太多的毛衣，有太多的楼层和墙壁”的现象，以此例为契机，得到了有效的遏制。而这些相应的职责，则被韦尔奇的部下们很好地担负了起来。同理可以想见，这些职业经理人的才华，也终于有了更大的用武之地。

企业发展到了一定程度后，必然会患上一定程度的大企业病，这几乎是无法避免的客观事实。但是，也正因如此，扫除官僚主义作风，把企业内存在的边界尽可能地拆除，才是公司领导者所不可推卸的责任。杰克·韦尔奇曾经自豪地回忆道：“在那些日子里（指刚刚接任公司董事长一职时），我到处投掷手榴弹，力争把那些我认为阻碍我们前进的公司传统和无聊会议统统炸掉。”这才是顶级企业家的作风，因为在这样的强制措施之下，公司的生产效率才能被最大程度地激发出来。

对于"无边界"，信奉者上位

> 会场里一片默然，安静得连针掉在地上的声音都能听到。当我说明这几个经理人员离职的主要原因，是缺乏无边界行为时，这一理念开始真正进入到人们的心灵深处了。你能够感觉到他们在思索：是的，这一次是动真格的了。他们开始明白这些价值观究竟意味着什么了。
>
> ——杰克·韦尔奇

一家有边界和藩篱的企业，难以成为真正卓越和持久保持高业绩的企业，这已经成为当今商界的常识。而之所以打破藩篱能够如此深入人心，则离不开杰克·韦尔奇所提倡的"无边界"运动。自从韦尔奇以无边界的管理和运营方式，在通用电气公司取得了巨大的成功后，这一理念，就逐渐开始成为全球所有企业的共识。而韦尔奇的这个天才般的设想，居然是来源于韦尔奇在一次度假时的偶发灵感。

刚刚全盘接管通用电气公司时的杰克·韦尔奇，被公司浓重的官僚主义氛围逼得几乎难以呼吸。这种各部门、各业务单元之间遍布阻隔的公司组织架构，实在让韦尔奇很不习惯。在 20 世纪 80 年代，如何尽快地去除通用电气公司的"边界"，成了韦尔奇每日都在朝思暮想的重大课题。

1989 年的 12 月，韦尔奇和自己的再婚妻子简，来到了加勒比海的著名旅游胜地巴巴多斯，来度过他们业已推迟了 8 个月的新婚蜜月。在巴巴多斯岛的海滩上，充满加勒比异域风情的海景，让杰克·韦尔奇全身心地放松了自己。在闭目养神之中，韦尔奇的脑海中突然闪现出一个灵感：既然自己如此致力于去除公司的边界，而且也已经在前几年取得了不错的阶段性成效，那么，何不发起一场真正的变革，让消除边界成为整个通用电气公司上上下下的集体共识？而对于这项旨在去除边界的变革，还有什么会比"无边界"（Boundaryless）这个名字更理想吗？

就这样，突如其来的灵感，让韦尔奇兴奋不已，以至于在这一整个度假期间之中，"可怜"的简都在听韦尔奇念叨这个有些拗口的单词。一个星期之后，杰克·韦尔奇夫妇的度假结束，韦尔奇前去参加了通用电气公司在博卡召开的业务会议。按照惯例，这个会议将由通用电气的掌门人韦尔奇本人亲自致辞结束。而在韦尔奇的发言稿中，其最后的五页，竟统统都是关于无边界运动的。并且，对于这一重大变革，韦尔奇也在会议上充分表明了自己对此的信心："我称无边界这一理念会把通用电气公司与 20 世纪 90 年代其他世界性的大公司真正区别开来。对于这一前景，我并不是大言不惭的。"

的确，看看韦尔奇本人所描述的无边界运动会触动哪些方面的内容，就可以很容易看出这项运动的威力："我预想中的无边界公司应该将各个职能部门之间的障碍全部消除，工程、生产、营销以及其他部门之间能够自由流通，完全透明。在无边界公司里，国内或者国外业务将没有区别，它意味着我们在布达佩斯或者汉城（即现在的首尔）工作就像在路易斯维尔和斯克内克塔迪一样自如。"如果真的能够实现整个通用电气公司的无边界化，那么，公司将在更好地整合公司内部与整个上下游产业链之后，进一步提升公司的生产力与产品品质。

众所周知的是，杰克·韦尔奇一位一旦认定了正确的理念后，就会义无反顾地大力推行之的高执行力企业领袖。无边界运动对于通用电气公司破除官僚主义作风、一洗企业过去的沉疴既然有神奇的效果，那么，韦尔奇就会尽力把这一变革送至通用电气公司的每一个角落。

在仅仅两年之后的 1991 年，韦尔奇及通用电气公司的高管团队们，已经在当年的公司人力资源会议上，对各位职业经理人们的无边界行为给出评级的分值。评级一共分为三级，分别为高级、中级和低级。如果一位职业经理人获得了低级的评价，那么，这位雇员将在两个"离开"之间自己做出一个选择：离开现在的岗位，或者离开通用电气公司。可以说，这次会议成为通用电气公司真正意义上进入"无边界时代"的标志，越来越少的管理者敢在公司表现出以前那种藩篱割据、条框僵死的工作作风。

而到了 1992 年，杰克·韦尔奇在此前的基础上，更进了一步。在当年的博卡会议上，韦尔奇与同僚们正式把通用电气公司的雇员们分成四大类，并对这些按其各自业绩表现不同而分为不同类型的职业经理人们，进行区别性对待。第一类的职业经理人，他们可以实现公司对其要求的既定目标，并且还能信奉与恪守公司的诸价值观，比如"无边界"的理念。第二类的职业经理人，则完全是第一类员工的反面，他们既不能完成其额定的业绩，也打从心底里就不认同通用电气公司的各类经营理念。第三类的职业经理人，则是那些虽然无法完成公司规定的任务，但还是能够认同、并实践公司的既定理念的雇员。第四类的职业经理人，他们在业绩上可以达标，甚至还可能超额完成任务，但是他们并不能认同通用电气公司所施行和推广的诸多理念与计划。

第一类职业经理人，通常会收获丰厚的奖金与更具有挑战性的职位，这无须赘言。同样无须赘言的，当然还有对第二类职业经理人毫不留情的处理，因为这于公司、于他们自己都是长远来看更有好处的。对于第三类的职业经理人，须知业绩是雇员们工作表现的核心指标之一，所以对其提出严重的警告并不过分。但是，与此同时，韦尔奇还是愿意给这些信奉通用电气公司既有理念的职业经理人们一些额外的机会，如果他们能够有更好的表现，那么，他们就还会是杰克·韦尔奇心中值得留在通用电气公司的一分子。对于第四类职业经理人的处理，则往往是最有技巧性的。在相当多的企业看来，这类人才毫无疑问应该留下，毕竟，他们为公司带来的是真金白银的业绩和利润，就算不那么信奉公司的信条，又有什么关系呢？但是，杰克·韦尔奇并不这么认为。通用电气公司从来不缺乏人才与业绩，而比增长业绩更紧迫的，或者说，更能从长远上增长通用电气公司业绩的，应该是公司上上下下能够齐心合力地贯彻公司的理念。第四类职业经理人，是杰克·韦尔奇绝不会留下的人。

因此，杰克·韦尔奇在当年的博卡会议上，仍然坚持让 4 位第四类雇员走人，就毫不令人奇怪了。在大会上，韦尔奇还直接点明了他们走人的原因：不是因为业绩不佳，而是因为他们对公司经营理念的抵触。后来韦尔奇曾回忆道："会场里一片默然，安静得连针掉在地上的声音都能听到。当我说明这几个经理人员离职的主要原因，是缺乏无边界行为时，这一理念开始真正进入到人们的心灵深处了。你能够感觉到他们在思索：是的，这一次是动真格的了。他们开始明白这些价值观究竟意味着什么了。"这次会议、这些做法，对整个通用电气公司实现无边界改革的效果，可见一斑。

通过使信奉无边界者上位、使不信奉者离开的铁腕措施，杰克·韦尔奇这位在全美乃至全球都当之无愧的"经营之神"，终于使得通用电气公司的官僚主义顽疾，有了一个质的改善。通用电气公司，也在接下来的岁月中，迎来了一个速度更惊人的发展时期，并最终成长为全球首屈一指的大企业。而这一切，都离不开杰克·韦尔奇对于自己信念的秉持。

特罗特的 "矩阵革命"

> 我到处宣讲劳合的矩阵,在每一个业务有共同之处的企业推广它。特罗特的矩阵成了整个通用电气公司的热门工具。从销售地域的比较到企业之间的原材料储备分析,在任何一个地方,只要应用了(劳合·特罗特的)矩阵分析方法,我还没见过在经营业绩上未取得显著改进的例子。
>
> ——杰克·韦尔奇

平庸的企业,与真正堪称伟大的企业,在表面上的差距可能并不会很大。甚至有时候,其差距只有一步之遥,但平庸者落后的那一步,正是使企业的生产水平发生质变的那一步:把战略以适当的方式运用到实践之中。

事实上,战略、思维、远景……所有这些宏大的词汇,在几乎全部企业的企业文化信条中,都在频频出现。但是,能真正实现企业领导者设想中的效果的,恐怕是寥寥无几。究其原因,则主要是因为提出设想与付诸实践完全是两码事。虽然绝不能说,实践者比理论家更加伟大,但是,双方至少是存在着互相无法替代的关系的。

商场如战场,可以以军事史为例。历史上最著名的几位军事理论家,都并不是具有丰富统兵经验的将帅之才。比如有着"西方兵圣"之称美誉、被广泛认为是西方近现代军事思想主要奠基人的卡尔·冯·克劳塞维茨(Carl Von

Clausewitz），就并没有太多的军队指挥履历。甚至其少将军衔，都是靠 1818 年担任柏林军官学校校长后，才得以晋升的。虽然克劳塞维茨稍显单薄的履历，完全无法掩盖其军事理论著作《战争论》所闪耀出的智慧光芒，但是，他并非一位能在真正意义上攻城拔寨的将军，这也是不可否认的。相反，历史上那些真正卓然不群的名将，则不一定会留下多少伟大的军事著作给后世。比如法兰西第一帝国皇帝拿破仑·波拿巴（Napoleon Bonaparte）、瑞典国王古斯塔夫二世（Gustav II Adolf）、神圣罗马帝国元帅欧根亲王（Prince Eugene of Savoy）、法国大元帅蒂雷纳子爵（Viscount of Turenne）等，这些世界军事史上屈指可数的名将，都在没有留下太著名的军事理论著作的同时，也都曾为自己的国家赢得过许多的重大战役。

而在商界之中，也发生着同样的情况。2013 年年初，大型咨询公司摩立特集团（Monitor Group）被四大会计师事务所之一的德勤公司（Deloitte）收购的消息，曾在全球工商业界和学界引起一时的轩然大波。这倒不仅仅是因为，摩立特集团是世界上最主要的顶级咨询公司之一。这则消息具有如此的轰动性，更是因为这家咨询公司的创始人之一，是被尊称为"竞争战略之父"与"管理学界活着的传奇"的迈克尔·波特（Michael Porter）。当然，摩立特集团的被收购，丝毫遮掩不了迈克尔·波特在管理学界的里程碑式贡献。大家也仍然把这位哈佛商学院史上最年轻的正教授，视为可与管理学史上最伟大学者相比肩的顶级战略管理大师。但是，如此杰出的管理学者，也未能避免其企业遭受被收购的命运，这就可知理论与实践之间，确实有着不容忽视的距离。

杰克·韦尔奇作为当代最伟大与最成功的企业经营者之一，就非常注重实践方法对于一个优秀设想的推动作用。韦尔奇甚至还偏执地不太赞同工商管理硕士毕业生或者咨询公司的咨询顾问这类学究派人才，加入通用电气公司担任要职。在韦尔奇看来，真正能给出问题的具体解决方案的人才，才是通用电气公司最需要的人才。

正是因为通用电气公司有一位注重实践的最高领导者，公司的诸多先进理念，才得以在最快速度和最大范围内得到落实。无边界运动作为杰克·韦尔奇所大力倡导的改革，自然也离不开良好的措施，来使之在整个通用电气公司上上下下得到落实和巩固。这一次站出来的，是通用电气公司电子产品事业部的副总裁劳合·特罗特（Lloyd Trotter）。

在杰克·韦尔奇于公司的博卡大会上，发表无边界运动的倡导宣言仅仅四个月以后，劳合·特罗特就在一次会议上，向韦尔奇阐述了自己新创造的一个矩阵工具，并坚信自己的这个矩阵，可以使通用电气公司的无边界化进程急速发展。具体来说，这个矩阵将提炼出通用电气公司旗下，每一家工厂的 12 个核心指标。这些包括订单完成率、库存周转率在内的核心指标，将由工厂的管理者本身按照 1 分到 5 分来进行评分，其中 5 分表示最优秀，1 分则表示最糟糕。通过这个矩阵的评分后，最终得出的分数，将可以区分各家工厂的经营状况的优劣。

韦尔奇立即对这一矩阵着迷了。这才是真正的无边界！通过劳合·特罗特的矩阵，通用电气公司旗下的所有工厂，都将参与到一场激动人心的比拼之中。这场跨越了地域、跨越了时区，甚至跨越了业务单元的竞赛，才真正体现了无边界的精髓，而只把对企业生产能力的贡献作为唯一的指标。这场"矩阵革命"，将使得杰克·韦尔奇提出的战略性理念，真正落实为通用电气公司管理制度的一个具体组成部分，并把公司业已存在的藩篱和阻隔最大限度地拆除。

在刚刚开始推行劳合·特罗特的这一矩阵时，还有些不顺利之处，比如一些工厂的管理者们，会自吹自擂式地给自己所在的工厂，打出并不与实际情况匹配的高分。但是，通过一段时间的规范之后，各家工厂的管理者们明白了分数必须保持客观而理性。

接下来，"矩阵革命"就让一些以前所不为人知的先进工厂，渐渐显露在公司的全体员工面前了。比如说，在所有工厂的平均库存周转率只有 12 次的同时，通用电气公司旗下一家位于北卡罗来纳州的工厂，其库存周转率竟然可以达到令人瞠目结舌的 50 次，是这个指标平均数的足足 4 倍有余。再比如说，在通用电气公司后来意图并购霍尼韦尔公司（Honeywell International）的过程中，一家来自于伊利诺伊州的传感器厂，其质量管控水平，居然达到了连杰克·韦尔奇本人也从未曾见识过的七西格玛的水平。这就意味着，这个厂一整年出厂的超过 1000 万个部件，将没有任何 1 个会有质量问题。

在劳合·特罗特的矩阵充当好了放大镜后，这些先进个例的优秀经营理念和管理经验，就会成为整个通用电气公司的财富。优秀的工厂一旦被报出名字和成绩，就会迎来大批的职业经理人争相拜访，学习其先进之处。这种在整个公司范围内的无边界运动，其效果有多么显著？杰克·韦尔奇本人的概括，就非常有说服力："我到处宣讲劳合的矩阵，在每一个业务有共同之处的企业推广它。特罗特的矩阵成了整个通用电气公司的热门工具。从销售地域的比较到企业之间的原材料储备分析，在任何一个地方，只要应用了（劳合·特罗特的）矩阵分析方法，我还没见过在经营业绩上未取得显著改进的例子。"

数字可以说明一切。20 世纪 90 年代，并不是一个市场普遍高速增长的时期。但就是在这段时间里，运用了劳合·特罗特的矩阵的那些业务，其利润率还是保持了相当可观的成长。1994 年，其利润率还只有 1.2%，到了 1996 年，其利润率已经升至 5.9%，而到了 2000 年，这一关键性指标，更跃升至 13.8%。劳合·特罗特的"矩阵革命"，最终被证明是一项成效巨大的发明。而无边界的理念，也因其对公司的生产能力确实有作用，而渐渐在通用电气公司的全体员工心中扎下了根。

一家大企业，有边界和藩篱这类"白内障"，不能说是不合常理的。但是，如果不能及时去除这些官僚主义作风的"白内障"，那么，企业的从优秀到卓越之路，就会遍布荆棘与泥沼。只有像杰克·韦尔奇在通用电气公司所做的那样，以巨大的决心和科学的措施，一点点使企业内部的边界变得模糊，最后臻于无边界的境界，才能进一步为企业的持续发展，提供不竭的动力和希望。

第十二章　剔庸纳新
让你的企业保持成长活力的管理秘诀

> 竭力尊重有能力的人，而让没有
> 能力的人滚蛋。
>
> ——杰克·韦尔奇

培养人才的投入没有上限

> 我很容易陷在克罗顿维尔，我的时间有很大一部分是在那儿度过的。
>
> ——杰克·韦尔奇

越是顶尖的管理者，才越能明白"人才"这个词的真正含义。

人才带来的惊喜永远不存在上限。他可能把一个长久亏损的事业部在两三年之间扭亏为盈，也可能研发出一款让对手丧失竞争勇气的划时代产品。水往高处流，人才也更倾向于优秀的公司。当一个公司尽可能多地把重要职位交给人才、而非庸才时，这家公司将拥有巨大的成长潜力。

但人才从来都很稀缺。除了靠吸引外界的人才，更重要的，其实是培养公司内部有潜力的员工。这些随着公司一起成长起来的未来人才，甚至有比外聘者更好的忠诚度和归属感。在培养人才上绝不应该设上限，这是任何的伟大企业家都不会怀疑的真理。

显然，杰克·韦尔奇就是一位愿意为人才的培养，完全不惜投入的精明者。他初登通用电气 CEO 之位后，在此方面最大的手笔，就是重塑新的克罗顿维尔培训中心。

克罗顿维尔是一所 20 世纪 50 年代由时任通用电气 CEO 拉尔夫·科迪纳（Ralph Cordiner）创立的学院。多年来，这个占地 52 英亩的学院，在通用电气的人才培养上扮演过重要角色。除了承担大量的培训任务，克罗顿维尔还曾编撰过近 3500 页的"蓝宝书"，此书在对无数公司鼓励或反对的做法做出高度提炼后，提出了通用电气公司内部著名的"POIM"原则，即"计划—组织—协调—衡量"原则，影响过数以千计的通用电气各级管理者。

但近些年来，克罗顿维尔的各项设施已渐渐过时，其在公司内的地位也一落千丈。在当时，克罗顿维尔更多的任务已变为技术方面的培训，以及发布各类信息。如在 20 世纪 70 年代石油价格出现暴涨，许多通用电气公司的职业经理人就被送来学习如何在通货膨胀的历史背景下进行管理。而当年和杰克·韦尔奇共同竞争 CEO 之位的 7 名主要候选人，只有 2 名曾来过克罗顿维尔学习课程。克罗顿维尔，已不再是通用电气培养精英的圣殿，而更多地成了公司内部失意者的安慰之地。

杰克·韦尔奇行动了。他找来了克罗顿维尔学院当时的负责人吉姆·鲍曼（Jim Baughman），向这位大胡子的前哈佛大学商学院资深教授阐述自己的设想。在韦尔奇看来，克罗顿维尔显然能承担更多责任。这里应该成为一个打破等级制度束缚、能让任何层级的管理者之间通畅交流、开放而交互性地传播先进思想的思维圣地。这里应该在深度改革之后，重新变得充满活力。

这次会谈的几周之后，两人又做了更为详尽的探讨。对于被选送至克罗顿维尔的对象，必须得是业绩优秀、潜力巨大的未来领袖，绝不能是临近职业生涯晚期的最后一次乞求奖赏者。而为了培养这批未来的领袖、日后的精英，通用电气将以大手笔的投入满足他们在克罗顿维尔的一切需求。

克罗顿维尔的设施和外观将得到巨大的改善。学院的大会议厅和阶梯教室将彻底翻新，学院的大门将得到修缮，并且将新建用于直升机的停机坪。以后，公司的高层往来克罗顿维尔将节约很多时间，毕竟这里是距离通用电气公司总部费尔菲尔德车程长达 1 小时的奥西宁。门面和交通要改善，居住环境也一样。克罗顿维尔以前的 4 人一间的房间太糟糕了，这简直像路边那些廉价的汽车旅馆。这里的居住环境将会改善至配得上通用电气这家公司的气质。当吉姆·鲍曼把他的预算方案交给韦尔奇时，韦尔奇撤掉了最后那部分的投资回报分析，并批注了一个词："无限"。

没有上限的不仅是资金投入。克罗顿维尔作为一个培训中心，硬件很重要，软件更重要。韦尔奇真正令人惊讶的，是他在软件上也近乎无限地投入。从前的克罗顿维尔，更多在学习其他公司的案例。但韦尔奇要求尽可能用通用电气自身的案例，争取能更有针对性和实用性。关于授课者，韦尔奇决定学习当时百事可乐公司的模式，让公司高管亲自授课，这个比例到韦尔奇即将卸任时已增长到 85%。韦尔奇本人也投入了自己的大量时间，如从 1984 年起的每年三期最高级管理课程，他都会莅临克罗顿维尔与学员们见面。后来，韦尔奇几乎每个月都要出现在克罗顿维尔一到两次，据他本人回忆，二十多年来，在克罗顿维尔分享过他的智慧与经验的通用电气公司员工，应有近18000 人。"我很容易陷在克罗顿维尔，我的时间有很大一部分是在那儿度过的"。众所周知，越是大人物，时间就越发宝贵。可以说，哪怕不考虑那些翻新的设施，仅是整个通用电气高管团队在其个人教学时间上的投入，就足以令克罗顿维尔焕然一新，使每一位前来学习者为之狂热。

有了如此规模的投入，克罗顿维尔的课程也呈现百花齐放之景。仅以培养领导力的课程为例，就有分别针对初级管理者、资深管理者和高级管理者开发的管理开发课程（简称 MDC）、企业管理课程（简称 BMC）和高级管理开发课程（简称 EDC）。管理开发课程每年 6~8 次，一个班 400~500 人；企业管理课程每年 3 次，一个班 50~60 人；而高级管理开发课程每年仅 1 次，一个班 35~50 人。课程大多采用密歇根大学管理学教授诺埃尔·蒂奇（Noel Tichy）的"行动学习"教学法，力求案例真实而富有操作性和实效性。

从此，每个奔赴克罗顿维尔学习的名额不再是可有可无的鸡肋，而是全体通用电气员工朝思暮想的真正荣誉。参加任何一个层级的课程，都必须获得相应层级主管的批准，如最高级别的高级管理开发课程，将由公司的人力资源总裁、一位副董事长以及杰克·韦尔奇本人共同批准。这样一个班级所能收获到的知识、经验与人脉，是可想而知的。同样可想而知的，是通过这样的系统培训后，学员们的潜力将得到多大程度的开发。《财富》杂志就曾由衷感叹克罗顿维尔是"美国企业界的哈佛大学"。

从克罗顿维尔的改造项目起，杰克·韦尔奇开始了其培养人才、发掘人才、尽展人才的浩大系统工程。通用电气公司，也成为全美乃至全球企业的人才培养典范之一。从通用电气公司走出去的人才，大多都能得到极富竞争力的位置，其中包括 CEO、CFO、COO 等企业主要高层职位。留在通用电气的人才，则齐心协力地在杰克·韦尔奇的率领之下，把通用电气一度带到了世界 500 强排名第一的至高地位。

而这一切在人才培养上的成功，都离不开杰克·韦尔奇付出的几乎没有上限的投入。因为，精明的他深知，"在这项投资上的回报将永远持续下去"。

这个世界并不完美

> 对于自己的错误，你没有必要念念不忘，或者感到伤心郁闷。
> 实际上，你越是幽默一点、无忧无虑一点，就越能够从中汲取教
> 训。犯错误不是毁灭性的。
>
> ——杰克·韦尔奇

这个世界绝没有想象中那么完美，以至于诗人普希金写下《假如生活欺骗了你》的诗篇。同样，在这个不完美的世界，也并不存在完美的人。

许多管理者在聘用或提拔人才时，经常会犯下一个错误：要求对象必须面面俱到，最好哪个领域都擅长，做什么都是一把好手，还必须兼具世间的一切美德。这不是在找人才，这是在找圣人。事实上，就是孔子和苏格拉底本身，也都有各自的缺陷。企业的长足发展和持续成长，归根结底需要的是人。只要一个人能在某些方面超过常人、能对企业有益，这个人对企业来说，就是值得任用的。当然，品德上能守住做人的底线，这也是重要的前提。

杰克·韦尔奇就曾经面对过这个问题。尽管他的缺陷并未阻挡他最终被提拔，但这次经历也在不断警醒着韦尔奇，纵览一个人才时，主要是要考虑他的才干与专长，如果对一些次要性的负面因素"牢骚太盛"，很可能就要与他失之交臂了。

韦尔奇在加入通用电气公司后，表现出了惊人的执行力和商业头脑。在

其通用电气生涯进入到第八个年头后，韦尔奇被提升为掌管整个塑料业务的负责人。当时，塑料业务是一项价值 2600 万美元的可观业务，在整个公司也有一席之地。经此任命，32 岁的韦尔奇，成了公司当时最年轻的业务负责人，不仅第一次获得了公司的期权，也第一次正式进入通用电气总部内高层的视野之中。

20 世纪六七十年代，塑料产业处于一个高速发展阶段。甚至有学者认为，20 世纪的 70 年代发展势头最猛的工业品正是塑料。但同时，通用电气也面临着不小的挑战。公司的主要竞争对手——杜邦公司的相关部门早已深耕此领域，以当时时髦的历新塑料为例，通用电气只有一个 5 人的团队负责此产品的宣传推广，而杜邦则有足足 40 人。

困难并未让韦尔奇屈服。韦尔奇以其富有策略性的管理艺术和富有创造力的营销战术，在与竞争对手的交锋中不断占得便宜。根据韦尔奇的说法，当时的塑料业务部"是在利用大公司的力量，以小公司的速度处理所有的事情"。在韦尔奇的领导下，通用公司的塑料业务到 1970 年已有了高达两倍的业务总额增长，此时距韦尔奇接手才不到三年时间。

对于任何一家用人机制成熟的企业，此时都应该考虑这位青年才俊的提拔问题了，否则，如果别的竞争对手——比如杜邦公司比你更早"想到"，那么就为时晚矣。事实上，通用电气已经做出了反应。在公司高层内部，正在考虑一个方案：让杰克·韦尔奇成为公司主管化学和冶金业务的副董事长，接管这项价值高达 4 亿美元的业务。但就在此时，通用电气人力资源部的负责人罗伊·约翰逊（Roy Johnson）向公司副董事长赫姆·韦斯（Herm Weiss）写了一份并不表示赞同的备忘录。约翰逊是一位直接向公司董事长汇报工作的通用电气公司重臣，在公司内部决策尤其是人事决策方面拥有重量级话语权。

也许是韦尔奇曾不经意间令约翰逊有过不满，也许是约翰逊对韦尔奇的性格并不欣赏，尽管现在已无从得知约翰逊当时的真实想法，但有一点毫无疑问——从此备忘录的言辞中，不难看出约翰逊确实非常反对韦尔奇接任此职务：

（这项任命）"将会带来比一般情况下更大的风险。尽管杰克有很大的勇气，但他尚有许多严重的局限。一方面，他有很强的驱动力去发展一项业务，有着天生的企业家素质，富有创新精神和进取心，是一个天生的领导者和组织者，而且他还有着高学位的技术背景"。

"另一方面，他多少有些武断，容易情绪化，特别是面对批评时，在涉及他的业务细节时，太容易陷进去出不来；对于复杂的情况，他更倾向于他那快速的思维和直觉，而不是依靠坚实的准备工作和员工的支持来走出困境。此外，在他自己的领域之外，对于通用电气公司的其他业务他有着某种反对现行秩序的态度"。

任何人都知道，在这类评语中，"但是"或"另一方面"后面的内容，比前面说的要重要得多。"另一方面"之后的话，哪怕只是婉转地点到为止，都将会对被评论对象有严重的负面效应，更何况此备忘录的言辞之激烈以至于斯。这等于是在暗示，杰克·韦尔奇就是一个头脑简单、情商低下的孤家寡人！

被公司的人力资源老大这样评论，按理来说，此人不仅此次提拔无望，而且很可能是再难翻身了。但幸运的是，公司的副董事长赫姆·韦斯还是支持了此次提拔。面对自己职业生涯中有史以来最严峻的考验，韦尔奇不仅成功涉险过关，还以此职位为契机，成功跻身通用电气高管之列，开始了其人生中全新的挑战。

其实，回顾杰克·韦尔奇的早年职业生涯就会发现，约翰逊的评语虽然很有过激之嫌，但韦尔奇自己也承认"他有些话说在了点子上"。和韦尔奇突出的营销才干、敏锐的商业嗅觉形成鲜明对比的，正是他某些性格中的某些缺点。

韦尔奇的出身并不高贵，他没有很浓的书卷味和知识分子气质，也并不善于公众演讲。韦尔奇记得，曾经在一次库珀斯顿的演讲时，开讲前他曾两度去洗手间调整心情，以更好面对台下数百位通用电气的管理人员。而他不仅言辞算不上典雅，性格甚至还有些粗鲁。相对于严谨工整的书面报告，韦尔奇更愿意听下属们的当面报告。在开会时，韦尔奇更青睐员工们"大叫大嚷，声音雄浑，生气勃勃"。其本人甚至在情绪高涨时会脱口而出一些"过分"的话，比如"我6岁的孩子都会比这做得好"。当时甚至有个传闻，说杰克·韦尔奇在开会时曾激动地跳上桌子大声咆哮。虽然这完全是添油加醋后的谣传，但可想而知，韦尔奇在通用电气这类典型的大公司，会受到相当一部分官僚主义者和保守主义者的质疑。

好在通用电气公司最后接受了这位年轻天才的不完美。明智者不仅有这次的副董事长赫姆·韦斯，更有未来通盘考虑公司接班人的通用电气 CEO 雷吉·琼斯（Reg Jones）。这些通用电气公司领袖们都明白，世上从来就没有完人。对于经营者来说，执行力、商业头脑和管理能力等，这些才是最核心的素质。而那些诸如演讲水平等次要因素，绝不应该把它们放在与之同一高度进行考量。韦尔奇后来也曾经感言："对于自己的错误，你没有必要念念不忘，或者感到伤心郁闷。实际上，你越是幽默一点、无忧无虑一点，就越能够从中汲取教训。犯错误不是毁灭性的。"通用电气公司选择了这位不完美的杰克·韦尔奇，韦尔奇也用自己瑕不掩瑜的才干，让通用电气公司一步步接近完美。

缺点运用恰当，也能变为优点

> 我虽然接受了这份工作（通用电气公司的首席执行官），但其
> 实有很多形式上的首席执行官技巧我并不具备。……但是我的的确
> 确知道自己想要这家公司感觉起来是什么样子的。那是我没有称之
> 为文化，不过它确实是一种文化。
>
> ——杰克·韦尔奇

如果说，摒弃一个人的缺点而只用他的优点，这需要的是信任，那么，恰当地把一个人的缺点转化为可以利用的优点，这则需要智慧。

自古以来，中国并不是一个全心致力于发展商业的民族，但它许多的古老智慧，在商业时代的今天，仍闪烁着理性的光辉。"祸兮，福之所倚，福兮，祸之所伏"，《道德经》中的这句箴言，实则对企业的用人有重要指导意义。一个企业想要长足发展、想在各领域都尽量做好，则必然需要多元化、全领域的各类人才。而只要是一种才华，就必然有其用武之地，哪怕施展此才华的舞台有大有小。当某种才华被放置于不恰当的舞台之时，此人多半将难以胜任岗位，乃至被同僚视为其全身是缺点。相反，如果是一位经验丰富的管理者，则很可能可以给此人换一个适合其特质的职位，大众眼中此人的缺点，也将迅速转变为优点。

杰克·韦尔奇的缺点根本无须赘述。在一部分人眼里，这位略微有些口吃

的中等身材（他身高 173 厘米，在西方国家绝不算高大）男子，实在无法与其世界 500 强公司 CEO 之头衔匹配。他演讲时，令一些人昏昏欲睡的，除了他稀松的头发，更有他难以临场发挥的口才。他唯一一次参加新闻发布会是在自己的 CEO 接任仪式上，而他的发言仅是一字不漏地把准备好的演讲稿念完。他不善于面对公众，在刚刚继任时，不仅公司的数十万股东们不熟悉他，连各媒体也对他少有评价，或者干脆是"中子弹"这样负面的评价。而杰克·韦尔奇的前任呢？雷吉·琼斯（Reg Jones）性格沉稳、风度翩翩，是当时全美工商界声望最高的大人物之一，曾当选为《财富》500 强企业最佳 CEO。而韦尔奇对不能与之匹配合作的员工，态度毫不客气，解雇起来也完全不会手软，这更受到一些传媒界权威人士们的批评。

理论上说，像杰克·韦尔奇这样具有鲜明缺点的人，是无法在世界顶尖企业里堪当大任的。但是，管理学从来都是一门实践出真知的学问，一切理论都要服从于事实所写下的白纸黑字的答案。韦尔奇具有这样那样的缺点，但从业绩来看，他在任何阶段都是业务奇迹的缔造者。他因令人瞠目的销售额，32 岁即履任通用电气公司最年轻的业务负责人，又在短短三年内成为总公司高管的一员。他接任时的通用电气，尽管具有源于 19 世纪末的悠久历史和优良传统，但当时也只不过是一家市值 130 亿美元的一般性大公司。但在他把权杖交给继任的杰夫·伊梅尔特（Jeffrey Immelt）时，通用电气的市值已高达4800 亿美元，并在 20 世纪末曾登顶过世界 500 强的榜首。业绩为王，数字说明了一切。韦尔奇二十余年的通用电气 CEO 生涯，几乎是完美的。

现在回想起来，也许正是韦尔奇性格中的那些"缺点"，被雷吉·琼斯和韦尔奇自己深度挖掘后，最终使整个通用电气公司受益？他不善于辞令和套话，某种程度上，不正是因为他是个只做不说、行动为王的实干家？他对某些下属的"粗鲁",某种程度上,不正是因为他要求极高、雷厉风行,是一位只看业绩的真正领袖和深谙激励之道的员工教练?诚如韦尔奇本人所言:"我虽然接受了这份工作(通用电气公司的首席执行官),但其实有很多形式上的首席执行官技巧我并不具备。……但是我的的确确知道自己想要这家公司感觉起来是什么样子的。那是我没有称之为文化,不过它确实是一种文化。"他会是一位好的鹦鹉学舌般的演说家,但他也因此可能成为一位能埋头苦干的实干家。

辩证地来看,韦尔奇的这些"缺点",实则是非常有利于率领大公司继续走向辉煌的"优点"!

而放眼全球、纵览古今,把"缺点"变为"优点",成功运用某些在常人看来出乎意料的人才,往往会成为事情发生质变的胜负手。南北战争中,林肯总统的最终换帅成功,就是一次伟大的变"废"为宝。

南北战争的起因十分复杂,但这次战争在政治、经济、历史、文化甚至地理层面,都有深刻的必然性。可以说,在当时,共和党背景的亚伯拉罕·林肯当选总统绝非偶然,而这也必将会使南方部分蓄奴州退无可退,丧失一切以政治途径解决其前途的基础。1861年,南卡罗来纳州、路易斯安那州、佛罗里达州等6个南方蓄奴州终于走向最后一步——宣告独立。加上不久后"入伙"的得克萨斯州,新成立的所谓"美利坚联盟国",仅以7州之力,对抗美利坚合众国超过20州的庞大人力、物力和财力。

但惊人的是,在这场战争中,长期是南军占上风的一边倒形势。甚至在相当一个时期内,林肯方面的北军从趋势上看简直要以"保卫华盛顿"为战略目标了。其中的原因,除了南军看准北军缺乏战略准备而果敢开战之外,更重要的是,南军拥有一批能征善战的名将。其中的翘楚,就是日后大名鼎鼎的罗伯特·李（Robert Lee）将军。

罗伯特·李的父亲亨利·李（Henry Lee）也是一代名将，其军事才华曾深受"美国开国国父"乔治·华盛顿（George Washington）赏识并屡立战功，后来担任过弗吉尼亚州州长等要职。身为将门虎子，罗伯特·李曾以全年级第二名的优异成绩毕业于西点军校，并在南北战争之前的美墨战争中有过多次精彩表现。就是这位不世奇才，率领本应处于绝对劣势的南军连连告捷。他拥有敏锐的分析能力和杰出的指挥艺术，即使以劣势兵力也敢于发动进攻。他所统辖的北弗吉尼亚军团，被许多军事学者誉为美国历史上最出色的部队之一。

面对以罗伯特·李为代表的南军诸名将，林肯总统一开始也起用类似罗伯特·李的将才。北军的前三任总司令，全部都是性格和履历并无重大缺陷的将领。可惜，这走马灯式的换帅，并没有扭转败局。林肯终于痛定思痛，大胆起用格兰特为第四任总司令。

尤里西斯·S.格兰特（Ulysses Simpson Grant），从农场出生并长大，身材矮小，个性内向，在其四年的西点军校生涯中，竟从未参加过一次闻名校内外的西点舞会。而格兰特最著名的特征，还是他的嗜酒成性。格兰特早年甚至有因此被军队辞退的经历。尤里西斯·S.格兰特和罗伯特·李简直是两个极端，要知道，西点军校对罗伯特·李的毕业评语可是"此生表现杰出卓越，实为我校近年来少有的尖子，据其在校的表现，我们没有发现此生有任何不良的缺点"。

格兰特的走马上任，遭到了无数来自各方的反对意见——其中甚至包括国会。但是，林肯愿意为格兰特顶住一切压力。当有人当面状告格兰特又在酗酒时，林肯竟风趣地答道："请告诉我他喝的是什么酒，我好再送几桶给他。"

事实表明，正是尤里西斯·S.格兰特这位"酒鬼"，开始了北军一点点扭转战局的进程。此后的多个重大战役，双方呈现互有胜负之势，而即使罗伯特·李能获胜，南军也要付出惨重的兵力损失。一年后，南军战力几至殆尽，罗伯特·李被迫投降，格兰特的军队成功攻占南军的首府里士满。至此，美国重新恢复统一。格兰特将军的外号，由"酒鬼"变为"无敌的尤里西斯"。而林肯总统也因为自己的顽强抵抗和慧眼识人，最终为美国领土的版图奠定了坚实基础。林肯本人也跻身"总统山四巨头"之一，成为美国所有民众都尊敬和爱戴的伟人。

按照常理来看，一个喝酒误事的内向军人，岂能统兵与不世出军事奇才罗伯特·李抗衡？但是，面对罗伯特·李这样的天才，任谁与之交手都会损失惨重、锐气大挫。也许，一个能通过饮酒而拥有强大心理调整能力的将军，用屡战屡败后再屡败屡战的顽强血拼战术，才有可能在才华逊于罗伯特·李的情况下依然战胜他？

任何一个人都有他自己的缺点。只是，很少有人能如韦尔奇或林肯一样，明白缺点和优点在某些情况下完全可以相互转化。运用得当，员工们的缺点将成为其闪耀的优点，并最终合成为企业持续发展的推动力。

第十三章　创新求变
让你的企业不被时代抛弃的管理秘诀

只参与行业内最有前景的领域，
剥离没有创新空间的部门。

——杰克·韦尔奇

富有远见的点石成金

> 1978 年，当我作为一名部门主管首次了解这个公司的时候，通用电气公司的金融服务集团盈利 6700 万美元，资产 50 亿美元。到了 2000 年，通用电气金融服务集团盈利 52 亿美元，占公司总收入的 41%，资产 3700 亿美元。
>
> ——杰克·韦尔奇

很多的功成名就者，在总结其一生时，都会发出一句感叹：时间，才是自己最大的敌人。因为时代的洪流，在成就了无数光荣与梦想的同时，也无情抛弃了许多未能紧跟时代步伐者。

回顾往昔，多少的丰功伟绩，都在达到了历史上一个令人叹服的高度后，最终败给了时间。奥斯特里茨会战时的拿破仑（Napoleon Bonaparte），其展现出的排兵布阵艺术、虚实结合战术和战略洞察能力，都几乎达到了人类进入火器时代以来的极致。拿破仑以少胜多，勇挫两位皇帝、赢得这场三皇会战的最终胜利，也成功瓦解了延绵近千年的神圣罗马帝国，并划时代地深刻改变了整个欧洲的格局面貌。但是随着时间的推移，在莱比锡战役、滑铁卢战役等重大战役的失败后，这位堪称有史以来最伟大军事统帅之一的天才，也被迫在南大西洋的圣赫勒拿岛上终其余生，而自己所建立的法兰西第一帝国也随之顷刻间覆灭。

曾经如日中天、横扫欧陆的帝国，都可如过眼云烟般最终成为时代的泡影，就更遑论规模和影响都无法与之相比的各企业了。人们最近一次对此有强烈的感触，应该是原来的移动通讯巨头诺基亚公司（Nokia Corporation）的衰弱。几年前还几乎人手一部的诺基亚手机，在死守其早已过时的塞班操作系统、而完全落后于手机科技日新月异的发展第一线后，终于受到了时间给予的惩罚。到 2013 年 9 月，微软公司以区区 37.9 亿欧元的价格，收购了诺基亚公司的大部分手机业务，诺基亚公司曾经无比辉煌的商界传奇，也就此告一段落。

无论是大帝国还是大企业，一旦自己跟不上时代的脚步，就只能眼睁睁地接受败亡的命运。落后于时代的发展，被时代无情地抛弃，其结果就是如此惨淡。那么，如何才能做到及时追赶，甚至超越时代的进步呢？答案只有一个：在洞察未来发展的趋势后，永不停止地持续创新求变。

事实上，业已存在的巨头们，被那些"身板"比自己小得多的晚辈们淘汰，正是因为那些后发者能够不断创新，在跟紧时代的趋势后不断壮大自身。这些持续保持创新者，才是能够真正做到飞速发展、点石成金的强者。

从来不曾停下改善通用电气公司脚步的杰克·韦尔奇，自然是一位执着的创新者。事实上，通用电气公司中的相当一部分业务，就是在韦尔奇的手中与时俱进、发扬光大的。这其中，通用电气公司的金融信贷业务，绝对是韦尔奇点石成金的一个典范。

应该说，通用电气公司 1933 年就涉足了金融信贷领域，这个时间已经足够早了。但是，囿于公司主营业务的限制，通用电气在很长一段时间内，都并未给予这项业务足够的重视。在"二战"前那次举世闻名的大萧条时代，通用电气公司会为了使公司的工业产品——诸如电冰箱或电炉——有更好的销量，而为消费者们提供信用借贷。在这之后，通用电气公司内的其他一些大件商品，比如家具等，也会运用此手段进行促销。在 20 世纪 50 年代之后，通用电气公司开始为一些工业用品的买卖和租赁提供经费。60 年代末，通用电气公司才第一次开始涉足其他设备的出租业务。到了 20 世纪 70 年代末，通用电气才开始使自己的金融信贷业务进行多元化的经营，开始渐渐涉足不动产、贷款、信用卡等多种业务，但规模仍然保持在一个很小的范围。

这就是杰克·韦尔奇全盘接管通用电气公司之前，公司整个信用借贷业务的发展历程。如果按照通用电气公司本身的规模来比照，那么，其信贷业务完全只能算是在小打小闹。但是韦尔奇知道，信贷业务以一个这样的速度发展下去，是不明智的。20 世纪下半叶开始，金融业进入了一个相对快速的发展时期，在这个行业内投入大手笔，完全是回报可期的。更何况，信贷业务本身就是一种具有高额利润的业务，一般的工业行业的利润，根本无法与之相较。在 1977 年通用电气公司信贷业务只有约 7000 名员工时，其纯收益就能达到 6700 万美元，而公司电器业务的 1 亿美元纯利润，却需要多达 4.7 万名员工来合力创造。只要能有股实的起步资本和充足的人才储备，一家公司在金融信贷业务就能大有作为，而在这个世界上，有多少公司能在这两个方面与身为财富 500 强企业的通用电气公司抗衡呢？已深刻洞察了未来的韦尔奇明白，该是结束这项业务小打小闹的时候了。

有了杰克·韦尔奇的推动，通用电气公司对旗下的金融信贷业务立即投入了巨大的资源，这自不必多说。谁都知道韦尔奇在这家伟大公司中的权威性与话语权。与此同时，通用电气公司金融业务负责人的选拔，也是该项业务能否真正崛起的重要因素。在这个关键人选上，杰克·韦尔奇锁定了青年才俊拉里·博西迪（Larry Bossidy）。韦尔奇最早一次留意博西迪，是在 1978 年通用电气公司在夏威夷举办的高管会议上。在那次会议的间隙，博西迪与韦尔奇在一张乒乓球台上，有过一次令韦尔奇印象深刻的同场竞技。这场竞争激烈的比赛，让杰克·韦尔奇完全记住了这个心中充满拼搏精神与求胜欲望的年轻人。再后来，韦尔奇渐渐对博西迪的工作能力与职业素养有了更为深入的了解与肯定，并把这位未来之星提升为通用电气公司金融信贷业务的负责人。

在各类物质资源和经营人才均妥善到位后，通用电气公司金融信贷业务的发展，也就毫不令人奇怪了。从 20 世纪 80 年代开始，通用电气的金融业务常年保持了两位数的高位增长。与此同时，这项业务也在一点点扩张自身的经营范围，1977 年，它还只拥有 6 个小规模的融资公司，到了 21 世纪初，通用电气公司的金融业务旗下已拥有 28 个横跨各类行业的投融资公司。而一手操持该业务的负责人拉里·博西迪，也以其巨大的业绩和在工作中所展现出的敏锐商业头脑，被提升为通用电气公司的副董事长，成为一位在全球金融业都有相当话语权的资本巨子。

杰克·韦尔奇在数十年前富有远见的点石成金，让通用电气公司中一个类似鸡肋的业务，最终迸发出了其潜藏的巨大潜力。韦尔奇在 21 世纪初即将卸任之时，曾骄傲地宣布："1978 年，当我作为一名部门主管首次了解这个公司的时候，通用电气公司的金融服务集团盈利 6700 万美元，资产 50 亿美元。到了 2000 年，通用电气金融服务集团盈利 52 亿美元，占公司总收入的 41%，资产 3700 亿美元。"可以说，通用电气公司的这个占比多达四成以上的利润收入来源，完全是韦尔奇以自己的敏锐洞察力和执行力一手打造的。这项业务最终大放光彩，也充分地证明，在业务范围上不断保持契合时代脉动与公司经营特点的创新，将能够有力地维持企业的竞争力。

业务可以创新，市场亦然

> 数字说明了问题。我们的全球销售额从 1987 年（当时我们任命保罗为高级副总裁）的 90 亿美元，亦即总收入的 19%，上升到今天（2001 年）的 530 亿美元，占我们总收入的 40%以上。
>
> ——杰克·韦尔奇

如果一家企业想要保持高速的成长和高额的赢利，那么，它就必须顺势而为、从势而动。迎着历史的发展轨迹行进，将可以最大限度地做到与时俱进、基业长青。

而自从历史进入近现代以来，这个世界最显著的趋势，就是世界进入到了全球化的时代。从 15 世纪到 17 世纪的地理大发现以来，伴随着葡萄牙、西班牙等航海强国的崛起，地球上的各个大洲，被一条条贸易航线紧密联系在一起，各个国家的人群还从未有过如大航海时代中这般的密切接触。而到了 18 世纪的中叶，发轫于英国的第一次工业革命，真正意义上使得资本主义制度完成了从工场手工业向机器大工业的过渡。机器化的大生产，极大地促进了生产力的提升。商品经济的迅猛发展，使得以打开产品市场为迫切目的的全球化进程，又一次大大提速。而等到 19 世纪下半叶的第二次工业革命，电力代替蒸汽成为工业生产的主要动力时，人类又一次刷新了自身所能达到的生产力极限。从此以后，世界的各个国家，作为或市场或劳动力来源地的一分子而融入全球一体化的进程，就再也无法被阻止了。

也正因为如此，全球化的市场，才是人类社会进入现代以来，一家真正的巨头级企业所必须去争取的。只为了生机而存活的中小企业，可以不必理会本大洲，甚至本国以外的市场，眼前的这片市场，就可以让企业和企业的所有者过得很滋润。但是，如果是志在跻身世界 500 强名单、成为全球最伟大企业之一的公司，就必须放眼全球，力争使本公司的产品，成为世界各国消费者的首选。相反，随着时代在进步，市场也在日新月异地发生改变，如果一家巨头跟不上全球化的脚步而沾沾自喜、故步自封，那么，其被时代渐渐遗弃、最终从伟大公司的名单中被除名，也是指日可待的。

与其全美最大企业之一的身份相匹配的是，通用电气公司一直是一家致力于业务全球化的公司。在杰克·韦尔奇正式执掌通用电气之前，公司就已经迈开了其走向全世界的步伐。比如在欧洲，于 20 世纪 70 年代，通用电气公司就在法国参与了一个飞机引擎业务合资公司的组建，合作的另一方，是法国的一家国营飞机研发制造巨头。这家合资公司，后来承接了许多笔重量级的业务，其中就包括波音 737 飞机的引擎制造业务。再比如在亚太地区，还是在差不多同一个时期，通用电气公司就与日本的成濑公司（Nagase & Co.）组建了合资公司。这家柯达胶卷的经销商，为通用电气公司贡献了其在日本当地业务中的渠道与经验，并与通用电气公司一起致力于塑料产品的研发与制造。这家通用电气公司与成濑公司合伙的合资公司，后来还成为通用电气在全球范围内塑料业务的重镇之一。

尽管在 20 世纪 80 年代以前，通用电气公司就一直是一家有海外业务的公司，但是，1981 年 4 月正式执掌通用电气公司的杰克·韦尔奇，还是把公司的全球化进程大大提速了。事实上，"全球化战略"一直是韦尔奇为通用电气公司主推的几个长期战略之一，杰克·韦尔奇甚至因此获得了"全球化杰克"（Global Jack）的美誉。

在上任初期的几年内大力革新了公司的官僚主义作风之后，韦尔奇开始了其为通用电气公司向全球扩张的步伐。1987 年，韦尔奇委任公司中最杰出职业经理人之一的保罗·弗雷斯科（Paolo Fresco）作为通用电气公司负责国际业务的高级副总裁，并在英国伦敦设立了其业务总部。1962 年便成为通用电气员工的弗雷斯科，有着意大利裔特有的英俊与高雅。这位已在通用电气公司的欧洲分部、中东分部和非洲分部都分别担任过高级管理职位的经营专家，绝对是杰克·韦尔奇委派的这个职位上的最佳人选之一。

在接下来的岁月中，通用电气公司的全球化步伐，可谓真正地紧跟住了时代。

在 1989 年，英国的 GEC 公司，就向通用电气公司表示了合作意向。该公司的董事长阿诺德·魏因斯托克（Arnold Weinstock）表示，自己的公司现在正处于危险之中，有人意图要对其进行恶意接管。魏因斯托克所开口申请的帮助，正好是通用电气公司所希望的全球化合作的需求。于是，经过一场虽然不乏艰辛、却仍然饱含着双赢基础的谈判，一个双方都满意的协议就此达成。通用电气公司与英国 GEC 公司组建了合资公司，并且收购了后者的许多优质资产，比如 GEC 公司的动力系统业务、医疗设备业务和电器业务，等等。当然，这项合作对通用电气公司的最大收益，还是使得公司成功涉足了欧洲的燃气涡轮机的相关业务。

同样是在当年，通用电气公司还在弗雷斯科的全力运作下，收购了位于布达佩斯的通斯拉姆公司（Tungsram）的大多数股份。总部位于匈牙利的地理劣势，并不能阻止这家公司在技术上的全球领先地位。通斯拉姆公司，其实是一家在照明行业内，技术足可以与西门子公司（Siemens AG）、飞利浦公司（Philips Electronic N.V）等全球顶级巨头比肩的高精尖公司。在结束了这场并购后，通用电气公司又乘胜追击，于 1991 年并购了英国索恩公司（Thorn Lighting）的大部分股份。这两次战略清晰的交易，使得通用电气公司顺利战胜了几个强有力的竞争对手，成了全球电灯照明行业的霸主。

真正的全球化，当然也绝不能仅仅止步于欧美化。在杰克·韦尔奇执掌通用电气公司之前，通用电气就在日本等欧美以外的国家，完成了不少商业合作。而把"全球化战略"奉为圭臬的韦尔奇，就更不会停下公司在欧美以外国家的扩张步伐。比如，韦尔奇就曾在印度有过出色的合作纪录。20 世纪 90 年代前后，杰克·韦尔奇与保罗·弗雷斯科来到这个人口众多的国度，希望能在低成本医疗系统领域内，利用印度的劳动力价格和软件业发展状况等优势，找到一家当地的合作伙伴。经过多轮筛选和谈判之后，威普罗公司（Wipro）的董事长阿兹姆·普雷姆吉（Azim Premji）以其激情洋溢的个性，和深思熟虑的方案，赢得了通用电气公司方面的青睐。事实又一次证明了韦尔奇与弗雷斯科的独到眼光。通用电气公司与威普罗公司组建的合资公司，在很短的时间内，就成为印度医疗软件行业，甚至是整个软件行业内的巨头之一。而阿兹姆·普雷姆吉也由此成了一位身价高达数十亿美元的巨富，其在《福布斯》富豪榜上最高时曾排到 20 多名，被许多财经媒体尊称为"印度的比尔·盖茨"。而与这位"印度的比尔·盖茨"合资经营的公司，能为通用电气公司带来多少利润与声誉，自然是不言而喻的。

就这样，通用电气公司在杰克·韦尔奇的引领与保罗·弗雷斯科奋战下，开始在全球的多个国家生根发芽，播撒经营的火种。而通过无数的例证也可知，韦尔奇所一直致力于的"全球化战略"，成效是非常显著的。"数字说明了问题。我们的全球销售额从 1987 年（当时我们任命保罗为高级副总裁）的 90 亿美元，亦即总收入的 19%，上升到今天（2001 年）的 530 亿美元，占我们总收入的 40%以上。"韦尔奇本人的总结，数据已经说明了一切。"全球化战略"使得通用电气公司在市场范围上，也有了一个能够成功发生质变的创新。而像通用电气公司这样持续保持着创造力与洞察力的企业，也将永远会闪耀在浩如星海的商界，成为无数企业在业务裹足不前时的启明星。

紧跟电子商务时代的步伐

> 有些持怀疑态度的人，认为我们在通用电气公司已经不可能再提高效率了。他们常问我，在我们这只柠檬里还有没有可以榨出来的汁。其实网络给了我们一只全新的柠檬，一个柚子，甚至是一个西瓜——全都放在一个盘子里。
>
> ——杰克·韦尔奇

与时代保持同步的更新速度，将可以收获许多的红利。比如，在业务范围上和业务市场上的创新，将有助于企业寻找到更为广阔的商业机会，从而创造性地使企业的营业额有一个巨大的飞跃。

但是，在这些红利之中，最重要的一条是当属企业把时代最前列的科技成果，运用到企业自身时所产生的红利。在统计学中有一个专业术语叫"呈指数增长"（grow exponentially），而人类在科技上的演进历程，则是典型地表现出以指数增长的趋势。从爬行到行走，人类所耗费的都是数以万年计的时间。而哪怕是现在看来简陋到极致、已早早被时代淘汰的蒸汽机，都只被改良了大约 3 个世纪。这就是人类发展速度跃升的一个缩影。看看数十年前的汽车、唱片、电脑、随身听等款型与性能，这些在当年还属于高新科技范畴的物品，以现在的眼光来看，几乎都笨重和低效得与古董没什么两样。

这就表明，如果一家企业未能及时与时代保持同步的更新换代，那么，这家企业也很可能会在不久后成为"古董"。在产品线和市场的扩张与革新，当然会对企业的发展增益不少。但是，说到底，企业凭借自身主观能动性，勤改革，练内功，这才是驱动一家企业真正走向卓越的最重要环节。毕竟，外因的作用永远无法与内因的作用相提并论。所以，一家企业所能运用的当代最新科技成果，将在很大程度上决定该企业是否能紧跟住时代的步伐。

而在杰克·韦尔奇接管通用电气公司以来的 20 世纪下半叶，全球最重要的创新发明，无疑是互联网（Internet）。事实上，互联网很可能是人类有史以来除了火和轮子以外，最重要的几项发明之一。这个于 1969 年由美国科研人员所始创的庞大网络，把包罗于全球范围内的互联计算机紧密联系在一起，大大方便了知识的存储与信息的传递，使人类在信息时代的今天，迸发出了包括两次工业革命在内都无可比拟的创造力和生产力。不仅如此，自从 20 世纪 90 年代互联网开始被运用于商业领域以来，基于互联网的电子商务，已经成为全球经济发展有目共睹的重要引擎。毫无疑问，能否搭上电子商务这趟快车，已经成为 21 世纪全球各大企业所共同面对的重大课题。

令人有些不敢相信的是，出于种种原因，杰克·韦尔奇这位眼界长期领先于世界发展潮流的远见卓识者，对于互联网这一新兴事物，却并未一开始就发现其潜藏的价值。甚至当 1997 年韦尔奇的妻子简已经在通过互联网交易股票时，韦尔奇仍未真正开始关注互联网，以及在互联网上方兴未艾的电子商务。

直到 1999 年的 4 月，韦尔奇和妻子简在度过他们的结婚十周年蜜月时，韦尔奇才在妻子的建议下，正式接触了互联网。没想到这稍许的接触，就让韦尔奇对互联网爱不释手了。"她哄我写了几封电子邮件，又带我看了几个网站。我一边继续度假，一边产生了上网查看新闻以及人们对通用电气公司的最新评论的急迫念头。有一回，我甚至把简一人丢在游泳池边，自己回到房间去上网。"这位企业经营界的天才，终于真正意识到了这个伟大发明的价值。诚如韦尔奇本人所言："在 1990 年后期的网络氛围中，每个人都在迅速地购销一些大型的老公司，所有的注意力都集中在某人又启动了某项因特网业务。我唯一不感冒的是一个时髦的论题：旧经济对新经济。人们只在因特网上买卖商品——正如人类 100 年前在马车上交易一样。唯一不同的是技术。……是的，这种新型的买卖方式速度更快，更加全球化，对企业的影响很大。当我们意识到在因特网上建立商务网站并非像获得诺贝尔奖那样困难时，我们开始对因特网有了深入的了解。"而一旦开始重视其互联网，以及基于互联网的电子商务时，杰克·韦尔奇就会以其惯有的杰出战略头脑和强大的执行力，让通用电气公司开始插上电子商务的翅膀展翅翱翔。

杰克·韦尔奇为了使通用电气公司尽早进行电子商务化的改革，以便使公司早日受惠于电子商务经济，于是，他在整个公司开始施行电子商务战略，并在 1999 年于通用电气公司内设立了一个 DYB 小组（destroyyourbusiness.com，即"毁灭你的生意"），让这个充满着"毁灭性"的小组对新的商业模式进行研发与探索，并毁坏那些既有的、低效的、可被电子商务模式替代的公司旧传统。

与此同时，杰克·韦尔奇还要求，为了配合公司的战略，通用电气公司的诸高管都必须找到自己的电子商务顾问。说起来，这一设想还源自于公司消费品金融业务的负责人。当这位年仅 36 岁的少帅，告诉韦尔奇自己请了一位 23 岁的互联网通当自己的电子商务顾问时，韦尔奇就被这一想法深深打动了。回到总部后，杰克·韦尔奇就向通用电气公司职位最高的 50 位职业经理人发出指示，让他们必须拥有一位互联网方面的顾问，以帮助自己尽快跟上时代。而仅仅在一年后的 2000 年，这一范围就被韦尔奇推广到了整个通用电气公司内的 3000 名职业经理人。

　　但是，即使是面向整个高层进行了推广，通用电气公司的电子商务时代化进程，仍未达到杰克·韦尔奇理想中的速度。韦尔奇做了一个更加大胆的决定：把资深职业经理人兼互联网专家斯科特·麦克尼利（Scow Mc Nealy）吸收进入公司的董事会。作为全美领先的太阳微系统公司（Sun Microsystems）的首席执行官，麦克尼利可以说是那一代互联网人中的佼佼者。实际上，公司名字中的"Sun"这个单词，正是"斯坦福大学网络"（Stanford University Network）一词的缩，而斯坦福大学在互联网发展历程中的旗帜性意义自然无须赘述。事实证明，让麦克尼利担任通用电气公司的董事，是一个明智之举。麦克尼利不遗余力地指出通用电气公司内有哪些方面做得还不够信息时代化，并在公司的业务经营大会中，多次发表过很有震撼力的演讲，让通用电气公司的各级员工都渐渐发掘到了电子商务对公司的潜在意义。

　　经过杰克·韦尔奇大力地推动，电子商务战略开始渐渐出现在每一位通用电气公司员工的报告与计划列表之中。不过，韦尔奇推广电子商务之路，其实也遭到过疑问。但是，韦尔奇对所有这些质疑都予以了回击。他曾经表示："有些持怀疑态度的人，认为我们在通用电气公司已经不可能再提高效率了。他们常问我，在我们这只柠檬里还有没有可以榨出来的汁。其实网络给了我们一只全新的柠檬，一个柚子，甚至是一个西瓜——全都放在一个盘子里。"而用以应对互联网时代的 DYB 小组，也在充分的调查与研究之后宣布，电子商务对于通用电气公司来说，确实会是机会大于挑战的。韦尔奇也由此把这个小组的名字更改为了 GYB 小组（growyourbusiness.com，即"增长你的生意"）。小组的任务，也变成了研究如何更好地借用互联网经济的相关机会，并找寻电子商务融入公司日常经营中的具体方法。

日渐被杰克·韦尔奇运用到实践中的电子商务战略，逐渐为通用电气公司带来了丰厚的收益。仅以通用电气公司设立的用以销售塑料制品的聚合物天地网（Polymerland.com）为例，该网站在韦尔奇即将退休之时，已经可以每周为公司带来5000万美元的营业额。而在2000年，通用电气公司的网上总营业额已高达70亿美元。韦尔奇自豪地宣称："电子商务成了公司DNA的一部分。"这确实已经是通用电气公司业务中举足轻重且潜力巨大的一个部分。

　　回顾通用电气公司在杰克·韦尔奇治下的发展历程，我们就会发现，韦尔奇的确是抓住了几乎每一次时代变革的大机遇。韦尔奇扩张了通用电气公司的金融业务，这拓宽了公司的业务范围；韦尔奇把更多的精力投放到了海外，这增长了公司的业务市场；而即使是在几年后就将退休的年纪，韦尔奇还准确抓住了电子商务这一机会，为通用电气公司未来的发展埋下了伏笔。虽然是20世纪最后几年才开始大力发展电子商务的通用电气公司，并没有赶上互联网经济的最佳时机，但是，通用电气毕竟也赶上这趟时代快车，而没有如同很多别的大型企业一样被时代所抛弃。对于这样一家顶级巨头公司来说，还能时时刻刻保持着变革与创新，杰克·韦尔奇的创新精神与企业家素养，的确值得每一位职业经理人学习。

第十四章　并购扩张

让你的企业实现规模飞跃的管理秘诀

在公司并购时，应该优先考虑两者
的企业文化是否能够融合，文化对接上
的错误是不被允许的。另外也不要涉足
业绩经常为外边环境的变化所左右的、
自己无法控制的周期性行业。

——杰克·韦尔奇

并购的前提往往是出售

> 在过去的几年里，我得到的一个重要的教训就是，在很多情况下
> 我还是太谨小慎微了。我本应该把旧体制砸烂得更快些，把弱势业
> 务出售得更早点。几乎每一件事都应该而且也能够更快一点完成。
>
> ——杰克·韦尔奇

1954 年，《财富》杂志第一次推出了它的财富 500 强排行榜，这个榜单以各家企业一年的营销额为指标，排列出当年《财富》杂志社所认为的全球排名前 500 家的企业。时至今日，《财富》的世界 500 强排名已成为全球企业关注的焦点，而企业规模经济的优势也伴随着排名深入人心。

大不一定强，大也不一定美。实际上，在任何时代都有学者对规模经济提出过质疑。远如"经济学鼻祖"亚当·斯密就认为企业分工对效率的提升更重要，近如"竞争战略之父"迈克尔·波特也认为企业到一定规模后反而有规模不经济的可能性。

但尽管学界从未停止争鸣，一个事实是，按规模——甚至不是按盈利——来衡量一个企业在行业内的地位，仍是当今企业界的主流标准。的确，规模经济的好处太显而易见了。随着产量的上升，边际成本被不断减小，企业也将在人才、品牌、议价能力、社会形象等几乎全方位建立优势。所有的这些，并购都能很好地完成。

并购的另一个好处是，如果能并购如优势互补的资产，典型的如以市场换技术，或以资本换渠道，那么，并购完成后的双方将形成"1+1>2"的双赢。这是比单纯增加单一品类产量更高明的战略布局。

由此，不断扩大产量、持续实现并购、在每年的世界 500 强排名中"奋勇攀登"，就成为几乎每一家大企业 CEO 的重要任务——如果不算首要任务的话。

而杰克·韦尔奇在并购上，显然有更胜人一筹的思路。既然收购某些资产是为了让公司更上一个台阶，那么，何不找到那些正在拖公司后腿或至少是相对无用的资产，把它们出售掉呢？减掉一个负数，同样等于加上一个正数！何况出售资产也能回收相应的资金。

通用电气公司的家用电器业务正是这种"糟糕的业务"。事实上，尽管像通用电气公司这样庞大的多元化商业帝国无论生产什么都不足为奇，但是，当我们已熟知波音客机的引擎、划时代的化合物质、顶尖的医疗器械上会被打上通用电气公司的经典蓝色商标时，我们看到烤箱、熨斗、搅拌器、吹风机上也有这个商标毕竟会有些不习惯。可以说，这些产品共同享有着 GE 的品牌，其实是对这个百年老字号某种程度上的损害。

这些中小型家用电器不仅技术含量低，而且难以有产生创新性或革命性产品的潜在空间。比如杰克·韦尔奇曾记得此部门的一项重大突破性质的产品，就是一个能更便捷削去土豆皮的电动器具。也正因为其研发投入、制造成本都比较低，此细分市场正严重面临着亚洲各级规模的制造商的竞争。而随着竞争的加剧，各零售商的顺势"趁火打劫"也在进一步压缩其利润率。

于是，出售这一资产被迅速提上了韦尔奇的议事日程。

这一决定迅速吸引了布拉克—戴科公司（Black & Decker，简称 B&D）的目光。对于这个小家电巨头来说，其在电动工具领域的品牌优势，加上其在欧洲市场所拥有的较好的市场占有率，使布拉克—戴科公司决心通过收购通用电气公司的家用电器业务，从而开拓新的领域。

布拉克—戴科的一位董事皮特·彼得森（Pete Petersen）给韦尔奇打了电话。这位投资银行家表明了自己的目的：代表布拉克－戴科的董事长拉里·法利（Larry Farley）来询问收购事宜。初次的谈话让双方都觉得存在交易的基础，于是两天后，彼得森、法利和韦尔奇来到了通用电气纽约办公室详谈。韦尔奇的报价是不能低于3亿美元，而且家用电器业务的负责人鲍勃·赖特将留在通用电气公司。鲍勃是韦尔奇从考克斯有线电视公司相中的千里马，一旦家用电器业务交易成功，韦尔奇将马上给鲍勃全新的挑战和更理想的职位，这也是韦尔奇向来的人才理念——敢于发掘，尽展其才。布拉克—戴科公司方面，两人都同意谈判继续深入下去。

谈判进行得非常成功，几周后，GE的家用电器业务就以3亿美元的价格，被成功出售给布拉克—戴科公司。而此次谈判建立的信任基础，也让韦尔奇与皮特·彼得森日后有了更多成功的合作。此次谈判其实遭到了不少员工的反对，韦尔奇甚至收到了部分人的抗议信，这还是他上任以来的第一次。但是，这次的业务出售完全符合通用电气公司的整体战略利益。杰克·韦尔奇是不会为了做正确的事而害怕任何人的反对的。

不仅是对于3亿美元的"小"业务，韦尔奇看准了就会坚决出售，哪怕是对于数十亿美元的重量级资产，只要出售确实是利大于弊的，韦尔奇也一定会排除万难、促成交易。

时间进入到20世纪90年代，伴随着冷战结束，航天产业也从虚火渐渐回归理性。市场在迅速萎缩，各家巨头的生产力却仍在节节攀升。韦尔奇已认定，通用电气公司庞大的航天业务，此后将成为整个企业的包袱，此时不售更待何时。

杰克·韦尔奇联系了一家专业的航天产业企业——马丁—玛丽埃塔公司（Martin Marietta）。马丁—玛丽埃塔"吃掉"这份资产的双赢效应是显而易见的：一方面，这将大大提升马丁—玛丽埃塔在本产业内的地位与话语权；另一方面，通用电气将得以成功抽身，与"拜占庭式的政府审批制度"打交道、被司法部高官"强烈关注"的噩梦将通通成为回忆。

公司的 CEO 诺姆·奥古斯丁（Norm Augustine）对通用电气的航天产业资产十分感兴趣，但他同时也很怕与通用电气的交易会损害马丁—玛丽埃塔公司的独立地位，丧失其经营的自主权。韦尔奇向奥古斯丁保证，公司的控制权绝不是此次交易的砝码之一，于是，谈判得以深入开展。

这期间，奥古斯丁展现出了极大的诚意。他们甚至还罕见地对参加谈判的投资银行家和律师保持了一定的独立性，直接进行 CEO 对 CEO 式的、推心置腹的谈话。比如，奥古斯丁本人就多次深夜奔赴韦尔奇的办公室，与韦尔奇、丹尼斯·戴默曼等通用电气公司最高层一谈就是几个小时。三个星期后，这笔数额为 30 亿美元的交易顺利完成。甚至当马丁—玛丽埃塔公司一时间只能拿出 20 亿美元时，通用电气允许了可兑换优先股的办法来解决资金短缺——马丁—玛丽埃塔四分之一的股份收归 GE。

不仅在交易披露的当天，两家公司的股价都有大幅的上扬，而且随着两年后马丁—玛丽埃塔公司被军工巨头洛克希德公司（Lockheed）收购，通用电气甚至在持有马丁—玛丽埃塔股份方面就等于净收益了 30 亿美元。

简言之，这笔交易成了同时期航天业务并购方面的典范。

韦尔奇曾在回忆从前的业务出售时表示："在过去的几年里，我得到的一个重要的教训就是，在很多情况下我还是太谨小慎微了。我本应该把旧体制砸烂得更快些，把弱势业务出售得更早点。几乎每一件事都应该而且也能够更快一点完成。"这当然有谦虚的成分在内。但是，我们仍然可以清晰地看出，韦尔奇对于一些非优势业务的出售，是抱有多么果决的态度。出售不良或相对无用的资产，除了能回收一部分资金，更重要的是，这将更好地完成公司的战略聚焦，让公司的核心业务得到地位的加固和资源的聚合。出售掉一部分"旧 GE"的杰克·韦尔奇，真正想要的，其实是打造一个更完美的新 GE。

并购美国无线广播公司

> 广播电视业务给了我们新的力量和巨大的现金收入来源，以及我一直在寻找的躲避外国竞争的藏身之处，这种躲藏价值来自于那些当时并不太引人注目的资产。
>
> ——杰克·韦尔奇

在出售资产时的决绝，往往预示着在并购资产时的热忱。

杰克·韦尔奇在 20 世纪 80 年代初真正掌管通用电气以来，大大小小的并购不计其数，通用电气也在这一次次交割中不断走向新的高度。这其中，最具代表性的一次收购，应属 1985 年那次"成为通用电气公司的一个转折点"的，对美国无线广播公司（Radio Corporation of America，简称 RCA）的收购。

即使不考虑其天文数字般的收购金额，光是通用电气公司决定涉足公司此前从未有经验的广播电视行业，就足以令这笔交易蒙上一层神秘的色彩。但事实上，在韦尔奇的分析中，此交易不仅合理，而且及时，它是整个通用电气公司进一步扩张的绝佳机会。

20 世纪的 80 年代，全球的目光都在聚焦一个亚洲的岛国。此时，日本的许多企业已经渐渐走出此前的困顿，开始在世界的每一个角落和欧美各顶尖企业近身搏杀且不落下风。有一个事例令杰克·韦尔奇至今仍记忆犹新。他 20 世纪 70 年代在通用电气公司的一家日本合资公司中参观，此合资制造厂的工人进行超声探测器的性能检测时，居然只需要在自己身上涂上一些膏体，然后直接拿样品在身上测试出结果。而如果是在通用电气的美国本土工厂——哪怕是生产效率最高的模范工厂，这项工序都将繁复得多。

高效率、低成本，这是日本企业当时典型的撒手锏。日资巨头们在制造业的大部分细分市场里横冲直撞，如入无人之境。

作为世界级的经营者，杰克·韦尔奇当然明白，在大势有变的情况下，战术的调整作用已很有限了，必须在战略上有所转变。面对众多领域渐渐变成"红海"，韦尔奇必须开拓出一些新的"蓝海"，才能从根本上化解眼前的竞争危机。

而食品行业、制药行业以及广播电视行业，正是韦尔奇经过深思熟虑后得出的三个答案。美国是世界第一农产品强国，其农作物产业的巨大优势，就是到现在也没有国家能真正挑战。美国在药物研发方面也有巨大的技术优势，这一领域内，以日本为例，至今也没有一家真正的顶级药企。传媒业这一对文化软实力、信息技术、人才、语言等各方面均有较高要求的产业，也是值得投入重金的朝阳产业。诚如韦尔奇本人所言："广播电视业务给了我们新的力量和巨大的现金收入来源，以及我一直在寻找的躲避外国竞争的藏身之处，这种躲藏价值来自于那些当时并不太引人注目的资产。"

分析之后，就是做出决策。食品业和制药业当时并没有值得通用电气公司做大动作的公司。但广播电视业则不然。

韦尔奇最开始和美国哥伦比亚广播公司（Columbia Broadcasting System，简称 CBS，美国三大商业广播电视公司之一）有过深入接触。1985 年年初，传媒界大亨特德·特纳（Ted Turner）开始对哥伦比亚广播公司发起恶意收购。哥伦比亚广播公司董事长汤姆·怀曼（Tom Wyman）邀请韦尔奇共商对策，看看通用电气是否愿意参与并购。不过，怀曼很快通过各种努力化解了特纳的攻势，通用电气公司与哥伦比亚广播公司的"缘分"就此告一段落。

但是，无心插柳柳成荫，韦尔奇对哥伦比亚广播公司表现出的兴趣，吸引了华尔街投行家们的目光。菲利克斯·罗哈廷（Felix Rohatyn），华尔街顶尖投行拉扎德公司的合伙人，以促成过多笔大额并购交易而闻名于世。彼时，菲利克斯正和他的好朋友、美国无线广播公司（Radio Corporation of America，简称 RCA，旗下有另一家美国三大商业广播电视公司之一 NBC 等重量级媒体）的董事长索恩顿·布莱德肖（Thornton "Brad" Bradshow，中文昵称"布莱德"）探讨公司的未来选择问题。除了菲利克斯的因素，布莱德也对通用电气颇有兴趣。正是在布莱德的手上，通用电气高管出身的鲍勃·弗里德里克（Bob Frederick）于三年前加盟美国无线广播公司担任总裁兼首席运营官，并于 1985 年出任公司的 CEO。很明显，哪怕从气质和文化上，通用电气公司就是一个理想的选择。

不难想象这笔并购交易存在广泛的双赢基础。于是，双方的初次见面，很快便于 1985 年的 11 月初展开。韦尔奇记得，当时布莱德还身穿一袭晚礼服，因为他马上要去参加一个隆重的宴会。菲利克斯、布莱德和韦尔奇在此次会谈上都表现出了相当的诚意和高度的共识。他们都已看到，来自全球的竞争已渐渐开始加剧，本次并购如果成功，将使双方都能拥有更好的局面和竞争优势。

作为一次初谈，这样的程度无疑是很不错的。但面对这一金额将高达数十亿美元的大手笔收购，韦尔奇显然会做最充分的战略考量。他于第二天就召集了包括首席财务官丹尼斯·戴默曼、业务开发部负责人迈克·卡朋特等几位公司相关方面最顶尖的人才，组成了一个代号为"岛屿"的项目，开始对美国无线广播公司进行深入研究。项目的核心，就是分析收购美国无线广播公司的利与弊，以及收购的价格。

研究表明了此收购意图的英明。即使在一些非核心资产上，包括美国无线广播公司目前拥有的半导体业务、航天业务、电视机生产业务等，双方都有坚实的合作基础，合并后大大扩张的产量与市场，将很好提升通用电气在这些领域的话语权。而对于其核心资产、美国三大商业广播电视公司之一的美国全国广播公司（National Broadcasting Company，简称 NBC），尽管也正面临诸如有线电视网络等竞争威胁，但其极具竞争力的市场份额和优良的品牌魅力，仍是整个电视传媒行业的翘楚之一。经韦尔奇和他的团队分析，如果收购的总价能控制在大约 60 亿美元左右，这笔金额对通用电气就是值得的。

正当 GE 的团队在深入研究时，美国无线广播公司却出了点小岔子。韦尔奇和布莱德此前的一次关于收购价格的会谈结果，鲍勃并没有被及时告知。感觉被"出卖"了的鲍勃激怒了，与布莱德发生了激烈的争执。鲍勃甚至想做通一些董事们的工作，共同反对此次并购。幸运的是，布莱德毕竟凭借多年的威望与资历，成功说服了董事会，这项交易还是被批准通过了。

正所谓"好事多磨"，也许过程的曲折恰恰在引导事情走向成功。在最后一次会谈时，布莱德对美国无线广播公司每股的报价是 67 美元，而韦尔奇的出价是 65 美元。经过不断磋商，交易以每股 66.5 美元成交。在当年的 12 月 11 日，美国无线广播公司以 63 亿美元的价格并入通用电气。除了石油行业不算，这笔并购交易的金额创下了当时的纪录。令人惊叹的是，如此一笔重大交易，从杰克·韦尔奇第一次与布莱德会面算起，仅仅用了三十六天！

这笔交易对整个通用电气公司的发展，都有深远的影响。且不说通用电气在几年后出售此交易得来的一些非核心业务——如地毯、唱片、保险等时，就收回了 13 亿美元的真金白银。更重要的是，这次并购使得通用电气在 20 世纪 80 年代成功拥有了新的业务增长极，以及更多元化的战略选择余地。通用电气日后与崛起的日资巨头的齐头并进，也将以这次并购为基础。此次交易也给了美国全国广播公司以新的发展契机。日后，这家巨头将依靠通用电气公司优良的管理模式和人才，进一步巩固其在传媒业的地位。反过来，NBC 的良好品牌声誉和巨大的媒体话语权，也将对通用电气大有益处。

诚如杰克·韦尔奇本人所言，并购美国无线广播公司，成了通用电气"通向新时代的美好起点"。通用电气公司，也正是在这一个个新的起点中，被韦尔奇一次次带领至全新的境界。

除了并购，还有交换

> 我们让出电视机业务一事成了很多人批评的对象。……这些批评都是一些媒体的胡说八道。通过交易，我们的医疗设备业务更加全球化，技术更加尖端，而且还得到了一大笔现金。
>
> ——杰克·韦尔奇

为了不断累积企业的优势资源、摒弃企业的劣势资源，除了进行并购，其实，交换资产也是值得尝试的手段。从实质上说，这与出售、并购并无大的差别。出售资源是"以物易钱"，并购资源是"以钱易物"，而交换资源则是"以物易物"。只要自身的钱或物能通过交换获取理想的增值，这笔交易就是成功的。

杰克·韦尔奇作为"20 世纪第一职业经理人"的最有力竞争者之一，自然对如何达成更合算的交易了然于胸。他代表通用电气公司与法国汤姆逊公司达成的业务互换交易，就是此领域的经典手笔。

汤姆逊公司由法国政府控股，是一家大型的欧洲多元化制造厂商。公司的董事长阿兰·戈麦斯（Alain Gomez）拥有精明的战略眼光，他知道，韦尔奇对汤姆逊公司的医疗器械业务有浓厚的兴趣。此时，欧洲对来自欧洲以外国家（主要包括美国、日本等）的跨国企业，有相当程度的抵制情绪，韦尔奇不惜推迟卸任而力图完成的一次大并购，就是最后因欧盟委员会否决而告终。

所以，尽管汤姆逊公司的医疗器械子公司CGR，在技术、人才、资本等各方面都远不如通用电气公司的医疗业务，但后者因为美资背景，始终在法国难以真正打开局面。CGR，这个价格相对不贵、却属于被当地保护起来的医疗器械公司，对通用电气来说实在是一个太理想的目标了，更何况CGR在研发等方面的短板，通用电气公司以自身优势弥补起来可谓毫不费力。

阿兰·戈麦斯与杰克·韦尔奇很快坐到了同一间谈判室。戈麦斯表示CGR公司可以卖给韦尔奇，而韦尔奇提出以通用电气的某些业务来与之交换。见戈麦斯并未表示反对，韦尔奇站起身，拿起笔在书写板上写下业务的名字。韦尔奇最先给出的方案是半导体业务。这项业务无论从发展潜力、产品利润率、价值总额等各方面来看，都难以与汤姆逊公司的医疗器械业务相提并论。戈麦斯不假思索地否定了。接着，韦尔奇给出了通用电气公司的电视制造业务，这让戈麦斯瞬间双眼发亮。

汤姆逊公司也有电视机制造的业务，但规模太小了。其时，松下、索尼等日资电视制造业巨头，在整个欧洲都罕逢敌手，汤姆逊的日子自然并不好过。但是，如果能得到通用电气的此项资产，汤姆逊公司就能迅速跃升为全球最大规模的电视机制造公司。韦尔奇记得，谈判结束后，戈麦斯把通用电气的高管们送到了楼底下。戈麦斯是真心想促成这笔交易的。

应该说，此交换并非没有反对者。汤姆逊需要说服法国和整个欧洲，而通用电气也要面对美国本土的质疑者。甚至有一些媒体露骨地表示，通用电气是在向日本竞争者们投降，是在丢美国人的脸。此时，双方领导者坚决果敢的性格，就展现出了其作用。韦尔奇连"中子弹"这种称号都能"笑纳"，还会在乎这次多增加一个"开小差的胆小鬼"？

短短六个星期后，交易即宣告完成。由此，汤姆逊公司多出了"全球最大电视机制造商"的头衔，而通用电气的医疗产业，在欧洲更有高达 3 倍的市场份额的增长，通用电气公司的医疗在西门子公司的本土，也开始了与这位全球主要竞争对手的真正角力。在用实际成绩证明了此次交易的明智之后，韦尔奇曾经对此骄傲地表示："我们让出电视机业务一事成了很多人批评的对象。……这些批评都是一些媒体的胡说八道。通过交易，我们的医疗设备业务更加全球化，技术更加尖端，而且还得到了一大笔现金。"尽管历史表明，通用电气吃下这份资产，需要经历相当一段时间的亏损与"消化不良"，但最终这笔交换还是被认为是非常值得的。

这，又是一次韦尔奇促成的重量级扩张。尽管没太涉及金钱交易，但这笔"以物易物"的交换同样饱含智慧。

而这笔交易，对于中国读者来说，还有一段令人感慨万千的余音。汤姆逊公司的电视机制造业务，正是首个被中国企业购买的世界 500 强资产。

李东生，中国恢复高考后的首批大学生之一，TCL 公司董事长。为进一步率领 TCL 走向更高峰，曾拒绝过广东省惠州市副市长的体制内高位。2003 年年底，李东生兼并汤姆逊电视机制造业务，控股成立合资公司 TTE (TCL-Thomson Electronics)，使其本人和公司在全球声名鹊起。《时代》周刊、CNN "25 名最具影响力商业领袖"之一，《财富》杂志封面人物，CCTV 中国经济年度人物……诸多光环下，李东生当年风头之盛，可见一斑。

但这笔交易并未展现出其被期待的效立。事实上，汤姆逊公司的电视机制造业务，在 2003 年的亏损额已达 2.45 亿欧元。TCL 公司宣称其将在 18 个月内扭亏为盈，但这显然并未成为现实。连年的巨额亏损，甚至使 TCL 公司在 2006 年滑进 *ST 的深渊之中。直到次年的 4 月，TTE 欧洲公司申请了破产清算，TCL 公司才得以喘息，完成扭亏。这项在李东生看来"合作双方是现有的资产投入，现金需求量不大"的交易，却使 TCL 公司一度背上沉重的包袱。

时至今日，我们在回顾时会发现，其实彼时的汤姆逊电视机制造业务已有严重亏损，而且这项资产正是当年杰克·韦尔奇交换出去的资产。这在某种程度上，等于是在和韦尔奇本人"比眼光"。李东生事后也反思教训，认为此交易自己看错了一件事，即"未来电视会往哪个方向走，究竟是等离子还是液晶电视"。李东生选了前者，但实际上后者成了未来的主流。从一个侧面，韦尔奇对并购与交易的功力得到了有力验证。

当然，这笔交易对 TCL 公司也并非全无益处。性格中的坚毅此前已被多次证明的李东生，在这次宝贵的并购交易教训中，不断反思，努力调整战略，并一点点走出困境。TCL 公司 2013 年的财报显示，公司当年的营业额达到 853.2 亿元，净利润达到 28.9 亿元，已成为名副其实的全球消费类电子业巨头。诚如他本人所言，我们看到了一个民族企业在企业家顽强地求索下，完成了"鹰的重生"。

中国，或者美国；亚洲，或者北美。企业的并购或交换，还将在全球的各个角落不断展开。但是，无论是资产并购，还是资产交换，重要的并不是交易形式，而是交易目的的实质——使企业实现业务规模的飞跃和业务竞争力的升级。

第十五章　适当授权
让你的工作变轻松的管理秘诀

将最巨大的支持和资源授予最优秀
的人才，小心关照公司的最佳人员，给
他们回报、提携、奖金和权力。

——杰克·韦尔奇

在出成绩之前，要容忍犯错

当人们犯错误的时候，他们最不愿意看到的就是惩罚。这时候最需要的是鼓励和自信心的建立，而且首要的工作就是恢复自信心。我想，当一个人遇到不顺或者是挫折的时候，人云亦云是最不可取的行为。通用电气公司的工作总结中有一则笑话，说的是在某一位首席执行官头脑发热的时候，如果公司里有人跟着无原则地附和，员工们就会掏出白手绢，将它抛向空中，指责这个人云亦云的人。

——杰克·韦尔奇

几乎没有任何一位在商界打拼过多年的管理者，会怀疑团队精神对一家企业的重要性。一家企业的长远发展，取决于领导人的远见卓识、高瞻远瞩，取决于一线员工的热忱奉献、不辞劳苦，而归根结底，则取决于全体雇员能够上下齐心，团结一致，向着一个共同的目标而奋斗。团队精神，就是实现这个目标最有效、也是最有必要性的润滑剂。

任何时候，当一位管理者无法管理好自己的部下，而任由他们摒弃团队精神各自为战时，这位管理者就是不称职的。但是，职业经理人也只不过是没有三头六臂的一介凡人，与所有的基层员工们一样，一天也只有不过有区区 24 个小时可供使用。一个管理学界的普遍观点是，一位管理者可以直接管理的人数，通常不会多于 8~12 人。如果管辖范围超过了这个数字，那么，即使是时间利用率再怎么出色的职业经理人，也难免有力所不逮、顾此失彼的时候。

　　正是因为这个原因，管理者们在维系企业的日常运营时，一个重要的课题，就是要对自己的部下适当授权。如果一位职业经理人可以把自己所有的职业范围进行逐条的细分，再以合理的比例分配给相关的下属，那么，这对于自己和下属们而言，是一件双赢的事。由此，管理者自身可以一定程度地从冗杂事务中解放出来，使自己的工作变得相对更为轻松，从而有更多的精力去思考一些更为重要的事项。而对于管理者的部下们而言，经过被授权之后，自己实质上也变成了一部分业务的负责人，这种"一把手"性质的锻炼，将可以很好地培养这些雇员们的领导力与执行力，从而使得自己的潜藏才华得到更大程度的发掘。

　　向下属们授权虽然无疑是一种双赢的举措，但是其能合理长效地开展还有赖于管理者要做到一件事，那就是管理者必须要适度容忍部下们的犯错。

　　普遍来说，在现代化的企业中，其运行机制还是保证了能者上位的良性循环。所以，能够成为一些雇员的上司，这就证明了管理者本人确有其才能上的优势，或更为出色的过往业绩。即使管理者并非在所有能力上均领先于自己的下属，但也基本能保证其在大部分能力上可以做到领先。所以，如果下属们有做得不如管理者本人的地方，甚至某些时候还会犯下一些错误，管理者都应该在一定程度上予以容忍。毕竟，他们的才能与经验均不如管理者本人，这是一个客观存在的事实。更何况，万丈高楼平地起，任何一位后来拥有优秀才干或丰富经验者，也无不都是从零起步，在一点一滴的进步中更加完善自己的。如果其进步的进程在最初的试错过程中就被打断，那么，即使其拥有再好的天赋，也无法终成大器。

杰克·韦尔奇在带领通用电气公司登上 1997 年度世界 500 强企业排名的榜首后，其声望与影响力自然无须赘言。某种意义上来说，韦尔奇已经是美式管理体系的一个典范，代表了美国多年来管理经验集大成者的最高水平。即使是在态度最严苛的财经媒体的眼中，杰克·韦尔奇也是 20 世纪，甚至是有史以来最伟大的经营管理者之一。不过，即便是伟大以至于斯的如此天赋异禀的人物，在自己职业生涯的早期，也并不是不会犯下过错。有些时候，这过错还会导致严重的后果。

　　1963 年，28 岁的杰克·韦尔奇，正在度过自己在通用电气公司的第三个春秋。持有化学博士学位的韦尔奇，在公司负责了一部分化学实验的布置与操作工艺。韦尔奇本人也把自己的办公室，设在了实施这些化学实验的工厂的马路对面，以方便随时可以考察工厂中化学实验的实际运行状况。

　　但是，虽然韦尔奇已经千方百计地在避免事故的发生，厄运还是降临到了这位年轻化学工程师的头上。工厂中的其中一个实验，是把氧气注入一大水槽的高挥发性试剂当中。但是，一次偶然的火花迸发，引起了一次大规模的爆炸。这次爆炸裹挟着震耳欲聋的声响，以其巨大的冲击力，震碎了实施实验那层工厂的所有玻璃。更有甚者，因为这个化学实验是在工厂的顶楼进行，爆炸的冲击力甚至还冲开房顶。而这场惨剧，杰克·韦尔奇都是在第一时间直接目睹的。年轻的韦尔奇目瞪口呆，但却也无能为力。

　　不幸中的万幸是，这次爆炸并未造成人员的重伤。但是，即使没有人员方面的伤亡，未能防范一场如此规模的爆炸，作为该实验负责人的杰克·韦尔奇，肯定是难辞其咎的。年轻的韦尔奇显然意识到了问题的严重性。他第二天就亲赴康涅狄格州，向通用电气公司的高层们汇报并解释此次事故。

　　当着公司诸位上司的面，韦尔奇一一解释了为什么会造成这次爆炸，并提出了一些以后解决此类问题的建议。但是，韦尔奇自己也知道，恐怕一次重罚是在所难免的，更何况自己只是一位刚来通用电气公司第三年的资历浅薄者。

但是，没想到这次汇报的主要对象查理·里德（Charlie Reed），却并没有如杰克·韦尔奇想象的那般大发雷霆。这位持有麻省理工学院化学工程博士学位，并曾在自己的母校教过五年数学的资深专家，表现出的竟然是一种通情达理的态度。查理·里德仔细询问了韦尔奇有没有从这次爆炸事故中学到什么，并问韦尔奇能不能就此改进该化学实验的反应设备，以及该项试验是否值得继续下去。与此同时，查理·里德并未对韦尔奇有过一句严苛的谩骂或指责。杰克·韦尔奇后来回忆起这次谈话时说："这一切都是那么充满理解，没有任何情绪化的东西或者愤怒。"

这次未附加任何重罚的谈话，让杰克·韦尔奇很快就从这场令人心悸的爆炸中走了出来。后来，韦尔奇曾经总结道："当人们犯错误的时候，他们最不愿意看到的就是惩罚。这时候最需要的是鼓励和自信心的建立，而且首要的工作就是恢复自信心。我想，当一个人遇到不顺或者是挫折的时候，人云亦云是最不可取的行为。通用电气公司的工作总结中有一则笑话，说的是在某一位首席执行官头脑发热的时候，如果公司里有人跟着无原则地附和，员工们就会掏出白手绢，将它抛向空中，指责这个人云亦云的人。"此后，从这场事故中受益良多的韦尔奇，在日常工作中更加注重对细节的追求，与对风险的控制。在长达二十余年的通用电气公司的执掌过程中，通用电气公司一直都在保持着稳中有升的增长幅度。杰克·韦尔奇如此炉火纯青的风险规避与掌控能力，很有可能就受惠于其职业生涯初期的那次爆炸事故。而如果这次犯错使得韦尔奇遭受了重罚，甚至丢了在通用电气公司的饭碗的话，那么，通用电气未来还能否有同样如此惊人的业绩，就很值得商榷了。

在出成绩之前，要容忍一些错误的产生，这不仅适用于商界，还包括诸如学界在内的诸多领域。事实上，相当一部分历史上最伟大的发明，都是来源于发明人无数次的错误与改进之中。如果不允许他们在初期犯错，那么，人类文明就要少却很多的明亮了。比如，"发明大王"爱迪生在发明电灯之前，就经历过漫长的试错阶段。

本来对于绝大部分人来说，"通用电气公司创始人"的身份就足够成为他终其一生的最重要头衔了。但是，正如我们所知，于1892年创立美国通用电气公司，这绝不是托马斯·A.爱迪生（Thomas Alva Edison）对人类文明的最大贡献。这位来自美国俄亥俄州的自学成才的创意天才，以其孜孜不倦的科学探索精神，为世界留下了一千多项发明专利，成为举世公认的"发明大王"。

电影摄影机、留声机、同步发报机、炭精电极电话拾音器……这其中的每一项发明，都在相当程度上改良了整个人类的生活质量。如果说英国皇家学会会长洛奇把爱迪生称为"世界上最伟大的人物"，这还值得商榷的话，那么，美国总统胡佛曾经感言道，"爱迪生是美国最负盛名的人，是美国的国宝，也是人类的恩人"，这在很大程度上则绝非虚妄之言。

如果要选出托马斯·A.爱迪生一生之中最重要的一件发明，那么，最主流的答案，肯定会是电灯。事实上，电灯也是19世纪末期被公认的最重要的发明。而电灯的发明，极大地方便了人类的生活与工作。在爱迪生为人类带来了如此杰出的智慧成果之后，他曾经受到过如此的评价："希腊神话中说，普罗米修斯给人类偷来了天火。而爱迪生却把光明带给了人类。"这，正是这位"发明大王"对人类贡献的真实写照。也只有这样重量级的发明家，才能使他的"通用电气公司创始人"的巨大头衔，相比之下都可能有些黯然失色。

而电灯这件人类进入电气时代以来最重要的发明之一，也绝不是仅仅靠爱迪生天才般的灵感闪现，就得以横空出世的。事实上，发明电灯过程中的关于灯丝材料的试错次数，可能是爱迪生终其一生之中最繁复的。

　　从最开始熔点极高、价格也极为昂贵的白金开始，爱迪生以自己和助手们的不懈努力，使得电灯的点亮变成了现实。但是，这种由白金作为灯丝，而且一共只有两个小时寿命的华而不实之物，显然不是爱迪生的最终目标。

　　于是，一场关于灯丝材料的大选拔就此开始。凡是自己能够想到的、助手们能够想到的、同行们能够想到的材料，爱迪生都会拿来试验一番，以期制造出更加物美价廉、寿命也更长的电灯。这份考察名单的包罗万象，可谓无所不用其极，甚至连人的胡须、人的头发、马的鬃毛等材料，都曾经被爱迪生考察过。

　　终于，在试验一种产自日本的竹子时，爱迪生发现这种材料可供电灯使用 1000 个小时以上。再结合其相对低廉的价格，这种日本竹子可以说是目前为止最好的材料。不久后，托马斯·A.爱迪生开设了相关的厂房，使得采用这种灯丝的电灯走进了美国的千家万户。

　　但爱迪生追求卓越的脚步并未停止。又经过了几年的试验，爱迪生于 1906 年终于发现了一种更加好的灯丝材料——钨丝。由钨丝作为灯丝的电灯，将取得比那种日本竹子作为灯丝的电灯好得多的效果。爱迪生又马上把钨丝电灯投入了大规模生产。

　　直到找出钨丝这一材料之时，谁能想象爱迪生已经试验过了多少种灯丝材料？答案是惊人的。为了找到最理想的灯丝，爱迪生做过近万余次试验。其中，仅仅是针对植物类的材料，就试验了超过六千种。而这样大规模试验的成果，是直至 21 世纪的今天，钨丝仍是无法被其他物质超越的电灯最佳灯丝材料。在人类科技日新月异的现当代，爱迪生的发明居然历经一个多世纪而仍然保持着先进性，这是一个毋庸置疑的奇迹。

而回顾爱迪生的电灯发明之路，如果其在半途中就因为试验不断地失败和选材错误，就终止了其对电灯灯丝的研发，那么，不知要等到多久之后，人类才能真正进入一个流光溢彩、明亮温馨的世界！在取得实质性突破之前，如果不能忍受错误和失败，那么，这个世间大部分的成果，可能都难以达成，因为从来没有一项发明、一种创新会是唾手可得的。

无论是商业经营，还是难度更高的科学研发，犯错都是通往成功之路的第一步。失败绝不令人遗憾。因失败而恐惧，最终导致放弃，才是真正的令人遗憾。美国总统富兰克林·罗斯福（Franklin Roosevelt）曾有名言："我们唯一值得恐惧的，就是恐惧本身。"抛开一切心理层面的因素，像爱迪生或韦尔奇一样，认真地从每一次错误中总结经验和教训，这才是出成绩的最佳途径。

讨论中产生的真知灼见

> 对于我来说，我的满足和乐趣在于参与员工们的工作，和他们
> 融合在一起，一起兴奋，一起就解决问题的正确方向展开争论。
>
> ——杰克·韦尔奇

　　大凡明智的经营管理者，都懂得为自己所背负的重担做减法。

　　企业的经营，实在是一项精密而系统的体系性工程。一位合格的管理者，总要同时掌控着起码十几个重要数据或指标。对于消费者，对于竞争者，对于上下游产业链中的合作者，管理者也必须投放相当多的精力予以关注。更不必提，如果是一位掌管一整项业务的负责人，那他还需要通盘思考最重要的事：整个业务的未来发展道路与竞争策略。

　　所以，如果不能及时分解自己的任务，让自己的工作包袱有所分担与减轻，那么，经营者本人将无疑会陷入周而复始的无谓忙碌之中。之所以说是无谓的忙碌，是因为职业经理人把自己全部的时间，都花在这些日常事务性的工作中，并不是最明智的，他们必须在兼顾生活与工作的同时，还能抓住工作中的重点，即对自己所管辖职权的统筹性思考。

　　如此一来，让自己的工作变得更轻松，就成了管理者们的一项必须钻研的课题。那么，如何才能更好地减轻自己工作中不必要的负担，以合理授权的方式来使下属们在部门中发挥更重要的作用呢？

一方面，鼓励部下们积极行动，哪怕最开始总是连连犯错也在所不惜，这会是一个很好的办法。没有人生来就是工作的熟手。只要能在错误中逐渐汲取教训，那么，部下们就能在一点点成长的同时，逐渐可以承担起越来越重要的职责。

而另一方面，除了让雇员们行动之外，让雇员们参与到业务方面的讨论中来，也是管理者们非常重要的授权方法。一家企业所雇佣一位员工的，除了他们在工作日中的具体行动，更重要的是，他们的智慧与思考成果。让员工们能够在热烈的讨论中，贡献出可能连管理者本人都未曾想到的点子，或者弥补连管理者本人都未曾注意到的缺漏，这也是管理者善于授权、合理为自身工作减负的一大表现。

在对员工们的集思广益方面，杰克·韦尔奇就有自己独到的心得。在1981年韦尔奇刚刚接过通用电气公司的治理大权之时，韦尔奇在这方面就做得并不够。在很多时候，韦尔奇经常就是自己一个人把大梁给挑起来了。比如，在1981年当年的总结报告上，韦尔奇对于通用电气公司雇员们的要求，就完全是独自草拟的。而这份年度报告中的诸如"实现卓越"、"加强自身的主人翁精神"等信条，虽然非常得体而正式，但是韦尔奇却发现，它们难以和通用电气公司的员工们产生共鸣。这些理念被勾勒得太粗线条化了，大家并不能很好地借此理解这位公司新董事长的思想。

在渐渐开始熟练地执掌这家业界巨头后，杰克·韦尔奇才发现了对部下们合理授权的重要性。很多事情，其实完全不需要自己孤身应对，会聚团队的力量和智慧，也许会是一个更好的选择。诚如韦尔奇本人所言："对于我来说，我的满足和乐趣在于参与员工们的工作，和他们融合在一起，一起兴奋，一起就解决问题的正确方向展开争论。"之后，韦尔奇花了三年的时间，在通用电气公司的各个管理层级之中，都掀起了当年关于公司发展信条的大讨论。前前后后，参与到此系列讨论中的通用电气各级雇员，竟超过了 5000 人。

通用电气公司的每一位员工，都是其同年龄层面中无可挑剔的业界精英。可以想见，这会聚了 5000 名通用电气公司雇员的讨论，能够产生何等的效果。果然，许多有着更为值得深入思考的措施或更加具体可行的信条，被逐一罗列了出来。这其中，甚至包括了一些连杰克·韦尔奇本人之前都未曾想到的好点子。这些绝妙的语句，让韦尔奇对讨论的结果非常满意。韦尔奇也让公司把其中的一些精华，印制在了通用电气公司的企业文化小卡片上，发放给通用电气公司的全体员工，让这些智慧能在公司的最大范围内，得到赞赏与分享。

让全体员工都参与到讨论之中，以讨论所产生的真知灼见，更好地为企业的发展助力，这并不仅仅是通用电气公司的专利。许多伟大公司的经营者，都深谙这一经营法则。这其中，就包括了除韦尔奇之外，另一位美国职业经理人的标杆与典范、通用汽车公司（General Motors，简称为 GM）的董事长阿尔弗雷德·斯隆（Alfred Pritchard Sloan）。

事实上，阿尔弗雷德·斯隆正是为数不多的几位可以与杰克·韦尔奇一较长短的伟大经营者之一。某些财经媒体会称呼韦尔奇为"'二战'后全球最大的职业经理人"，也正是为了把韦尔奇避开与斯隆的关公战秦琼式较量。这位通用汽车公司历史上最杰出的董事长，也获得了各大媒体授予的多份殊荣，比如，斯隆曾经在《商业周刊》创刊七十五周年之时，被《商业周刊》评选为过去七十五年中最伟大的商界领袖之一。甚至斯隆的母校麻省理工学院（MIT），还在斯隆给予了资金捐赠后，把该校的管理学院命名为"斯隆管理学院"。对于这样层级的名校来说，准许冠名一个学院的名字，几乎就是学校对此位校友所能给予的最大敬意，更何况冠名的还是学校内地位举足轻重的管理学院。

那么，阿尔弗雷德·斯隆究竟何德何能，足以收获如此的肯定与褒奖呢？

这主要是来自于其在通用汽车公司的职业生涯中，所创造的惊人业绩。斯隆于1923年成为了通用汽车公司的负责人，但此时的通用汽车公司，绝没有如今这般的辉煌。在当时，福特汽车公司（Ford Motor）才是业界真正的执牛耳者，而通用汽车公司此时甚至还处于严重的经营危机之中。而斯隆在接管通用汽车公司之后，进行了一系列大刀阔斧的改革，并摒弃了多项公司原有的不良传统。比如，斯隆按照自己"集中政策控制下的分散经营"的设想，重新把这家公司的业务划分为21个事业部，并选拔了4位经验丰富的副总来进行分管。

这脱胎换骨般的革新与整顿，让阿尔弗雷德·斯隆治下的通用汽车公司，重新焕发了生机与活力，并极大地提升了公司的产能。在斯隆接管通用汽车公司之前的1921年，福特汽车公司的汽车销量，占到了全美汽车总销量的56%，而此时通用汽车公司的汽车销量只有区区21.5万辆，占总份额的7%。仅仅只过了五年，斯隆就把这7%的全美汽车市场份额，急速提升到了40%。而到了二十年后的1940年，通用汽车公司的汽车销量，已经占到了总销量的半壁江山，达到了惊人的180万辆，而此时的福特汽车公司，已经被这位新崛起的对手彻底甩在了身后，其产品仅仅只占全美总销量的19%。在此后的数十年间，通用汽车公司均以全美第一汽车企业的面貌示人。而对于这一完成史诗性大逆转的丰功伟绩，阿尔弗雷德·斯隆是当仁不让的第一功臣。

取得过如此辉煌业绩的斯隆，其在经营管理上所拥有的独到见解，并不是任何几篇文章所能尽述的。但是，在斯隆全部的管理思想之中，有一个观点非常著名：绝佳的决策，往往来源于激烈的讨论之中。事实上，在会议桌前听取各位员工们观点各异的发言，并使之成为自己最终决策的参考，这几乎成为斯隆在其数十年职业生涯中的一个日常写照。

阿尔弗雷德·斯隆在刚刚担任通用汽车公司董事长时，有一件"小事"非常著名。在一次经营决策大会中，斯隆发现，尽管大家在发表意见时都热情高涨、畅所欲言，但是对于有一项决策，会场中没有任何一位职业经理人提出异议。斯隆当即问道，有没有谁对这项业务决策有反对的意见？结果仍然是大家都同意该决策。接着，斯隆做了一个令所有人都十分吃惊的决定：他推迟了本该在此次会议上进行的对该项决策的表决。斯隆表示，这样做的目的是，让大家能够有更多的时间，对于此项决策进行更为深入的思考，毕竟，真正能获得所有高管们一致叫好的决策，在现实中几乎是不存在的。包括斯隆本人在内的通用汽车公司众高管都暂不反对该项决策，只能证明还有某些问题被大家都遗漏了。而这种遗漏是可能会对公司的经营造成恶果的，所以必须被尽可能地查漏补缺。果然，在下一次的会议中，有人提出了对这项决策的反对意见，并细心陈述了具体的理由。大家也都纷纷认同了这一反对意见。事实证明，斯隆的这次惊人之举，为通用汽车公司避免了一笔重大的损失。从此以后，多多听取讨论会时众人的意见，这就成了阿尔弗雷德·斯隆在其日常工作中的一个重要事项。而许多日后为通用汽车公司的发展助力良多的决策，也正是出自这一次次的讨论之中。这位麻省理工学院毕业的高才生，不仅自己拥有杰出的头脑，还善于"借用"公司中的其他优秀头脑，授权他们为自己的经营决策奉献才华与智慧。

　　阿尔弗雷德·斯隆与杰克·韦尔奇，都足以跻身有史以来最伟大的企业经营管理者之列。而即使是思维敏锐如斯隆与韦尔奇，也常常会借助讨论中产生的真知灼见，授权公司全体员工的集体智慧来为公司服务，最终达到造福自己公司的目的。由此可见，适当地授权，不仅可以让自己的工作变得更轻松，还可以让自己的工作更加成绩斐然。

能成你所不能成的才是好下属

> 天无绝人之路，我的副董事长约翰·伯林盖姆想到了一个更好的主意。

> ——杰克·韦尔奇

一直以来，杰克·韦尔奇都不仅把自己当作"老板"，他一向更认为自己是一位"领导者"。在他看来，老板有可能为公司带来死气沉沉的官僚主义，下属们的创造力与活力将被相当程度地扼杀，这是一幅令人遗憾的"万马齐喑究可哀"的图景。

而领导者则可以更进一步。他能够用合理的授权和充分的信任，让下属们也变成一个个小的领导者，而各自发动自己的才华独立扛起一片天地，为领导者本人排忧解难。可以说，善于集思广益，是杰克·韦尔奇能够成为"世界第一职业经理人"的重要原因之一。

更重要的是，韦尔奇深知，没有人可以是全知全能者。每个人都有各自的长处与短处，所以，自己的下属能够在某些方面强于自己，这是完全正常，而且应该值得被大为利用的。一个下属能够完成某些韦尔奇本人都完不成的任务，这才是韦尔奇真正欣赏的下属。"强将手下无弱兵"，说的正是韦尔奇和他的高管团队们。比如，在出售犹他国际公司时，韦尔奇的下属们就成功当了一回"救世主"，顺利完成了韦尔奇本人也没能完成的目标。

要说起来，犹他国际公司（Utah International）本该是杰克·韦尔奇管辖范围之外的一片"禁地"。该公司当年的并购，是由通用电气公司的前任 CEO、也是把韦尔奇扶上通用电气帝国王座的雷吉·琼斯（Reg Jones）亲手批准的。而且在老领导琼斯看来，当年创并购规模纪录的犹他国际并购案，对整个通用电气公司的业务多元化与国际化，将会大有裨益。作为一家能源集团公司，犹他国际的财务报表非常漂亮，它的业务也非常分散且健康，位于智利的一座已经探明储量的铜矿、和日本钢铁公司密切合作的焦炭业务、位于美国的某小型石油天然气公司等，这些分散在各大洲的业务，都拥有为公司提供高额营业额的潜力，而且无一不是利润率惊人的高附加值产业。来头大，且实力强，这几乎让犹他国际公司成为整个通用电气无人敢动的"法外之地"。

　　但是，评价一个历史事件，始终不能脱离当时的历史大环境。当年德高望重、目光敏锐的雷吉·琼斯在收购犹他国际公司时，还是 20 世纪 70 年代后期。那时候，世界经济还处在一波通货膨胀狂潮之中，而能源产品等大宗商品对通货膨胀的抵御能力是不言而喻的。在韦尔奇上任前的那些年，犹他国际公司的业务产出，比通用电气公司其他子公司赚来的美元要珍贵很多倍，因为美元每天都在变得更不值钱。但是，当时代进入 20 世纪 80 年代后，这波通货膨胀热潮开始衰退了。这时候，犹他国际公司在热钱满天飞时被掩盖住的缺点，就变得一览无余了。

　　犹他国际公司旗下的业务，有太多的比重在能源矿产等领域，而这些领域普遍的特点是具有行业周期性。当处在其大宗商品的价格高位时，犹他国际公司整体的利润回报是非常丰厚的。但是，一旦其进入价格下行的通道，甚至价格出现触底，犹他国际公司也将成为整个通用电气公司的"灾星"。

　　韦尔奇已经不记得在自己接手通用电气后，一共有多少次会议的部署被犹他国际公司的经营情况打乱了。本来，通用电气其他事业部的经营情况都是有章可循的，如果出现亏损，那么韦尔奇可以和该项业务的负责人详谈出现亏损的原因，以及找出如何结束亏损、扭亏为盈的方案。但是，当犹他国际公司的总经理报出本公司的亏损额时，他只需要轻描淡写地说一声，国际原油价格每桶上涨了多少多少钱，这导致了公司成本的上升与利润的下滑。而韦尔奇此时除了拿其他业务产生的盈利来填补犹他国际公司产生的资金空缺外，也别无更好的办法。因为犹他国际公司所处的行业就是如此，经营者本身无法对其有百分之一百的控制能力，它很需要看整个国际市场大环境的脸色。

在明确了目标后，韦尔奇首先要做的，当然是与通用电气公司前任 CEO 雷吉·琼斯沟通此事。当然不是说通用电气此时的管理级别里，还有一个"太上皇"的层级。但是作为对这位通用电气历史上的传奇经理人的尊重，韦尔奇还是非常愿意这么做。令人欣慰的是，在韦尔奇把情况说清楚后，琼斯立即对出售行为表达了支持。于是，把犹他国际公司出售的事宜，出现在了韦尔奇的日程表上。

韦尔奇找到了石油大亨休·利特克（Hugh Liedtke）来商谈犹他国际的出售事宜。利特克作为朋佐石油公司（Pennzoil）的首席执行官，非常希望能通过并购来加强自己公司的行业规模优势，所以对韦尔奇的提议表达了相当的兴趣。但此事并未成功，利特克后来收购了一家对自己来说更理想的石油公司。在这之后，韦尔奇又通过多方努力来为犹他国际公司寻找买家，谁知竟一直都没有成功。

韦尔奇本人对这桩出售生意已经没辙了。

这时候，他的下属、通用电气公司副董事长约翰·伯林盖姆及时挺身而出，得到韦尔奇的授权去尽力促成此事。事实上，韦尔奇在此之前就曾多次在"天无绝人之路，我的副董事长约翰·伯林盖姆想到了一个更好的主意"的感叹中，渡过了一个个难关。说起来，约翰·伯林盖姆（John Burlingame）还曾经是通用前"掌门人"雷吉·琼斯的接班人争夺者之一，也就是韦尔奇接班的直接竞争对手。但是，在韦尔奇成功登顶通用电气之后，伯林盖姆不仅愿意担任韦尔奇的副手，还在事实上给了韦尔奇无数次鼎力相助。韦尔奇能够顺利完成接班、带领通用电气公司平稳地走出接班过渡期，可以说和伯林盖姆等人的相助是分不开的。当然，这一方面说明了伯林盖姆的识时务，另一方面，更说明韦尔奇是一位值得顶尖人才追随的、才华横溢的老板。

经过系统地考察，伯林盖姆发现了一个犹他国际公司的潜在理想买家——澳大利亚的 BHP 公司（Broken Hill Proprietary）。澳大利亚本身就是一个对能源产业依赖度很高、也很有经营热情的国家，而 BHP 公司则正面临着自身发展的上升期，一次洲际性的大并购，将有力提升公司在全球业界的规模与排名。伯林盖姆与 BHP 公司进行了初步接触，果然，这个明显将达成双赢的并购，使 BHP 公司的高层十分感兴趣。于是，伯林盖姆在通用电气高层内组建了一个项目小组，正式开启此次并购事宜的谈判进程。

由于通用电气公司自身的品牌美誉度，再加上其雄厚的资金与研发实力，通用电气无论在并购还是出售业务的谈判中，通常都处于一个非常主动的地位。但可惜的是，并不包括这次谈判在内。由于 BHP 公司远在澳洲，而犹他国际公司旗下的产业又相当分散，这次谈判可以说进行得不那么顺畅。

在几个月后的 1982 年 12 月中旬，双方似乎终于达成了清晰的交易意向。韦尔奇本来也长长呼出了一口气。但就在当月的公司圣诞聚会上，伯林盖姆给韦尔奇带来了坏消息——交易因为 BHP 公司的财力不足以支持而取消了。

出售犹他国际公司是韦尔奇对通用电气改革的重要一步，它的出售失败会在相当程度上影响改革的进程。但是，毕竟韦尔奇本人也并未找到接手的下家，又如何能怪伯林盖姆办事不力呢？无论如何，韦尔奇度过了一个极端难熬的圣诞之夜。

正当杰克·韦尔奇本人也在试着接受，此事已经最终功败垂成之时，伯林盖姆却仍然没有放弃。圣诞节之后，他就召集了他的犹他国际公司项目小组，再一次共商对策。经过缜密的战略研究与财务分析后，伯林盖姆和同事们发现，如果把犹他国际公司旗下的业务进行拆分，那么将能有效缓解 BHP 公司在并购时的资金压力。伯林盖姆向 BHP 公司表明了意向，BHP 公司也并未直接否决，而是再一次耐心地坐上了谈判桌前。

又经过了大约半年的时间，通过通用电气公司长袖善舞的业务拆分操作，BHP 公司终于能有足够的资金实力来完成此次并购交易了。在拆分之后，犹他国际公司的旗下主要产业，被 BHP 公司以 24 亿美元的价格买去，而包括莱德石油公司（Ladd Petroleum）在内的另一部分旗下产业，也凭借着"船小好掉头"的优势，于六年后被成功售出。

至此，犹他国际公司的出售彻底完成。在成功剥离掉一项总是使自己烦心的资产的同时，杰克·韦尔奇还收回了为数可观的资金。但是，这笔交易本来可是连韦尔奇本人也没能完成得了的。况且，大公司之间的并购交易，一般来说，失败了就失败了，重启谈判的可能性都不大，更遑论重启之后还能最终交易成功了。可以说，此次犹他国际公司的成功出售，很大程度上都是通用电气公司副董事长约翰·伯林盖姆的功劳。而韦尔奇也用自己的合理授权，让伯林盖姆及时地为自己分忧，使自己轻松达到了"垂拱而治"的至高境界。

企业家最可怕的错误，绝不是企业家本人自身能力存在多少多少的缺陷。但是，如果一位企业经营者不懂得用适当的授权，去弥补自身经验或能力的不足，那么，这家企业的前途就是堪忧的。无论是精英级员工，还是一线的"劳苦大众"们，都有被授权为企业家分忧解难的价值与义务。善用合理授权这一管理法则，将能使企业家卸下许多本不该由自己亲自背负的重担，并转而有精力去思考那些更该由自己思考的问题。

第十六章　构建文化
让你能管好万人以上公司的管理秘诀

将公司的内部和外边文化区别，并
且要求自己和其他所有人在贯彻内部文
化方面始终言行一致。

——杰克·韦尔奇

脱胎换骨的爱尔梵协会

> 我看不出你们现在做的这些事情有什么价值。你们现在是一个等级分明的社交政治俱乐部。不过，我并不打算告诉你们应该怎么做或者你们应该成为什么样子。爱尔梵协会未来应该扮演一个什么样的角色，这是你们自己的事情。怎样做对你们自己、对通用电气公司才真正有意义，由你们自己决定。
>
> ——杰克·韦尔奇

在商界，有一个关于公司管控的说法可谓广为人知：想要管好 10 名员工的公司，需要靠能力；想要管好 100 名员工的公司，需要靠威信；想要管好 1000 名员工的公司，需要靠制度；而想要管好 10000 名员工以上的巨头级公司，则只能靠企业文化。

这话确实不无道理。对于规模为数人的非常小的部门或草创期的企业，领导者如果本人具有很好的业务能力，加之其具有一定的情商，那这个领导头衔基本是能够担当下来的。对于一个百人级的公司，想当老大就很不容易了，因为 100 人已经大大超越了一个职业经理人可以直接管辖的人数范围。所以，领导者本人应该要是一位具有行业内丰富经验与资历、业务水平与人格魅力兼具的牛人，以其威望与人品来服人。对于一个千人级的大型企业，此时人格魅力也不能完全顶用了。领导者要想维系企业的日常运营与长远发展，就必须依靠一整套完善的企业行政制度与管控流程，以制度说话，凭规则办事。对于一个 10000 人以上规模的超大型企业，制度当然是必需的，但是仅有制度仍然远远不够。要想让数以万计的性格、能力，甚至国籍、肤色均不尽相同的员工们，都能向同一个目标迈进，那么，只有当这些雇员都具有在一定程度上相同的价值观时，这才可能变成现实。而形成他们脑海中这些共有价值观的，正是要靠该公司的企业文化。

"企业文化"，这个听起来玄之又玄的词，其实早已被各大拥有先进管理模式的跨国巨头们广泛采用。具体来说，一个企业的价值观、组织愿景、营业宗旨、经营理念和盈利分成制度等各方面的非物质财富，都可以归纳入企业文化的范畴。说到底，企业所产出的全部价值，都要由企业中的人去创造。而拥有不同价值观和经营理念等指导思想的人，在协作时是极易产生方法上的混乱的。只有被优秀的企业文化规范后，拥有相同价值观与行为准则的团队，才能把企业的竞争优势发挥到最大。

在刚刚走马上任后，才履新通用电气公司 CEO 的杰克·韦尔奇，就面临着运营一个世界级巨头公司的挑战。大公司一般难以避免患上"大公司病"，而此时的通用电气公司尤甚。在 20 世纪 80 年代初，这家规模庞大的巨头，几乎在其每一个角落里都弥漫着浓重的官僚主义气息。无数的天才经过层层面试与考核，才能进入这家全美所有职场人都想前来就职的优秀公司。但是经过官僚主义的熏染后，他们中的相当一部分，往往就成了精于推诿扯皮、阳奉阴违、自私自利的官僚主义者，终日以投机的心态投入到日常工作之中。办公室人员对第一线工作近乎完全不了解，同级之间则互相拆台、争功夺利，这在当时的通用电气公司并非个例。这其中，尤其是自私自利这一条的危害相当严重，在通用电气这类拥有成千上万员工的大企业，员工们是能够凝聚成一个团队还是会溃散成一盘散沙，对企业的影响实在是有天壤之别。

这绝不是韦尔奇心目中理想公司的模样。当然，对于一位平庸的职业经理人，可能他的选择会是随波逐流，安生干好自己的任期，在顺利完成交接班后颐养天年。但是，杰克·韦尔奇的决定就是，要与通用电气公司内目前这种不健康的工作风气斗争到底，并使之发生彻底扭转。而管理经验非常丰富的韦尔奇也深知，要想做到这种程度的改变，就必须对通用电气的企业文化进行改革。只有从企业文化的高度入手，这数以万计的员工们，才能真正摆脱官僚主义作风的习气，并让公司重新回到健康的事业轨道上来。

抱定了大的目标，就要考虑付诸行动的落实点了。韦尔奇的选择，就是通用电气公司的爱尔梵协会。

爱尔梵协会（Elfun Society），是通用电气公司的一个职业经理人联谊交流会，其中，Elfun 是 Electrical Funds 的缩写。本来，通用电气公司中也存在着为数不少的协会或社团。但爱尔梵协会在所有这些公司内部的组织中，占有特殊的地位。在 20 世纪七八十年代，爱尔梵协会的"入场券"，已经成为通用电气公司年轻的中层员工们志在必得之物。他们都已知道，能进入爱尔梵协会之人，都是公司中有提升潜力的才俊，所以自己说什么也要加入爱尔梵协会。而一旦能够得以进入，则在很大程度上会被认为其职业生涯将有履新之喜。

也正因为此，所以爱尔梵协会的各位成员，都是怀着并不那么纯粹的目的来加入协会的。杰克·韦尔奇记得自己刚加入爱尔梵协会后的参会情景。如果前来演讲的嘉宾，会是通用电气公司当地业务的负责人，换言之，就是对自己的升迁能有巨大影响力的人，那么会议就一定会人满为患、觥筹交错。参会的众人一定都会展现出自己最殷勤、最友善的一面，争取让这位直线领导尽可能记得自己。如果前来参会的人士，并不一定能对员工们的职业发展起到直接作用，那么，整个宴会大厅就完全是另一番景象。其门可罗雀的程度，足以令年轻的韦尔奇大吃一惊。这里，已经是通用电气公司官僚主义作风的一个"暴风眼"了。官僚主义者们在这里尽情地展示着自己的自私自利，并带着他们的这些习气升迁至更高的职位。

韦尔奇后来在回忆刚接手通用电气的经营重担时，曾坦言道："在那些日子里，我到处'投掷手榴弹'，力争把那些我认为阻碍我们前进的公司传统和无聊会议统统炸掉。"事实上，他对于爱尔梵协会的处理，正是用了"投掷手榴弹"这种最原始暴力、也最直接有效的手段。

在刚刚接班执掌通用电气公司的第一年，杰克·韦尔奇就在爱尔梵协会的领导层年会上开始"发难"。当时，年会的举办地是在康涅狄格州的长滩乡村度假俱乐部——一个典型的悠闲享受之地。在怡人的晚宴过后，数百名参与年会的爱尔梵协会成员带着愉悦的心情，等待着公司新一任 CEO 给爱尔梵协会送上美好的寄语。韦尔奇也站起了身，来到了讲台。然后，韦尔奇说出了他的开场白："非常感谢你们邀请我来这里讲话。今天晚上，我想对大家坦诚相告。首先我要告诉大家一个事实，并希望你们对此作一番深思。这个事实就是，我对你们这个组织存在的合理性持有严重的保留意见。"

公司新负责人的这一席话，让在场的所有爱尔梵协会成员都惊呆了。但是，韦尔奇更严厉的措辞其实还在后头："我看不出你们现在做的这些事情有什么价值。你们现在是一个等级分明的社交政治俱乐部。不过，我并不打算告诉你们应该怎么做或者你们应该成为什么样子。爱尔梵协会未来应该扮演一个什么样的角色，这是你们自己的事情。怎样做对你们自己、对通用电气公司才真正有意义，由你们自己决定。"

杰克·韦尔奇话音刚落,随之而来的,是整个会场长久的沉默。这个本该对爱尔梵协会的未来发展起到保驾护航作用,并使其重要性更上一层楼的年会,怎么就忽然成了对爱尔梵协会的终极审判?这位新来的公司领袖,究竟在想些什么?他到底懂不懂"规矩",明不明白"游戏法则"?

韦尔奇当然知道,对这样一个在通用电气公司内举足轻重的协会,应该以拉拢和鼓励其发展为主,何况韦尔奇本人还只是根基尚浅、刚刚上任的新CEO。但是,韦尔奇同样知道,公司的官僚主义作风如果不及时改变,雇员们如果还是在每天演着"位卑则足羞,官盛则近谀"的大戏,那么通用电气就会在一个萎靡的企业文化中走向低谷。爱尔梵协会必须进行脱胎换骨般的重生。这是韦尔奇对通用电气公司现今企业文化的第一次直接挑战。这是非取胜不可的重量级战役。

为了让与会的各位成员明白,自己绝非一时兴起才有那样一番言论,在第二天一早,韦尔奇还派了自己的心腹弗兰克·多伊尔(Frank Doyle)去参加爱尔梵协会的工作会议。在会议上,多伊尔再一次强调了韦尔奇讲话的重点,并重申爱尔梵协会必须进行大力度的改革。直到这时,爱尔梵协会的头头脑脑们才如梦初醒。他们知道,爱尔梵协会的改变已经势在必行了,尽管这会让他们"感觉就如同被火车碾压过一般"。

无论如何,公司最高领导者既已发话,事情的发展进度当然是一日千里。仅过了一个月后,爱尔梵协会的负责人凯尔·内萨摩(Cai Neithamer)就致电杰克·韦尔奇,希望能有机会两人面谈一次。韦尔奇当然明白内萨摩的来意,欣然表示同意。于是,在两人共进午餐时,内萨摩提出了自己的改造方案。他认为,爱尔梵协会可以转变为一个提供志愿服务的组织,成为整个通用电气公司内愿意成为志愿者的员工的舞台。可以说,内萨摩不愧为一个大型组织的领导者，拥有很好的局势判断能力。一方面，如此改造，是对当时雷纳德·里根总统的响应，因为里根此时正大力号召全美民众为自己的国家多多提供志愿服务；另一方面，内萨摩也认识到了爱尔梵协会内最大的弊端——弄得化不开的官僚主义作风。如果爱尔梵协会能够一洗旧尘，以崭新的、健康的团队作风出现在公司内，那么这一定会让新 CEO 满意的。

韦尔奇当然满意。事实上，他对这个方案的评价是："我的上帝！凯尔的远见卓识太让我激动了！我永远也忘不了那次面谈。"确实，韦尔奇怎能不满意呢？经此步骤之后，爱尔梵协会就将从陈旧官僚主义作风的据点，脱胎换骨为全新企业文化的根据地！而事实也的确如韦尔奇所想的那样发展。到了 21 世纪初期，爱尔梵协会的成员已经超过 42000 人。这四万多名员工，都非常愿意为通用电气公司所在各个工厂内或分支机构内的社区，奉献出自己的一份绵薄之力。比如在辛辛那提市，爱尔梵协会的成员就为当地的艾肯高级中学源源不绝地提供义务辅导。十年来，该中学的大学升学率竟然由约 10% 飙升到了约 50%！辛辛那提市只是爱尔梵协会志愿服务成果的一个缩影，还有无数类似的事例，发生在全美的各个州，甚至包括亚洲的雅加达，欧洲的布达佩斯……它已经成为全球通用电气人的一个精神乐园。看看韦尔奇在临退休时对爱尔梵协会截然不同的评价吧："二十年后的今天，这个当初差点就被我打入冷宫的组织，如今已经成为 GE 最优秀事物的组成部分。我热爱这个协会，热爱里面的人员，热爱它所秉持的价值观以及它所做的一切。"

而爱尔梵协会的脱胎换骨，正是杰克·韦尔奇从深层次改造了通用电气公司企业文化的真实注脚。连一个被普遍用于拉关系和跑官的组织，都重生为了一个奉献与服务的组织，那么，整个公司的企业文化之扭转也可见一斑。事实上，这绝不是一件轻而易举的事。但这也是胸怀壮志如韦尔奇者所必须完成的事。因为，要想真正管好一个大型企业，从企业文化入手才是唯一有效的方法。当一个大型企业能拥有健康向上、充满活力的企业文化，那么，这家企业才能从官僚主义的阴霾中走出，迈向一个全新的、阳光明媚的明天。

公司的社会责任重于泰山（上）

> 通用电气公司有实力做正确的事，而且我们也知道，从长远来看，做正确的事情总能提高我们的利润。
>
> ——杰克·韦尔奇

　　企业的经营，尤其是大型企业的经营，绝对是一个宏大的课题。在其研究的过程中，许多学科的知识都会被涉及。比如研究企业的营销方案，这需要心理学的知识；比如研究企业的财务报表，这需要经济学的知识；再比如研究企业的日常运营，这当然则需要管理学的知识。而在诸多学科之中，对一家企业的经营最有指导意义的，无疑是哲学。

　　哲学，或者以其希腊文源头的本意来说，即爱智慧之学，常被视为世间一切学科的总起源。如果能从哲学的高度发起宏观性思考，那么，许多企业的战略决策问题，都能瞬间有拨云见日之感，摆脱"只缘身在此山中"的视野局限。当然，不必说以哲学的高度来分析一家企业的运营，就单单是以哲学的高度来分析个细分市场，都绝不是一两本书籍所能尽述。但是，其基本之精髓并不复杂：超出眼前之局限，看到意义更为深远的事物。

　　中国自古讲求文武双全。于武之道，武侠巨匠金庸借笔下人物独孤求败之身份，讲出了其认为的武道至高境界："四十岁后，不滞于物，草木竹石均可为剑。"超越了刀剑以外，方能参悟武道。于文之道，一代文豪陆游则在其《剑南诗稿》的《示子遹》一作中，表述了自己的观点："诗为六艺一，岂用资狡狯？汝果欲学诗，功夫在诗外。"超越了诗文以外，方能参悟文道。同理，企业的经营也是如此。对于一家企业而言，尤其是规模庞大、需要以优良的企业文化去规范之的企业而言，真正对其经营决策有全局性帮助的，绝不仅仅只是几条商业定理，或几个沙盘模型。企业做到了这个规模和阶段，经营者首要考虑的，其实应是超越了财务数字与产品技术之外的范畴。比如说，企业所处的社会环境。

即使对于单独的个体来说，其所处的社会环境，也能在很大程度上对其个人发展产生重要影响。而对于千千万万名雇员组成的企业来说，这种来自社会环境的影响就更为巨大。也正因如此，那些懂得"辅车相依，唇亡齿寒"的道理的企业领导者，都会不遗余力地让企业承担起更多的社会责任，并使这种负责任的作风，内化为企业文化的一部分。大型企业的发展，如同参天大树的成长。越是想要树干粗壮、枝叶繁茂，那么，它就越是要依赖于其所处的土壤。所以，从这个角度来说，一家企业在社会责任上所做的努力，实可谓重于泰山。

作为多年来通用电气公司形象的"代言人"，杰克·韦尔奇完全向世人展示出了公司富有社会责任感的一面。其中，曾最让韦尔奇本人感到处理起来很"头疼"，却也在处理完成后感到很欣慰的事，就是通用电气公司的多氯联二苯污染事件。

多氯联二苯（Poly Chlorinated Biphenyl，简称 PCB），是一种液态且能导致重度污染的化学物质。进入到 20 世纪下半叶以来，因为其具有的高危害性而受到美国政府环境保护署的高度关注。甚至在很多环保人士与政府官员的眼中，会对河流或水道排放多氯联二苯的企业，无论规模大小及排放量多少，都是全美民众的公敌，是对整个地球生态环境的破坏者。这样公司的领导者，也是不具备社会责任感与起码道德水准的人。

所以，完全可以想象，当杰克·韦尔奇在一家位于锡拉丘兹的半导体工厂访问时，听到有人说纽约环境保护部将调查通用电气公司是否涉及多氯联二苯的违规排放后，心情该是多么糟糕。更何况，这两家位于纽约州的电容器工厂涉嫌排放多氯联二苯的对象，还是哈德孙河（The Hudson River）。作为纽约这座伟大城市的母亲河，哈德孙河之于纽约，几乎等同于泰晤士河之于伦敦，塞纳河之于巴黎。可以说，这条长度仅 500 多公里的河流，即使在整个西方世界都有重要的文化意义。甚至以 T.道蒂、A.费希尔等为代表的一批著名画家，还因长期描摹哈德孙河两岸之风景，而被画坛称为"哈德孙画派"。假设有一家企业，居然敢向这条水天一色、波光粼粼的纽约母亲河违规排放多氯联二苯，那么，这家企业在全美会引来怎样规模的抗议与声讨，几乎是不言而喻的。

虽然杰克·韦尔奇此前对多氯联二苯所知并不太多（化学工程师也有其术业专攻之处，多氯联二苯并非韦尔奇以前的研究领域范围内），但他还是并未如同纽约环保部门一样，迅速就得出了结论。已在通用电气公司工作多年的韦尔奇深知，自己所在的企业，是一家多么注重其社会责任感的企业。在这之前，通用电气公司在全美的超过三百家工厂，都在环境保护、税收缴纳等问题上，没有与美国政府产生过一点争议。而在最近的十年当中，通用电气公司减少了将近 20 种会破坏臭氧层的物质的排放量，并且是总排放量达到 60%这样程度的减少。每三个月，韦尔奇本人就要亲自审阅麾下各业务负责人递交的环境保护问题方面的专项报告，确保公司在维持其营销额与利润率的同时，不会增加其对环境的负担。完全可以说，通用电气公司是世界上最重视环境保护问题、也最善于处理环境保护问题的公司之一。因为公司非常明白，以本公司在全美乃至全球民众心中的地位，如果不注重自己在社会责任方面履行的义务，那么，从小处说，各类公关危机就会层出不穷，而从大处说，公司的品牌声誉将会遭受无法弥补的重大损失。所以，韦尔奇相信，此事不一定就板上钉钉地是通用电气公司的错。

杰克·韦尔奇立即着手了一项针对那两家电容器工厂排放多氯联二苯的调查。受雇于韦尔奇的一位生物学家，在经过一段时间的调查后得出结论，认为哈德孙河水中的鱼所含有的多氯联二苯量完全是微乎其微。这个结果，就是韦尔奇本人也没有想到，当然，他也不敢全然地相信，毕竟纽约的环保部门闹出乌龙事件，这很难想象。经过多轮质疑与辩护，两个月以后，纽约的环境保护部门认定，这次的多氯联二苯污染事件，通用电气公司与政府监管部门都有责任。在多氯联二苯这项物质的处理上，通用电气公司完全合法，并且公司还拥有相关的排放许可。

事情进展到这里，通用电气公司可以说已经平反昭雪了。的确，向纽约的母亲河——风光如画的哈德孙河——排放重度污染物质，这对于极个别小企业也就罢了，而对于像通用电气这样的巨头，完全是得不偿失的事。现在事情的真相得到了确认，韦尔奇及通用电气的高管团队几乎是有资格去责备相关政府部门的。毕竟，即使是涉嫌排放污染物于哈德孙河，可完全可以想象几个月以来通用电气遭受了多少非议与质疑。

但是，杰克·韦尔奇不仅没有这样做，反而还在一位著名法学教授的协调下，与环保部门的官员彼特·勃利（Peter Berle）共同商量此事的善后之道。韦尔奇向勃利提出，通用电气公司愿意停止针对多氯联二苯的排放，尽管这已经被裁定是合法的。另外，公司还愿意提供 350 万美元给一个相关的环境保护基金，使其更好地对多氯联二苯这项物质进行研究与善后处理工作。

通用电气公司如此的行为，收获了几乎全美媒体的掌声。哈德孙河畔的

《纽约时报》，就以"通用电气与（纽约）州里的多氯联二苯解决协议堪称此类问题解决方案的楷模"为标题撰写了报道，并刊登了杰克·韦尔奇与纽约环保部门官员合影的大幅照片。在这篇报道中，《纽约时报》还援引这位官员的话，认为通用电气公司这次的举动是"解决同类案件中的成功范例"。不久后，纽约州州长休·凯利（Hugh Carey）还主动表示，为了说明自己对哈德孙河水质的信心，其会主动喝一杯哈德孙河的河水。

回顾多氯联二苯事件的整个经过，这个完美收官的圆满结局，其实从最开始就已经是注定的。因为，公司的社会责任高于一切，这一信条早已是通用电气公司企业文化的一部分。正如韦尔奇所说："通用电气公司有实力做正确的事，而且我们也知道，从长远来看，做正确的事情总能提高我们的利润。"所以在这场汹汹而来的问责风波中，通用电气怎么可能不全身而退呢？从最开始它就已经做得足够好。而杰克·韦尔奇最后那350万美元的点睛之笔，也正是通用电气公司一贯以来注重自身社会责任的合理延伸。一场本可能对通用电气企业形象造成重大打击的风波，最后却成为连纽约媒体自身都为韦尔奇叫好的利好事件，这，就是一家富有社会责任感的企业所赢得的合理社会回馈。

公司存在的目的，就是为了尽可能多地赢利。但是，永远也不能忽略公司赖以生存与发展的土壤——公司所处的社会大环境。越是大型的企业，其生意就越是超脱了简单的市场营销范畴，而是其与当地社会环境的一种整体共生。该企业的发展会受到社会环境的深刻影响，而企业也能对社会环境有重要的反馈。当这种企业与自身所处环境的共生能达到一种尽可能和谐的境界时，该企业就会如同当地社会环境本身的一部分一样，持续保持着健康和活力。

公司的社会责任重于泰山（下）

> 一个强大的公司，不仅仅通过纳税这一主要方式服务于社会，它更为全球提供了各种便利条件，增进了安全和环境的标准化。
>
> ——杰克·韦尔奇

经营好一家小公司，与经营好一家大公司，完全是两个截然不同的概念。其难度之差距，恐怕不亚于学会国际象棋的基本规则，与赢得一个国际象棋的世界冠军头衔。

要管好一家员工只有区区几人的小公司，经营者所要掌控的指标非常简单明了——就是公司的营业额。为了尽快实现从零走向十万、走向一百万，完全可以采取八仙过海各显神通的手段，甚至有些"大胆"的经营者，会让自己的公司游走在合法与违法的边缘。这也是为什么有相当一部分日后大有成就的经营者，很少在公众面前谈及自己的发家史——第一桶金的积累，其背后的故事往往令人唏嘘。

等到公司的规模慢慢扩大，更多的指标，就会进入公司领导们的视野之中——市场占有率，毛利率，库存周转率，诸如此类。单纯的赚钱已不再是第一追求，如何更好、更快、更稳地赚钱，才是此时的主要考虑对象。

而当公司已经形成了相当规模，比如已经上市之后，公司则会在保持日进斗金的同时，真正开始思考一些形而上的东西，比如企业存在的意义，比如企业如何基业长青，比如百年之后除了一张张泛黄的财务报表企业还能留下什么。在这个时候，一个清晰的答案，才会变得呼之欲出：一家公司的社会责任，应该被深深镌刻进此公司的企业文化之中。

作为供养公司赖以生存的土壤，公司的社会环境与公司本身之间，其实是一种高度正相关的共生关系。当公司规模并不算大时，没关系，确实可以只靠其产品之质优或价廉包打天下，分得市场的一杯羹。但是，当企业的规模已经发展到员工成千上万之时，如果该企业不能与其所处的社会环境和谐相处，那么，"水能载舟亦能覆舟"的例子就会一次次上演。而重视自身的社会责任感，积极参与到为整个社会环境提供正能量上来，才是大型企业真正能做到基业长青的必要条件。

企业的社会责任感，当然体现在诸如杰克·韦尔奇这样的公司管理者身上。事实上，韦尔奇也在通用电气公司的多次助益全美各地的活动之中，很好地体现了通用电气极其重视自身社会责任的一面，从而巩固了公司在全美同行中的地位。但是，如果企业的所有者或创始人也能够有此表率之举，其对公司形象的助力将更加巨大。而谈及当代大型企业所有者在企业社会责任感上的表现，恐怕无人能出前世界首富、微软公司主要创始人比尔·盖茨之右。

比尔·盖茨（Bill Gates），作为当代第一流的天才，第一流的软件工程师和第一流的企业家，他的影响力注定将冲出这个时代，成为美国商业史的一部分。比尔·盖茨曾经在 1995 年到 2007 年这十三年间，蝉联《福布斯》杂志评选的世界第一首富桂冠，这一传奇般的丰功伟绩，让他成为二十世纪末至 21 世纪初之交财富本身的代名词。

事实上，在比尔·盖茨创立微软公司之前，他的才华就已显露无遗。这个出生于华盛顿州西雅图市富足之家的孩子，并没有成为一名纨绔子弟，而是充分开发了自己的潜能。比尔·盖茨在自己 13 岁时，就开发了人生中的第一个电脑程序，并在自己 17 岁时，就以 4200 美元的价格，第一次卖出了自己的编程产品。比尔·盖茨的 SAT 考试（即美国的大学入学考试，类似于中国的高考）成绩为惊人的 1590 分，要知道那时候的美国 SAT 考试总分才 1600 分。这位获得了"美国优秀学生奖学金"这一全美高中生最高荣誉的天才，也凭借如此优秀的表现而考入了全美第一名校——哈佛大学。

当然，真正让这位不世的天才声名鹊起的，还是比尔·盖茨辍学创立微软公司的经历。在大学三年级的时候，当时已经是全世界最优秀软件工程师之一的比尔·盖茨，已经看到了个人电脑未来会有多么庞大的市场潜力，并断言"计算机将成为每个家庭、每个办公室中最重要的工具"。比尔·盖茨与自己的好朋友保罗·艾伦等志同道合者于 1975 年创办了微软公司，开始致力于计算机软件的开发工作。微软公司（Microsoft Corporation）一名取自微型计算机（microcomputer）和软件（software）这两个单词，可以想见，比尔·盖茨在取名之初就希望本公司能成为全行业的代名词。而为了能全身心投入到这项自己热爱并且看好的事业当中，比尔·盖茨甚至不惜放弃这个世界上最珍贵的毕业文凭而辍学。

当然，现实也给了比尔·盖茨以巨大的回报。从 1981 年收购到的 MS-DOS 软件开始，微软公司走上了一条极速狂飙的发展历程。早在 20 世纪 80 年代，MS-DOS 就成了个人电脑的标准操作系统。后来，Windows 95 操作系统、Windows 98 操作系统俱火爆一时，再之后，当时代演进到 21 世纪，操作系统领域几乎已完全是微软公司的天下。Windows 2000、Windows XP、Windows Vista、Windows 7，直到其最新推出的 Windows 8，可以说，每一款 Windows 系列操作系统，都在计算机行业拥有里程碑式的地位，以及任何竞争对手都难以企及的销售额。如此垄断性的市场份额，自然使微软公司的市值步步攀升。早在 1999 年，微软公司就以 6616 亿美元的市值，刷新了有史以来上市公司市值的纪录。微软公司发展势头之盛可见一斑。由此，微软公司为其主要创始人比尔·盖茨赢得了数量庞大的财富，自然也不在话下。可以说，在人类历史进入到全球化时代、个人财富可以有统一度量衡准确进行排名以来，比尔·盖茨就是最具统治力的首富。其连续十三年蝉联世界首富、连续十九年蝉联全美首富的纪录，恐怕在很长一段时间内，都难以有人能望其项背。

按照不少人的设想，一方面，比尔·盖茨所具备的财富已如此骇人听闻，以至于有人调侃道，如果比尔·盖茨走进银行，那肯定是因为他要借给银行钱。另一方面，微软公司的 Windows 系列操作系统，完全没有同等规模的竞争对手，可谓是有史以来最具有技术垄断性的产品之一，所以，比尔·盖茨的微软公司应该不太会对外界有多少理会。毕竟，在这种全世界的个人计算机厂商都几乎只能选择 Windows 系列操作系统，否则就难以卖出哪怕一台电脑的情况下，微软公司有没有社会责任感又有什么关系呢？

但是，实际情况完全与之相反。甚至可以说，在社会责任感上的热情与冷淡，几乎是世界首富比尔·盖茨与芸芸众生之间最大的差别。这种差别，可能比两者之间身价的差别还要更大。"世界首富"的名号转瞬即逝，事实上在最近的一两年，墨西哥电信业巨子卡洛斯·斯利姆·埃卢（Carlos Slim Helu）就常常排名财富榜的榜首。但是，比尔·盖茨的"世界首善"之名号，将永不褪色、永远闪耀着人性的光辉。

其实，直到 20 世纪 90 年代的初期，比尔·盖茨还并不是一个热衷于背负其社会责任感的人。这位闻名全球的巨富，当时还是更愿意把钱用在一些高档消费上，比如购买柴尔德·哈萨姆等名家的画作，或莱昂纳多·达·芬奇等巨匠的笔记。真正令比尔·盖茨发生转变的，是在 1994 年发生的两件事。在这一年，比尔·盖茨终于与心爱之人梅琳达喜结连理，并在著名的度假胜地夏威夷拉尼爱岛举行了婚礼，婚礼期间比尔·盖茨包下了当地超过 250 间高档酒店客房。同样是在当年，比尔·盖茨的母亲——这位他一生最尊敬也最挚爱的女性——因为癌症而溘然长逝。

1994 年经历的悲喜两重天，让比尔·盖茨开始考虑一些以前从未考虑过的问题。即使从现在就退休，比尔·盖茨也能拥有一辈子享用不尽的财富，与"微软之父"这个崇高的头衔。金钱、名望、爱情，可以说，比尔·盖茨已经得到了正常人眼中可以得到的一切。但是，如果真的就此度过一生，在百年、千年之后，比尔·盖茨这个人，又会与其他的人有何不同呢？多年之后，全球还会有多少地方的多少人，记得比尔·盖茨这个名字？是的，到了比尔·盖茨这个境界，追求的早就不应该只是账户上数字的跳动。当微软公司也有了如此的市值、比尔·盖茨也拥有了如此的身价之后，作为这样的巨头，就应该好好想想如何回馈这个与微软公司共生的社会、好好担负起自己应该承担的社会责任感了。

于是，就在 1994 年当年，比尔·盖茨就拿出了 9400 万美元，成立了威廉·盖茨基金会用于慈善事业。这之后，比尔·盖茨还捐出了数笔巨款，比如在自己母亲去世一周年之际，比尔·盖茨与梅琳达·盖茨就捐给华盛顿大学 1000 万美元建立奖学金，并用母亲玛丽·盖茨的名字来命名该项奖学金。而到了 1998 年，《纽约时报》上的一篇文章，更是大大加快了比尔·盖茨回馈社会的步伐。这篇文章指出，所有的贫穷国家聚集了全球 90%的疾病，但与此同时，这些国家却只拥有全球 10%的医疗资源。另外，文章还以生动的图表和翔实的数据，对全球贫富差距巨大的各国加以形象地描述，不同人群之间巨大的收入、健康状况可谓跃然纸上。这让比尔·盖茨与梅琳达·盖茨感叹不已。不错，微软公司生产的诸多 Windows 系列操作系统，让电脑的操作变得极为简便，从而使大部分人都有能力操作电脑，从而大为改善了这个世界。但是，作为全球最富的人，难道比尔·盖茨就不能为这个社会做出更多的回馈吗？比尔·盖茨遂大胆向媒体宣布，自己将在有生之年捐出自己的绝大部分资产，并与妻子共同成立比尔和梅琳达·盖茨基金会（Bill & Melinda Gates Foundation），用以帮助分布在全球各地的需要帮助的人们。

毋庸置疑，这番表态在当时引起了何等的轩然大波。即使在高度发达的美国，以 1994 年为例，其全国的慈善捐款总额也不过区区 1240 亿美元，大约相当于美国一国 GDP（国内生产总值）的 1.7%。而这位整个星球上最富的人，在辛苦积累了半生的财富之后，竟然愿意放弃掉这富可敌国的资产，去用以帮助那些自己一辈子也见不上几面的亚非拉穷人？但是事实是，比尔·盖茨夫妇所考虑的，当然不只是盖茨家族本身，甚至美利坚合众国本身。比尔·盖茨是全世界最富有的人和全球顶级企业家，所以，他所应背负的社会责任，就应该是全球性的、超越时代性的。否则，如果在 21 世纪这个互联网的时代，全球最大的互联网巨头微软公司不承担自己的社会责任，全球第一富豪比尔·盖茨不承担起自己对这个星球的社会责任，比尔·盖茨将如何面对自己、面对历史的星空以及面对高于星空之上的良知？全人类俱为一体、互帮互助，恐怕，此等境界也确实只有比尔·盖茨这等世界首富才能达到。又或者，正是因为比尔·盖茨能达到如此的境界，他才能如此长久地居于世界首富宝座之位。

不必去看比尔和梅琳达·盖茨基金会的全球最大慈善基金会的头衔，也不必去看该基金会由联合国人口基金所授予的联合国人口奖等奖项，甚至不必去看该基金会里名目繁多的各类捐助项目：投资 4200 万美元彻底改造厕所、投资 20 亿美元抗击艾滋病、给蚊子接种疫苗、把木薯变成更健康的食品和将粪便转变为生物柴油，等等。仅仅只需一个由梅琳达·盖茨亲口诉说的例子，就能从中知晓比尔和梅琳达·盖茨基金会为这个世界做出了多少贡献：基金会给全球贫穷儿童接种各类疫苗的项目，配合着世界卫生组织等各大机构的努力，成功地使全球儿童阶段死亡的人数，从 1990 年的 1200 万，大幅下降至 2013 年的 660 万。如果说，救人一命都胜造七级浮屠，那么，比尔·盖茨家族为人类社会所贡献的努力，是超越了时代的。

事实也的确如此。尽管每个百年，甚至每个十年都会有属于那个时代的世界首富，尽管包括比尔·盖茨在内的每位首富在捐赠时都有诸如避税等各种现实考虑，但是，比尔·盖茨这个名字，还是就此超越了"世界首富"一词本身的含义，而成为一个致力于人类大同的真善美时代的象征。比尔·盖茨的微软公司，也因为他的义举，从而成为即使未来不复存在，却也注定会成为这个互联网时代一段佳话的传奇。可以说，比尔·盖茨和他的微软公司对这个社会、这个时代所肩负起的责任与使命，使其成为值得人类永远回味的财富之一。

正如杰克·韦尔奇所说："一个强大的公司，不仅仅通过纳税这一主要方式服务于社会，它更为全球提供了各种便利条件，增进了安全和环境的标准化。"而一家公司服务于社会，并体现出其社会责任感，可以表现在方方面面。其中，既可以像杰克·韦尔奇治下的通用电气公司一样，体现在对环境保护等具体问题的落实与改善，也可以像比尔·盖茨名下的微软公司一样，体现在对整个人类深层次关怀这类的更有高度的事业上。但毋庸置疑的是，企业经营活动的本身，并不会必然使企业变得多么高尚。企业所肩负起的社会责任，才能真正使一家企业配得上伟大。